高等院校应用型人才培养"十四五"规划旅游管理类系列教材

内蒙古导游讲解实务：
思维、方法与示例

主　编 ◎ 韩　冬
副主编 ◎ 苏鹏飞　侯翰琳　卢　迪　付文超　赵　洁
参　编 ◎ 赵丽丽　魏园园　郝　帅　陈　希　金　鑫

Neimenggu Daoyou Jiangjie Shiwu：
Siwei、Fangfa yu Shili

华中科技大学出版社
http://www.hustp.com
中国·武汉

内 容 提 要

导游讲解是导游服务工作的重要内容之一,也是导游人员同旅游者沟通的重要桥梁。良好的导游讲解不仅能够激发旅游者的游兴、增长见识、增强民族自豪感和个人获得感,同时也是导游服务规范化和服务能力的重要体现方式。作为一本以少数民族自治区导游员实践讲解能力提升为目标的教材,本书以实际导游讲解工作需求为出发点,结合全国导游人员资格考试大纲相关要求,以社会主义核心价值观为指导,以课程思政理念为指引,以铸牢中华民族共同体意识和弘扬区域优秀文化为目标,系统整合了内蒙古自治区各类资源中具有代表性的高A级旅游景区,并分类梳理了导游讲解词。本书根据实际景区讲解工作需求,将文化要素与知识体系良好融合,为内蒙古自治区文化旅游人才培养,以及规范提升导游讲解实践工作能力提供指引。

本书共分为7章,包含:导游讲解的思维与定位、内蒙古自治区简况、自然资源类旅游景区讲解示例、人文资源类旅游景区讲解示例、红色文化资源类旅游景区讲解示例、生物及遗迹景观类资源旅游景区讲解示例、边境特色及城市风光型旅游景区讲解示例等内容。本书在为学生提供较为完整的导游讲解方法体系和导游词示例的同时,充分利用互联网信息拓展手段,融合部分景区虚拟游览系统,为学生提供了丰富的拓展知识与思考习题等,不仅适合各高等院校文化旅游相关专业和在职从业人员从业能力培养使用,也可作为参加全国导游人员资格考试现场面试环节的参考教材。

图书在版编目(CIP)数据

内蒙古导游讲解实务:思维、方法与示例/韩冬主编.—武汉:华中科技大学出版社,2021.8
ISBN 978-7-5680-7337-0

Ⅰ.①内… Ⅱ.①韩… Ⅲ.①导游-内蒙古-教材 Ⅳ.①K928.926

中国版本图书馆 CIP 数据核字(2021)第 160486 号

内蒙古导游讲解实务:思维、方法与示例 韩 冬 主编
Neimenggu Daoyou Jiangjie Shiwu:Siwei、Fangfa yu Shili

策划编辑:王 乾	封面设计:原色设计
责任编辑:陈 剑	责任校对:李 弋
责任监印:周治超	

出版发行:华中科技大学出版社(中国·武汉)　　电话:(027)81321913
　　　　　武汉市东湖新技术开发区华工科技园　　邮编:430223
录　　排:华中科技大学惠友文印中心
印　　刷:武汉市籍缘印刷厂
开　　本:787mm×1092mm　1/16
印　　张:12.75　插页:2
字　　数:272 千字
版　　次:2021 年 8 月第 1 版第 1 次印刷
定　　价:49.80 元

本书若有印装质量问题,请向出版社营销中心调换
全国免费服务热线:400-6679-118　竭诚为您服务
版权所有　侵权必究

出版说明

党的十九届五中全会确立了到2035年建成文化强国的远景目标,明确提出加快发展文化事业和文化产业。"十四五"期间,我国将继续推进文旅融合、实施创新发展,不断推动文化和旅游发展迈上新台阶。国家于2019年和2021年先后颁布的《国家职业教育改革实施方案》《关于深化本科教育教学改革 全面提高人才培养质量的意见》《本科层次职业教育专业设置管理办法(试行)》,强调进一步推动高等教育应用型人才培养模式改革,对接产业需求,服务经济社会发展。

基于此,建设高水平的旅游管理类专业应用型人才培养教材,将助力旅游高等教育结构优化,促进旅游类应用型人才的能力培养与素质提升,进而为中国旅游业在"十四五"期间深化文旅融合、持续迈向高质量发展提供有力支撑。

华中科技大学出版社一向以服务高效教学、科研为己任,重视高品质专业教材出版,"十三五"期间,在教育部高等学校旅游管理类专业教学指导委员会和全国高校旅游应用型本科院校联盟的大力支持和指导下,在全国范围内特邀中组部国家"万人计划"教学名师、近百所应用型院校旅游管理专业学科带头人、一线骨干"双师双能型"教师,以及旅游业界精英等担任顾问和编者,组织编纂出版"高等院校应用型人才培养'十三五'规划旅游管理类系列教材"。该套系教材自出版发行以来,被全国近百所开设旅游管理类专业的院校选用,并多次再版。

为积极响应"十四五"期间我国文旅行业发展及旅游高等教育发展的新趋势,"高等院校应用型人才培养'十四五'规划旅游管理类系列教材"项目应运而生。本项目依据文旅行业最新发展和学术研究最新进展,立足旅游管理应用型人才培养特征进行整体规划,将高水平的"十三五"规划教材修订、丰富、再版,同时开发出一批教学紧缺、业界急需的教材。本项目在以下三个方面做出了创新:

一是紧扣旅游学科特色,创新教材编写理念。本套教材基于旅游高等教育发展新形势,结合新版旅游管理专业人才培养方案,遵循应用型人才培养的内在逻辑,在编写团队、编写内容与编写体例上充分彰显旅游管理应用型专业的学科优势,全面提升旅游管理专业学生的实践能力与创新能力。

二是遵循理实并重原则,构建多元化知识结构。在产教融合思想的指导下,坚持以案例为引领,同步案例与知识链接贯穿全书,增设学习目标、实训项目、本章小结、关键概念、案例解析、实训操练和相关链接等个性化模块。

三是依托资源服务平台,打造新形态立体教材。华中科技大学出版社紧抓"互联网+"时代教育需求,自主研发并上线的华中出版资源服务平台,可为本套系教材作立体化教学配套服务,

既为教师教学提供便捷,提供教学计划书、教学课件、习题库、案例库、参考答案、教学视频等系列配套教学资源,又为教学管理提供便捷,构建课程开发、习题管理、学生评论、班级管理等于一体的教学生态链,真正打造了线上线下、课堂课外的新形态立体化互动教材。

  本项目编委会力求通过出版一套兼具理论与实践、传承与创新、基础与前沿的精品教材,为我国加快实现旅游高等教育内涵式发展、建成世界旅游强国贡献一份力量,并诚挚邀请更多致力于中国旅游高等教育的专家学者加入我们!

华中科技大学出版社
2021 年 8 月

前言 Preface

习近平总书记指出:"文化自信是一个国家、一个民族发展中最基本、最深沉、最持久的力量。向上向善的文化是一个国家、一个民族休戚与共、血脉相连的重要纽带。"(语出自2020年9月8日习近平在全国抗击新冠肺炎疫情表彰大会上的讲话)新时代背景下,讲好中国故事,传播优秀文化,是当代旅游从业者的重要职责。

内蒙古自治区是我国统一多民族国家融合发展的典型区域,自然资源丰富、文化历史悠久。内蒙古旅游具有鲜明的地方特色和浓郁的民俗风情,尤其近年来随着文化旅游快速融合发展,旅游景区不断丰富完善,导游知识体系内容也随之快速更新。本书根据国家和自治区文化旅游发展融合趋势,收集内蒙古自治区代表性景区最新资料,立足铸牢中华民族共同体意识,旨在提升内蒙古导游讲解内容的科学性、思想性、通俗性与针对性。

本书在编写体例上,根据《全国导游资格考试大纲》最新要求,从导游讲解思维方法入手,以资源类型为章节框架,希望本书能为高校师生、文化旅游从业人员提供借鉴,也能够为全国导游资格考试考生面试提供参考材料。

全书由内蒙古大学旅游学系组织协调,韩冬博士主编、统稿,中国传媒大学卢迪教授、内蒙古大学金鑫教授、北京体育大学陈希老师、内蒙古艺术学院侯翰琳老师、赤峰学院赵丽丽副教授、呼和浩特市旅游协会苏鹏飞秘书长、呼和浩特市导游协会郝帅会长、包头市导游协会魏园园会长、包头轻工职业技术学院付文超老师等相关专家参与编写。

本书成书离不开各景区的大力支持,景区为编写团队提供了基础讲解词素材,以及配套图片与视频等,在此表示衷心的感谢。此外要特别感谢华中科技大学出版社王乾编辑团队在本书策划、出版过程中的辛苦付出和大力支持。由于时间、能力及其他各种条件所限,本书作为旅游管理相关专业应用性教材,难免存在疏漏与不足,还有很多内蒙古自治区优质旅游景区的讲解词未能收录,该项工作将在再版时继续完善提升。恳请广大专家读者不吝赐教,为本书不断完善提供宝贵的意见和建议。

目 录
Contents

1　第一章　导游讲解的思维与定位
　　第一节　导游讲解的时代转向 /1
　　第二节　导游讲解的框架与讲解示例 /3
　　第三节　导游现场考试解析 /10

13　第二章　内蒙古自治区简况
　　第一节　内蒙古自然地理概况 /13
　　第二节　内蒙古行政区划现状 /15
　　第三节　内蒙古区域发展简史 /17

20　第三章　自然资源类旅游景区讲解示例
　　第一节　内蒙古自然旅游资源及概况 /20
　　第二节　草原景观旅游景区 /23
　　第三节　沙漠与沙地景观旅游景区 /31
　　第四节　水域风光类景观旅游景区 /43
　　第五节　地质遗迹景观旅游景区 /54

67　第四章　人文资源类旅游景区讲解示例
　　第一节　内蒙古人文旅游资源及概况 /67
　　第二节　名人遗迹与文博场馆旅游景观 /70
　　第三节　历史文化名人 /89
　　第四节　内蒙古主要少数民族与民俗文化 /99
　　第五节　科技与工业旅游景观 /112
　　第六节　特色文化演艺活动（含非物质文化遗产） /129

145 第五章 红色文化资源类旅游景区讲解示例
    第一节 内蒙古近现代简史 /145
    第二节 红色旅游景观 /147

158 第六章 生物及遗迹景观类资源旅游景区讲解示例
    第一节 内蒙古生物及遗迹景观类旅游资源及概况 /158
    第二节 内蒙古生物及遗迹景观资源旅游景区 /160

177 第七章 边境特色及城市风光型旅游景区讲解示例
    第一节 内蒙古特色城市与边境风情旅游景区概况 /177
    第二节 内蒙古代表性边境特色及城市风光
           旅游景区讲解示例 /179

194 附录

195 阅读推荐

196 参考文献

第一章

导游讲解的思维与定位

学习目标

通过本章内容学习,了解导游讲解的时代转向背景与现实需求,掌握导游讲解的基本框架,能够根据导游服务需要运用合适的讲解框架组织讲解内容,包括欢迎词、欢送词和沿途导游讲解等基本要素;认知导游职业定位与服务内容,明确导游讲解需要解决的基本问题,掌握导游现场讲解考核的基本内容、流程、要点等,并有针对性地提升讲解服务和现场考试能力。

第一节 导游讲解的时代转向

学习引导

随着中国社会经济文化发展水平逐步提升,以及中国特色社会主义现代化改革不断深入,中国文化与旅游发展也步入了全新的深度整合阶段,导游员的角色由中华人民共和国成立初期的"社会主义现代化事业的建设者、先进文化的传播者、中外交流的友好使者"等角色,向"大众文化的传播者、现代文化产业工作者"等角色转变。导游讲解,作为导游员工作的核心内容之一,伴随着时代变化,由一般性知识与审美传播引导,向专业深度挖掘和"意见领袖"转向。导游人员也应"不忘初心",牢记工作任务与使命,在"新时代"中引领时代潮流。

一、时代发展中,导游讲解服务的对象性转变

随着中国经济文化水平的不断发展,中国已成为全球最大的旅游国内市场,同时也是全球最大的旅游客源输出国。中国的文化旅游产业步入全新阶段,旅游产品也向大众化、精细化、多样化等方向发展,这些都成为导游人员能力提升的全新时代背景。正确认知旅游者需求,全面提升导游工作的针对性,理解导游讲解的意义,是从事该项工作的重要前提。

2019年,中国人均GDP已超过1万美元,成为世界第二大经济体。中国文化旅游产业在传统观光旅游繁荣发展的基础上,正向休闲度假旅游方向发展,定制化、个性化、新业态旅游发展方兴未艾。团队游占比逐渐减少,自驾游、出境游等占比不断增加,导游讲解的服务对象也必然面临相应的转变。导游讲解已由导游人员以自我为中心的输出性传播,向市场细分导向下的为特定对象群体提供深度个性化服务转变。

二、移动互联网变革中,导游讲解的可替代性增加

随着互联网技术的不断变革,智慧化设备不断更新、OTA(Online Travel Agency)旅游平台迭代加速、跨界资本运营不断渗透,传统文化旅游行业面临的危机与机遇并存。伴随旅游者出行经验的不断丰富,以及移动互联网设备与服务的不断完善,旅游者同目的地之间的信息不对称正在逐渐消减。传统的图文声像导游在技术引领下,也正在发生日新月异的变化。旅游者获得知识信息的门槛不断降低,同时对导游讲解的需求,已不再是一成不变的文化传递。

人工智能正全面渗透传统的文化旅游行业,"吃、住、行、游、购、娱"环节正经历一场"去中间化"的革命;同时,也正在替代缺乏变化的实地口语导游方式和导游人员。如何能够适应时代的技术变革,在移动互联网中凸显面对面服务讲解的差异性、针对性、专业性、交互性、吸引力等,是导游人员当下不得不深入思考的问题。顺应时代发展,积极采取变革,主动应用新技术,提升导游讲解水平,是增强实地口语导游不可替代性的必然路径。

三、文旅融合中,导游讲解的立场性应更加明确

周恩来、陈毅等老一辈革命家,最早提出导游人员要做到"政治思想(素质)过硬、业务知识过硬、语言水平过硬"的"三过硬"要求。这些要求是针对当时中国旅游市场主要服务国际入境旅游者,需要积极向外传播中国文化、开展对外交往的实际需求。而当下,"人民日益增长的美好生活需要和不平衡不充分的发展之间的矛盾"成为社会主义发展中主要矛盾的前提下,导游人员作为大众文化传播的一线工作人员,其讲解的内容自然是文化意识形态传播的前沿阵地。

导游人员拥有正确的政治立场和正确的社会主义核心价值观,对于传播什么样的文化

具有至关重要的作用。立足正确的历史观、文化观、民族观,以"铸牢中华民族共同体意识"为核心,弘扬中国特色社会主义优秀文化,彰显中华民族文化自信,是导游人员必须具备的基本立场。内蒙古自治区的导游讲解,更应立足边疆地区实际,不忘"三过硬"素质要求,整理和提炼立足社会主义核心价值观的导游讲解内容,为树立"模范自治区"形象贡献自身力量。

新时期,党和国家为内蒙古自治区接下来一段时间的发展,确定了"两个屏障""两个基地"和"一个桥头堡"的战略定位,即"我国北方重要的生态安全屏障、祖国北疆安全稳定屏障""国家重要能源和战略资源基地、农畜产品生产基地"和"我国向北开放的重要桥头堡"。全区人民在党和国家的领导下,将担负起建设北疆亮丽风景线的重大责任,加强生态环境保护,以绿色发展推动生产生活方式转型。文化旅游工作者在相关工作中,更应以民族团结进步和睦邻友好往来为指导思想,做好对内团结与对外交流。

第二节 导游讲解的框架与讲解示例

学习引导

优秀的导游讲解框架是导游服务专业性的体现。欢迎词与欢送词是导游讲解开场和最后总结的必要组成部分,导游人员应结合行程计划内容和自身语言特点,对欢迎词和欢送词进行有针对性的设计,其内容包含必须要素的同时,应让旅游者感到情真意切、流程规范、考虑周全;此外,其内容应能够体现良好的团队意识,并代表旅行社、服务团体中的每名成员向旅游者表达服务理念。少数民族自治区导游人员讲解的欢迎词与欢送词设计,更应融入区域民俗特色,进行情感性互动,能够让旅游者树立形象饱满的"第一印象"和实现深刻难忘的"末轮效应"。

沿途导游讲解,是导游服务的重要内容,也是现场考察的重要场景设定之一。内蒙古地域面积广阔,区域间交通时间相对较长。沿途导游讲解除对行程内容进行预告和总结,应结合行程沿线自然与人文景观进行拓展性的导游讲解;同时,根据旅游者对讲解内容的反馈针对性地进行调整。

导游讲解实务：思维、方法与示例

一、导游讲解的框架

一次较为完整的导游讲解过程，一般应包含欢迎词、沿途导游讲解、景区景点讲解、互动问答和欢送词等环节。这些部分既相对独立又有机联系，导游人员应根据行程安排和导游服务流程要求，将旅途生活服务的细节安排，有机融入导游讲解服务中。这些讲解环节也构成了导游讲解的基本框架。

在实际工作中关于具体景区景点的讲解又可以分为沿途导游讲解和实地导游讲解两大类。沿途导游讲解是对即将前往的景区做铺垫性讲解或概括性讲述，主要对于景区进行背景介绍或者是关于景区相关内容的普及性介绍，为景区实地导游讲解打下基础。实地导游讲解则是在现场对讲解的目标进行有目的的讲述活动。

无论是沿途导游还是实地导游，都需要注意导游词的创作和调整，做好谋篇布局，以灵活性原则巧妙设计导游词。谋篇布局是导游词写作的构思阶段，即围绕主题，对梳理加工过的材料，按一定的逻辑顺序，进行排列与组合，然后用恰当的语言表现出来。

谋篇布局从大的结构框架来看，主要由开头、正文、结尾三大部分构成。元代散词曲家乔梦符说："作乐府亦有法，曰凤头、猪肚、豹尾六字是也。"导游词与一般文章做法一样，也应该做到"凤头、猪肚、豹尾"六字。

俗话说，良好的开端是成功的一半，导游员应特别注重第一印象。因为导游员与游客相处的时间较为短暂，游客多以第一印象来判断导游员的整体素质与水平，所以导游的言谈举止格外重要。所谓文如其人，声如其人，一个好的导游词开头要做到亲切、热情、新颖。开头的方式很多，主要有介绍式、故事式、朗诵式、猜谜式和投其所好式等。介绍式开头最为常用，特点是较为全面地介绍各方面情况，使游客尽快知晓；故事式开头能吸引游客的注意力，激发人的情感，使人在潜移默化中受到启发与激励，可增加游兴和艺术感染力；朗诵式开头，句子要精美，朗诵时要有感情，时间不宜太长，结束后马上进入自我介绍；猜谜式开头要注意时机、紧扣景点，不宜太难；投其所好式开头就是针对游客的职业与爱好进行褒奖式开头，增加互动话题。

导游词写作关键的部分是正文，正文部分的写作要根据景观内容和具体情境而定，形式多种多样，没有固定的模式。但在结构安排上也有规律可循，要注重时间、空间和逻辑三种结构顺序。导游词中的时间顺序与景观形成的历程大体一致，如自然形成的时间、建造的年代、历史的沿革、社会的变迁等；还有以事件发生的过程为序，讲述时应做到叙事清晰、结构完整。空间顺序是以空间位移或转换的顺序来安排导游词结构，较为符合导游带团实际，所以按旅游线路编写导游词也是最为常见的方法，具体到某一景点要看具体情况而定，一般是由远及近，从上到下，从外到内，或者反其道而行之。逻辑顺序是思维的规律，就是按照人们共同的思维规律安排段落结构或语句顺序，有条理地讲解历史背景，环环相扣，思路清晰，易于理解。

导游词的结尾要有力度,让人回味,正所谓"余音绕梁,三日不绝"。好的导游词也应做到简洁有力,干净利落,趣味盎然,耐人寻味,给人以美的享受。切合主题的导游词结尾能够发人深省,诸如讲解内蒙古自然旅游资源可紧扣希冀践行"生态优先、绿色发展"的理念,做到人与自然的和谐共生;介绍人文旅游资源时,从历史长河辩证看待,紧扣"铸牢中华民族共同体意识",既能够升华主题,又能够紧抓讲解要旨,起到画龙点睛的作用。

二、欢迎词、欢送词与沿途导游讲解示例

(一)欢迎词

讲解要点:欢迎词一般应包含的要素。

(1)问候语;

(2)介绍自己的姓名和所属旅行社名称,介绍司机;

(3)代表所在接待社、本人及司机,欢迎旅游者来本地参观游览;

(4)表明自己提供服务的工作态度和希望得到合作的愿望;

(5)希望大家多提宝贵意见和建议;

(6)预祝旅游愉快、顺利。

示例:

各位来自××(地区)的团友,大家好,一路辛苦了!

现在各位已经到达了中国乳都、内蒙古自治区的首府——呼和浩特市,在此首先我代表××旅行社的全体员工,对大家的到来表示最热烈的欢迎和最诚挚的问候,欢迎您来到内蒙古做客!同时,我们还要感谢陪同大家前来的××女士(先生)!在她(他)一路的精心组织与周到服务下,各位团友安全顺利地抵达目的地。接下来,我们将用最优质的服务让大家感受到草原人民的热情!

其次,我要代表司机师傅并以我个人的名义向大家表示欢迎,我叫××,担任这次旅行的导游,为方便起见,大家叫我×导或小×就可以了。我旁边的这位是司机××师傅,在旅游界有着很高的声望。我们大家常调侃他是"稳驾慢行而准时的老司机",方向盘在他手中,本次出行一定安全无忧。另外,顺便请大家记住我们的车牌号是××,车身颜色是××,在每到一个景区参观游览完毕之后,大家可以提前回到我们的旅游车上,这辆旅游大巴在这几天游程当中会成为我们流动的温馨的家。大家这次在内蒙古旅游期间,将由我们全程为大家服务,希望我们的服务能够使大家满意。同时有什么不足之处也希望大家及时提出,我们一定努力改进。

大家可能是初次来到呼和浩特,对于这个地方多少有些陌生,在接下来的几天中,我将带领大家一一领略沿途景观和行程中的景点,相信通过几天的参观游览,会使大家对呼和浩特有一定的了解。

为了给大家做好本次服务,我特地查询了一下这几天的天气情况,近日以晴天为主,大家可以愉快地游览,今天呼和浩特的气温是××摄氏度。同时,还要提醒大家,相对于大家各自的家乡,内蒙古地区相对干燥,请大家注意及时补水,尤其在我们游览草原和沙漠旅游景区时,要注意提前做好防晒工作。那么,就让我提前祝大家旅途愉快,愿此次内蒙古之行能给您留下一个深刻的印象!

下面我把近几天的游程安排做一下简要介绍(根据《接待计划》做简要交代)。我们的这次行程可以说是一条纵览内蒙古中西部地区的精品旅游线路,整个游程以呼和浩特为中心,以呼和浩特、包头和鄂尔多斯为重点观光项目,既有大家心中期盼的草原风光,又有壮观的沙漠景观,还能够体验草原中的城市人文景观,感受以蒙古族为主的多样的民俗风情。

第一天,早餐后我们将赴希拉穆仁草原。希拉穆仁草原距离呼和浩特市区约90千米,乘汽车大约需要两个小时。到达草原后,我们安排大家到蒙古包先休息一下,然后自由活动感受一下草原风光。约12:00开始午餐,午餐为大家安排了蒙古族风味食品——手把肉。下午约2:30观看小型那达慕——赛马、摔跤表演,然后去感受一下"敖包相会",再去牧民家做客,感受一下当代牧民的生活。晚餐时蒙古族牧民将手捧银碗、哈达来敬献美酒。餐后我们可以欣赏篝火晚会。当晚住宿在蒙古包中,大家可以夜观一下草原上的星空,早上还可以再欣赏草原日出的美景。

第二天,我们在草原日出后,品尝蒙古式茶点,然后我们乘车去"草原钢城"包头市,在那里我们将参观"大国重器"的旅游景点——"北方兵器城"。然后我们将越过中华民族的母亲河——黄河,进入鄂尔多斯高原,游览著名的沙漠奇迹——响沙湾。夜间,我们的住宿安排在鄂尔多斯市政府所在地——康巴什区,在那里大家可以感受一下以旅游景区标准打造的现代花园城市的魅力。

第三天,我们在康巴什欣赏"景城一体化"建设的现代城市风貌后,将去参观一代天骄成吉思汗的长眠之地——成吉思汗陵旅游景区,在那里我们能够切身体会到"一代天骄"的别样风情。行程结束之后返回呼和浩特市住宿。

第四天,早餐后我将带领大家游览"草原青城"呼和浩特,参观四大美人之一的王昭君的长眠地——昭君博物院,逛一逛具有百年风情的大召历史文化街区、独特的佛陀迦耶式塔——五塔寺,此外我们还将去中国乳都的龙头企业伊利集团参观"一滴奶的旅程"。晚上将从呼和浩特东站送大家乘动车返程。

在介绍过行程之后,我问大家一个问题,大家是否还记得我刚刚说过内蒙古自治区地域狭长吗?阳光自东向西照遍内蒙古大地大概需要2小时,在此提醒我们车上两位外国朋友,记得调整好时间啊,尽管狭长,但我们也是执行北京时间的。另外,提醒大家,内蒙古地区较为干燥,请大家注意及时补水,户外活动时做好防晒措施,天气变化我会及时提醒大家。

好的,各位团友,下面就让我们开启这精彩的内蒙古之旅吧!

(二)欢送词

讲解要点:欢送词应包含以下内容。

(1)回顾旅游活动过程;

(2)感谢大家对工作的支持和配合;

(3)若在旅游活动中出现不顺利或旅游服务有不尽如人意之处,导游人员应借此机会再次向旅游者赔礼道歉;

(4)诚恳征求旅游者对接待工作的意见和建议;

(5)表达友谊和惜别之情;

(6)表达美好的祝愿。

示例:

各位团友,大家好!短短几天,如白驹过隙,内蒙古之旅就要结束了。经过这几天的亲密相处,我们彼此间结下了深厚的情谊。蒙古族有句谚语"路要自己走,花要自己采;十五的月亮,自会圆起来",表达的是不久以后,我们还会相见的意思。几天行程下来,我与大家从初次相识,到结下深厚友谊,可以说留下许多美好的回忆,在此刻确实心里感觉还是难以割舍的。但正像那句谚语所说的,这次大家留下的美好回忆,是为了下次我们能够更快地相见。有一首蒙古族传统歌曲叫《鸿雁》,歌曲中唱道"鸿雁,向南方,飞过芦苇荡;天苍茫,雁何往,心中是北方家乡",通过本次旅行,相信大家一定在心里安放了内蒙古这样一个美丽的心灵家园,也希望大家能够常回家看看。

在内蒙古的数日里,大家饱览了广袤辽阔的草原、雄浑壮美的大漠,拜谒了"一代天骄"——成吉思汗的陵园,探访了四大美女之一王昭君的"青冢",在"北方兵器城"也体验到了军工文化。在内蒙古的数日里,大家不仅体验了内蒙古浓郁的民俗风情,同时领略了蒙古高原留下的灿烂历史文化,圆了大家草原行的梦想。除了美景、美人,我想"美食"也一样给大家留下了深刻印象,特别是内蒙古的涮羊肉、手把肉、烤全羊一定还在您的唇齿间留香。我想大家还是乘兴而来,满意而归的。本次愉快的、顺利的、有着人生纪念意义的内蒙古之行,之所以能取得如此成功,离不开各位团友,尤其是领队先生(女士)和全陪×导的大力协作、相互关照、真心支持。在此,我和司机×师傅代表旅行社×经理及全体员工对各位表示由衷的感谢!请让我发自肺腑地对大家再说一声"塔勒儿哈拉"(谢谢)!

朋友们,我们的接待与导游服务工作,乃至景区建设工作有什么不尽如人意之处,请大

家留下宝贵意见,我们定当尽快整改,全力塑造内蒙古旅游的良好形象,您的意见与建议是日后再来内蒙古,并留下更美好回忆的奠基石,也是我个人旅游服务能力和我们内蒙古旅游品质整体提升的动力。在这里感谢大家一路上对我工作的支持和理解,在与大家的交流中,也让我学到了更多的知识,体验到了××人民的热情。也希望我们之间的友情像草原上的河流一样源远流长,像蒙古高原的群山一样的苍劲有力,像草原的美酒和歌声一样令人魂牵神往。

离别之际给大家提个醒,在祖国正北方的内蒙古,您还有我这样一个朋友,百忙之中,您可以在微信朋友圈看一下我展示的草原美景,为忙碌的生活提供一个短暂的"心灵假期";也可以介绍您的亲朋好友们一起来内蒙古,我会再次陪同大家去看美丽的大草原。最后一首歌《陪你一起看草原》献给大家。

好,现在即将进入我们的机场停车场了,我最后提示大家一下,我们的航班号是××,大家一会随我由一楼入口进入,二楼×区办理乘机手续,下车前请仔细检查车内,带好所有行李物品,重要票证请随身带好,不要放在大件行李中托运。最后祝大家归途一切顺利、一路平安!

(三)沿途讲解

讲解要点:沿途导游讲解一般包含风光介绍、风情介绍、酒店介绍、行程回顾与预告等,是导游员根据行车路线、游览安排和旅游者兴趣,结合实际情况开展的专题性或延展性讲解。沿途导游讲解既是对景点讲解内容的重要补充和延伸,也是为旅游者建立更为全面的目的地整体形象感知、提升旅游者游兴的重要方式。

示例:

各位团友,昨天我们体验了希拉穆仁的草原风情,今早又共同欣赏了草原的日出,现在在返回呼和浩特市的途中,我先对今天的行程进行一下预告。我们今天的日程都在呼和浩特市区内活动,主要体验草原青城的历史文化。根据日程,我们共有三个景点,分别是上午要参观的莫尼山非遗小镇,下午要游览的大召历史文化旅游区和昭君博物院。中午我们在莫尼山非遗小镇体验非遗美食,晚上住在"草原文化主题"的五星级酒店——内蒙古饭店。

既然要游览呼和浩特,我就为大家介绍一下这座城市。呼和浩特是一座具有400多年历史的塞外名城,关于其名称的由来有两种说法。一种说法是当年著名的蒙古族土默特部首领阿拉坦汗和他的夫人三娘子在建设呼和浩特城的时候,明朝政府曾专门派人来这里帮助烧砖,当时的工艺水平烧出的砖都是青砖,那么用青砖盖起来的城市,远远望去泛有青色,所以人们把它叫作"库库和屯",也就是现在的"呼和浩特"的谐音,翻译成汉语就是"青色的城"(简称青城)。另外,还有一种说法认为,呼和浩特北依巍巍阴山,而这段阴山人们习惯上叫它大青山（它是阴山山脉的中部）。为什么把这一段叫作大青山呢？过一会我们路过的时候再向大家做一下简单介绍。阴山上青石林立，恰恰历史上阴山也盛产石青（一种青色颜料），所以呼和浩特城就因北面的大青山而得名"青色的城"。当然还有一些人认为既不是因为青砖筑城，也不是因为北边的大青山而得名，而是因为呼和浩特是修建在著名的土默特川平原之上、修建在青青草原之上的城市，所以把它称之为"青色的城"。

"草原青城"呼和浩特位于蒙古高原和黄土高原的交汇处，北依茫茫的大青山，南临滔滔的黄河水，是内蒙古中部肥美的土默特川平原的一部分，这里地处中温带内陆地区，西北大陆性气候特征明显，雨热同季，冷热变化较大，有人曾将呼和浩特地区的气候特点与外省区做比较后得出结论：这里没有东北地区的奇寒，也没有戈壁的干燥和江南盛夏的酷暑，这里只有东北的初春和江南的深秋。正是这样的风水宝地，使得从古至今，人类在此活跃不息，从旧石器时代开始，到战国秦汉时期的匈奴，还有魏晋南北朝时的鲜卑、突厥、蒙古等少数民族都曾在此活跃，这得力于呼和浩特地区的地理和气候。在这里至今仍能够见到的历史遗存，主要有旧石器时代的"大窑文化遗址"，从战国到明朝的长城遗迹，胡汉和亲的历史见证——昭君墓，辽代的万部华严经塔、黄教名寺——大昭寺，建筑奇观五塔寺等；伊利、蒙牛、蒙草等新型工业旅游景区也云集于此。世界马文化之都、中国乳都等称号表明了这座城市文化和产业的引领性地位。

车行前方，即将进入山区，也就是我刚提到的大青山。大青山属于阴山山脉的中段，位于黄河的北岸，横亘在内蒙古自治区中部，是历史上著名的山脉之一。阴山呈东西走向，东西连绵约 1000 千米，南北延伸 50～100 千米，它的西部为狼山、色尔腾山和乌拉山，中部也就是我们正前方的部分被称为"大青山"，东部为熔岩盆地和低山丘陵，最远处可延伸至北京以北的燕山。阴山地势西高东低，南高北低，海拔在 1500 米至 2000 米之间，它的最高峰呼和巴什格山海拔 2364 米。

阴山是我们国家重要的地理分界线。简而言之，它不但是我国季风区和非季风区的分界线，而且是内流水域和外流水域的分界线（大兴安岭—阴山—贺兰山—祁连山）。在当代还是农村、城市和草原牧区的天然分界线，也就是说，阴山以南多为城市和农耕区，而阴山以北则是传统的牧业区，形成了两种不同的生产方式和景观特色。同时，阴山也是历代多民族融合的重要见证，历代长城交叉汇集于阴山，是古代农耕与游牧文明碰撞的融合带。历史上人们往往把阴山和长城并提，许多边塞诗人均对阴山有所描述，唐代著名诗人王昌龄在《出塞曲》中写到"秦时明月汉时关，万里长征人未还，但使龙城飞将在，不教胡马度阴山"，足见阴山重要的地理位置和军事作用。

在抗日战争中，大青山地区也是重要的抗日根据地。1938 年 5 月 14 日，毛泽东给在晋西北的八路军总指挥朱德、副总指挥彭德怀、八路军一二〇师师长贺龙、政委关向应发出电报："在平绥路以北沿大青山脉建立游击根据地甚关重要，请你们迅速考虑此事。"8 月底，在

司令员兼政委李井泉、参谋长姚喆的带领下,八路军大青山支队共2300人从山西五寨出发,挥师北上,穿过敌人的封锁,到达了大青山群山峻岭中的武川县大滩村。从此,中国共产党在此建立了抗日根据地。大青山抗日根据地的创建和巩固,为内蒙古地区抗日战争的胜利起到了重要作用。

今天,大家来到内蒙古,能够在大青山南游览现代都市,山北体验草原风情,身临青山远望长城。多样的风情交织、古代与现代交融,是历代各族人民共同创建的辉煌成就,也是无数革命先烈用鲜血换取的革命成果。

预计10分钟后,我们将到达今天游览的第一个景点"莫尼山非遗小镇",大家欣赏一下大青山的风光,到达景点前,我会为大家做进一步讲解。

第三节　导游现场考试解析

学习引导

全国导游资格考试是获得导游从业资格的重要途径,近年来随着考试从形式到内容的深入改革,对考生理论与实践能力的考核更加全面,但现场面试/模拟面试一直是其中的核心考核环节。该环节通过随机抽取考核内容,考生综合运用综合性的旅游专业知识,按照规范化导游服务流程和完整的导游讲解体系,全面展现导游服务能力以及对旅游资源的认知情况。旅游管理专业学生、景区讲解员,以及有志于从事导游工作的人员,须在充分了解导游资格考试考核方式、内容与流程基础上,对照考试大纲要求,有效地提升现场面试/模拟面试的针对性。

一、考试方式与流程

全国导游资格考试采取联网机试形式进行,共分为两个部分、五个科目,其中第一部分为"导游综合知识",即科目一至四,分别为"旅游政策与法律法规""导游业务""全国导游基础知识""地方导游基础知识";第二部分为科目五"导游服务能力",即现场导游考试。

科目五考试试题为随机分配,并分为"中文类"与"外语类",其中,中文类考生试题一般为4道,由"讲解能力(景点讲解)题""导游规范题""应变能力题"和"综合知识题"构成;外语类考生试题共5道,增加了"口译"题(包含中外文互译各1题)。参加中文类考生答题时间总长约为15分钟,外语类考生答题时间总长约为25分钟。在时间分配上,考生应将主要时间用于"景点讲解"题,其中外语类考生景点讲解与口译应使用所报考相应语言进行答题。

现场考试除有效准考证及身份证件外,不得携带其他物品,经身份校验后对号入座,使用考场计算机按要求登陆考试系统,经调试后待考。开始考试后,抽取试题,并按试题要求面对摄像头进行回答,回答结束点击提交,完成考试。

二、考核要点与考试内容

科目五考试成绩为百分制,中文类考生有六个考核要点,分别为语言表达、礼仪礼貌、景点讲解、导游规范、应变能力和综合知识。外语类考生增加"口译"考核点。

中文类考生以景点讲解与语言表达为主要考核点,占整体评分50%以上;外语类考生以景点讲解、语言表达和口译为主要考核点,占整体评分50%以上。

针对景点讲解题,考生通常应根据讲解内容需要,对内蒙古自治区基本概况及景区周边区域简况进行概述,再进入具体景区讲解。在景区讲解阶段,除进行一般性景点内容讲解外,还需根据景区的不同类别,将景点进行主体代表性资源(人物)、景区所处位置、景区级别、核心景观内容、分区情况及游览注意事项等要素,设定导游讲解场景,融入整体讲解内容进行介绍。整体讲解应以区域整体情况为辅,以景区讲解为主体内容,讲解时间明显不足、增加过多无关环节,或讲解内容同景区相关性不强,都将影响最终得分。

科目五考试内容每年根据要求制定当年考试大纲,考试大纲将具体根据景区类别,设定本年度考核的具体景区,考生须提前了解当年考试大纲,并根据大纲公布景区准备相应讲解内容。

拓展阅读

全国导游资格考试科目五大纲示例

内蒙古自治区地图

本章小结

导游讲解是导游工作的核心内容之一,是导游人员思想政治、服务能力、知识水平、语言技能等素质的集中体现,树立正确的社会主义核心价值观,是导游人员讲解的重要前提。导游欢迎词、欢送词、沿途导游讲解等是导游讲解的主要框架内容,导游现场讲解中的目的地概况是首次沿途导游讲解的主要内容,它们构成了导游服务和导游现场口试讲解的开始与结尾;作为给旅游者留下导游讲解能力和地区整体情况"第一印象"和"最终印象"的重要环节,应对本章示例内容给予重点关注,并能够根据学生自身所在区域情况,进行举一反三的总结和导游讲解内容的设计。

导考面试考点

欢迎词、欢送词等内容安排在导游人员资格考试面试环节,也是景点讲解的有机构成。欢迎词内容中,如何能够以良好的姿态问候旅游者,是充分展示个人导游素质和礼仪礼貌考点的重要内容;关于区情和景区概况的讲解内容,是面试景点讲解考核的重要组成部分。将本章内容作为沿途导游场景设定,融入景点讲解的前后,对于展现考生"语言表达、礼仪礼貌、导游规范和综合知识"等考核要点具有重要作用。

思考题

1. 根据你所在盟市情况,结合本章所学内容,收集区域旅游资源情况和现实旅游线路产品,并设计独具特色的欢迎词和欢送词。

2. 选定一个你所熟悉的旅游景区,假定一个特定的目标旅游者群体,以导游员角色,撰写一段约15分钟的沿途导游讲解的框架内容,并思考开展哪些内容的介绍、采用何种讲解方式,能够更好地增加旅游者的游览兴趣。

第二章

内蒙古自治区简况

学习目标

在掌握内蒙古自治区自然地理、行政区划、区域发展历程等知识要点的基础上,根据旅游行程熟练使用相应部分内容,进行沿途导游讲解,了解基于地区简况基础上的拓展延伸性内容,打下扎实的史地文化知识基础。通过系统学习本章内容,有效完成"理解—记忆—应用—拓展"这一知识链条学习过程。

地区整体概况一般是导游员首次沿途导游讲解的主要组成内容,是导游员讲解能力的初次展示,也是建立导游员亲和力、信任感和树立"第一印象"的重要途径。地区概况对于帮助旅游者迅速了解目的地情况,满足其"求新求奇"阶段需求具有重要作用。首次沿途的内容一般应包含:当地自然地理、行政区划、人文风情等内容。在导游讲解方法应用中,可以由省(自治区)整体情况向旅游者正在游览的市(区)逐层过度,也可由较小的区域单元向更大范围的整体性情况转换。

第一节 内蒙古自然地理概况

自然地理概况是旅游者建立对目的地特色自然资源认知的重要基础,也是区域

概况讲解中的重要内容。简明扼要、易于理解的自然地理概况介绍,能直观建立起目的地在中国版图中所处位置感。同时,应注意在自然地理概况的介绍中,要将内蒙古自治区同周边各省和边境交界国家的情况进行重点介绍,将区域地理位置同内蒙古自治区"对北开放桥头堡""一带一路"倡议等国家发展定位相结合。

内蒙古自治区地处"中国正北方",是中国的第二大高原(仅次于青藏高原),区域内多地平均海拔超 1000 米。内蒙古自治区地域辽阔而狭长,地跨东北、华北、西北,东西跨度 2400 余千米、南北纵横 1700 余千米,面积约 118.3 万平方千米的土地,约占全国疆土的八分之一,其中草场面积达 8800 万公顷(88 万平方千米)。①

整个内蒙古地区勾勒出的形状宛如一匹奔驰于北部边疆的"骏马",是中国"向北开放的重要桥头堡"。狭长的地域跨度,使内蒙古自治区有了很多"邻居",内同黑龙江、吉林、辽宁、河北、山西、陕西、甘肃和宁夏八省(区)交界,外与蒙古国、俄罗斯两国接壤。

"高山为骨,河流为脉",内蒙古这匹"骏马"以大兴安岭、阴山(由大青山、乌拉山、色尔腾山和狼山组成)、贺兰山等主体山脉为骨架,横贯全区;以母亲河黄河为主动脉,蜿蜒穿过七个盟市,黄河、西辽河、嫩江、额尔古纳河等四大水系、数百条河流交织于此,丰富的湿地、湖泊相间分布于全区,东部地区大兴安岭森林茂盛,中部河套平原特产富饶,西部地区沙漠、沙地相间,以多样的草原为底色,勾勒出了这匹"骏马"多彩的皮毛。内蒙古自治区地处北纬 37°24′至北纬 53°23′,属温带大陆性气候,无论是纬度区位还是气候条件,大部分都处于国际公认的"黄金奶源带"(南北纬大约 40°~50°之间的温带草原)上,因此,这里不仅孕育了优质的牛羊,更是高品质的奶源地。

内蒙古自治区不仅幅员辽阔,而且气候宜人、四季分明,但由于地域狭长,所跨经度由东经 97°12′至东经 126°04′,形成了较为明显的区域差异,地区平均气温由东向西递增,整体的植被特征也由森林到草原向沙漠不断过渡。内蒙古高原作为中国地理第二大阶梯,区内光能资源也极为丰富,仅次于西藏,是"距离蓝天更近的地方";同时,内蒙古自治区也是国内风能资源最为丰富的地区之一;此外,煤炭和稀土等重要的矿产资源储量也居全国首位。

---

① 根据内蒙古自治区统计局(http://tj.nmg.gov.cn/)公布 2019 年度数据整理。

课程思政

内蒙古:发挥好国家向北开放重要桥头堡作用

第二节 内蒙古行政区划现状

学习引导

旅游者出行前,通常对于目的地行政区划与城市情况了解有限。内蒙古自治区行政区划名称中的"盟旗"建制具有明显的地方特色,同时,各地也有多种"音译"转化而来的地名、民族名称和人名,讲解中这些地名及建制,容易造成旅游者混淆和误解,进而形成讲解中的理解障碍。因此,导游在讲解过程中,对行政区划及主要城市简况,尤其是游览区域及周边行政区域情况进行细致解释,对区域名称尽量使用全称,尽量不要用区域简称一带而过,以便旅游者理解、记忆,增进深入了解的意愿,以至对城市名称、演化历史等进一步产生兴趣。

内蒙古自治区成立于1947年5月1日,是中国最早成立的少数民族自治区,最初的内蒙古自治区首府是乌兰浩特市(原名"王爷庙")。"乌兰浩特"是蒙古语,乌兰是"红色",而"浩特"是城市的意思,这座城市是内蒙古自治区人民走向解放的革命圣火燃起之地,后几经辗转,首府迁至呼和浩特市。

内蒙古自治区现有3个盟、9个市、2个计划单列市，3个盟为兴安盟、锡林郭勒盟和阿拉善盟，9个市分别为呼和浩特市、包头市、乌海市、赤峰市、呼伦贝尔市、通辽市、乌兰察布市、鄂尔多斯市和巴彦淖尔市，2个计划单列市为满洲里市和二连浩特市。截至2019年末，内蒙古自治区常住人口约为2539.6万。内蒙古自治区是全国蒙古族人口数量最多的区域，生活着除珞巴族以外的55个民族，其中约77％为汉族，约19％为蒙古族。各少数民族中以达斡尔族、鄂温克族和鄂伦春族最具区域特色，被称为"三少民族"。因此，内蒙古自治区是以蒙古族为主体、汉族占大多数、"三少民族"为特色，各民族和谐交错共居的少数民族自治区，更是具有民族团结示范意义的模范自治区。

拓展阅读

内蒙古自治区行政区划简介

课程思政

模范自治区：习近平在内蒙古考察并指导开展"不忘初心、牢记使命"主题教育

第三节　内蒙古区域发展简史

学习引导

传播文化、增进交流，是导游讲解的重要任务，导游员、讲解员对区域发展简史的掌握扎实程度，并针对服务对象差异化运用知识进行讲解的能力，是导游员的核心能力之一。内蒙古地区是中华民族早期文明发源地之一，早期的蒙古高原曾有多个少数民族轮番登上历史舞台，各族人民在这片土地上碰撞、交往、融合。导游讲解中，对于历史文化的学习和讲解，应注意部分民族、姓名、封号、官职等读音不同于现代汉语发音。导游员既要注重对关键名词、历史史实、标志年代的掌握，也要注意对易错读音及其深厚的历史背景进行探究；既要正确传播历史文化知识，也要站在"铸牢中华民族共同体意识"的角度，澄清中华民族交流、交往、交融的历程。

内蒙古地区是我国早期人类文明的发祥地之一，旧石器时期代表性考古遗址有呼和浩特大窑文化、鄂尔多斯萨拉乌苏文化遗址，以及中石器时期呼伦贝尔的扎赉诺尔人遗址等，这些均反映出内蒙古地区是我国早期人类活动的重要区域。

新石器时期内蒙古的西辽河流域，先后出现了小河西文化、兴隆洼文化、赵宝沟文化、富河文化、红山文化和小河沿文化。其中，1971年在赤峰市翁牛特旗赛沁塔拉出土了一件长达29.5厘米的"玉猪龙"，被称为"中华第一龙"。

青铜器时代和早期铁器时代（夏商周时期），内蒙古区域人类的活动仍然主要分布在东部西辽河流域和内蒙古中南部。代表性的有赤峰市地区的夏家店下层文化、夏家店上层文化和鄂尔多斯及周边地区的鄂尔多斯式青铜器文化。发现于1972年的"黄金冠饰"，即匈奴"鹰形金冠"和金冠带，是鄂尔多斯式青铜器文化中著名的文物。

自青铜器时代开始至元代以前，内蒙古地区有匈奴、乌桓、鲜卑、突厥、回纥、契丹、女真、蒙古等少数民族先后登上历史舞台，在这片土地上，汉族和各少数民族人民共同开发了内蒙古地区，为统一的多民族国家形成，奠定了重要的基础。

室韦属于鲜卑族的一支，分布在大兴安岭以西的呼伦贝尔地区。6世纪，室韦内部分化

出很多分支,其中一支被称为蒙兀室韦,目前大部分人认为蒙兀室韦是蒙古族最初的起源。12世纪后,室韦名号逐渐消失,而代之以各部落名称。之后其中一个名为"尼伦蒙古"部的从属部落"乞颜部",在部落纷争中,在首领铁木真的带领下逐渐强大,于1206年统一了蒙古各部后,铁木真称"成吉思汗"。从此,"蒙古"一词成为蒙古各部的共同名称,蒙古族出现在了北方草原的历史舞台上。1260年,忽必烈称汗,并于1271年改国号为"元"。1279年,南宋被元军所灭,第一个由少数民族建立的多民族统一国家形成,基本上奠定了今天我国国家版图的雏形。1368年,朱元璋建立明朝,同年攻克大都,改名北平,元朝迁都上都(今内蒙古自治区锡林郭勒盟正蓝旗境内),这一时期被称为"北元"。

在北元与明朝的对峙中,另一位少数民族杰出首领努尔哈赤于1616年统一女真建立了"后金",在其子皇太极的带领下平定漠南蒙古诸部,在盛京(今辽宁省沈阳市)建立政权,国号为"清"。1691年"多伦会盟",漠北蒙古各部也正式纳入清朝管辖。清朝为加强对蒙古区域的控制,参照满洲八旗制度,设置了蒙古八旗制度,反映在属地管理形式上就是"盟旗制度"。这种管理方式影响了内蒙古地区近现代很长一段时间,现今内蒙古自治区很多地名仍然保留着盟旗的称呼。自清初到鸦片战争前,内蒙古地区保持了相对稳定的局面。

民国时期至中华人民共和国成立前,蒙古高原在动荡中发展,1924年,蒙古人民共和国(即蒙古国前身)成立,宣布从中国独立,但当时并未得到中国政府承认,直至1945年,"中华民国"政府跟苏联签订《中苏友好同盟条约》,承认蒙古人民共和国独立地位。

20世纪初期,内蒙古革命青年在中国共产党的领导下发展壮大,多松年、李裕智、乌兰夫、奎璧、吉雅泰等一批蒙古族先进分子先后加入了中国共产党,燃起了内蒙古红色革命之火。随后,抗日战争爆发,内蒙古大部分地区沦为日本帝国主义的殖民地。内蒙古各族人民,在中国共产党的引领下开展了一系列艰苦卓绝的斗争,直到1945年,内蒙古全境解放。1947年5月1日,内蒙古自治政府正式宣告成立,首府为王爷府(今内蒙古自治区兴安盟乌兰浩特市,后首府于1949年迁至张家口市,1954年又迁至呼和浩特市),之后内蒙古自治区所辖范围几经变换,直到1979年,最终形成我们今天看到的内蒙古自治区行政区划。

 本章小结

地区整体情况通常是导游员首次沿途导游的重要内容,也是旅游者形成区域整体印象的主要构建方式,良好的区域概况介绍能够满足旅游者入境阶段迫切的"求新、求奇"心理。导游员需要掌握历史、地理、行政区划的整体情况,对行程中涉及的内容应给予重点关注,并能够形成延展性学习,再结合旅游者客源地情况,进行对照性讲解。

第二章

内蒙古自治区简况

 导考面试考点

　　欢迎词、欢送词等框架性内容是导游人员资格考试面试环节的有机构成,考生可根据所设定场景设计具体行程与内容。欢迎词内容中,如何能够以良好的姿态问候旅游者,是充分展示个人导游素质和礼仪礼貌考点的重要内容;关于区情和景区概况的讲解内容,是面试景点讲解考核的重要组成部分。将本章内容作为沿途导游场景设定,融入景点讲解的前后,对于展现考生"语言表达、礼仪礼貌、导游规范和综合知识"等考核要点具有重要作用。

 思考题

　　1. 内蒙古自治区现辖3个盟、9个市和2个计划单列市,在实际导游讲解中,需要根据旅游者出行目的地,进行相应盟、市或地区的简况介绍,请根据各盟、市自然地理、行政区划、区域历史与人文风情情况,整理一份10分钟以内的盟、市或地区情况简介。

　　2. 人名、地名是导游讲解中经常提及的重要内容,但旅游者对目的地情况通常了解不足,请查询内蒙古各盟、市及主要城市的名称,了解其名称代表意义,地域名称历史变迁情况,以增加导游讲解的趣味性、吸引力,也有利于旅游者更好地了解地域文化,留下更为深刻的游览印象。

第三章

自然资源类旅游景区讲解示例

学习目标

了解内蒙古自治区自然资源整体分布情况,熟悉各区域典型性自然旅游资源、特点及代表性旅游景区,并能够形成在跨区域自然资源整体比较分析基础上的知识掌握与讲解运用。以重点自然旅游景区为基础,通过本章的讲解示例学习,结合区域文化旅游知识,灵活运用导游讲解方法,正确分析自然旅游资源成因、发展演化历程,引导旅游者在旅游活动中正确审美,传递内蒙古自治区良好的旅游形象。

第一节 内蒙古自然旅游资源及概况

学习引导

内蒙古自治区位于我国地势的第二阶梯上,自然旅游资源类型丰富,部分代表性自然旅游资源体量较大,"大森林、大草原、大沙漠、大湖泊、大湿地"是内蒙古自治区自然旅游资源的集中概括。东西经度跨度较长,使全区自然资源分布也呈现出较大的景观差异性特征;南北纬度覆盖范围较广,加之有山脉分界阻隔,同一季节也呈现出较为明显的区域差异性景象。将目标景区同区域自然地理情况相联系,进而形成由个别到整体、由单一类别到相互联系的自然旅游资源形象,是导游向旅游者传递有效信息的前提。导游人员应通过形象的讲解方法,充分了解不同出行目的的旅游者心理,针对旅游者心理期待组织讲解内容,展现多样的自然景观,使旅游者在视觉震撼和心理期待之外,享有更为丰富的"获得感"。

一、高原为底,草原为肤

内蒙古自治区地处蒙古高原的东南部,多数地区海拔在 1000 米以上,是仅次于青藏高原的中国地理第二阶梯。整体地貌以高原为主,其次为山地和平原。辽阔的内蒙古自治区由东至西间隔分布着以呼伦贝尔草原、锡林郭勒草原为代表的典型草原,以贡格尔草原、辉腾锡勒草原为代表的草甸草原,以希拉穆仁草原、乌兰察布草原为代表的荒漠草原,以及以珠日河草原、科尔沁草原为代表的疏林草原等。草原面积广阔、类型多样,全区草场面积达 8800 万公顷(约 88 万平方千米),居全国五大牧之首,形成了内蒙古绿色的肌肤。所有盟市均拥有不同类型的草原旅游景区,呼伦贝尔大草原-莫尔格勒河景区、鄂尔多斯草原旅游景区等正在引领全区草原旅游转型发展。

二、高山为骨,奇观相间

以大兴安岭、阴山、贺兰山为基本骨架,这一线以西为传统牧业生产区、以东农耕经济相对发达,这既是我国季风区与非季风区的分界线,也是内外流水系的分水岭。同时,各山脉分布着多样的森林资源,也为森林康养旅游打下了良好的基础。山丘同森林旅游资源良好结合的代表性景区有莫尔道嘎国家森林公园、红花尔基樟子松森林旅游区、奥伦布坎森林文化旅游区、苏木山旅游区、梅力更自然生态风景区等。

内蒙古巨大的山脉骨架之上,山丘、台地、沟谷、滩地等景观类型齐备,以火山地貌、花岗岩峰林地貌景观为特色优势,现有世界级地质公园 3 处、国家地质公园 6 处。火山熔岩地貌为代表的阿尔山-柴河旅游区、花岗岩峰林地貌为代表的阿斯哈图石林景区均为国家 5A 级旅游景区。另外,各种优质地质奇观旅游资源具有良好的开发潜力,乌兰哈达火山、额日布盖大峡谷等深度开发潜力巨大。

三、河流为脉,湿地湖泊相伴

内蒙古虽地处北方,但境内天然河流、湖泊、沼泽、矿泉交错分布,呈东部较为集中、西部相对较少的局面。黄河、西辽河、嫩江、额尔古纳河等为代表的四大水系,汇集成百上千条河流。全区有近千个大小湖泊,呼伦湖、乌梁素海、查干淖尔湖、岱海等淡水湖面积较大,但总体以咸水湖为主。内蒙古自治区湿地旅游资源丰富,全区湿地面积达 601.06 万公顷(6.01 万平方千米),居全国第三位。多样的河、湖、湿地,造就了多样的水域风光旅游景区。湿地景观为主的根河源国家湿地公园、额尔古纳湿地景区、孟家段湿地旅游区、河套湿地景区等湿地类旅游景区遍布全区；达里湖旅游区、多伦湖景区、乌海湖休闲度假旅游区等湖泊类旅游景区水域风光独特，还有库布齐沙漠公园七星湖景区、玉龙沙湖旅游景区、天鹅湖旅游区等沙漠湖泊景区；黄河流域造就的国家地质公园——老牛湾黄河大峡谷旅游区、河套水利工程——黄河三盛公国家水利风景区等，分布于黄河各段，奇景风情各异。

内蒙古自治区地下水资源分布不均，但各自特点相异，大部分为矿泉，冷热泉同其他资源共同构成了独特的旅游景区或目的地，仅热泉来说，有兴安盟阿尔山市、赤峰克什克腾旗热水镇、敖汉温泉城、鄂尔多斯蒙根花万通生态旅游区等，冷泉资源几乎全区均有分布。

四、沙海浩瀚，四季分明

全国八大沙漠，内蒙古地区占据其中之四，分别为巴丹吉林沙漠、腾格里沙漠、库布齐沙漠、乌兰布和沙漠，由东至西面积较大的沙地有呼伦贝尔沙地、科尔沁沙地、浑善达克沙地、毛乌素沙地等。沙漠与沙地曾经一度造成内蒙古沙进人退的困境。随着生态治理的不断深入和沙漠旅游项目的深入开展，"库布齐沙漠治理经验"被联合国授予"生态治沙"的典范，即将消失的毛乌素沙地治理成效震撼国内外。现今，内蒙古沙产业快速发展，沙漠也成为自治区文化旅游发展的重要产业类型，5A级旅游景区响沙湾旅游区享誉国内外，巴丹吉林沙漠旅游区、梦想沙漠汽车航天乐园等，成为引领国际沙漠运动旅游的代表性景区。

内蒙古自治区以温带大陆性季风气候为主，春秋季气温变化明显，夏季短促炎热、降水集中，而冬季寒冷漫长霜冻来临早。内蒙古夏季气温在25 ℃左右，冬季中西部最低气温低于−20 ℃，东部林区最低气温低于−50 ℃。这样的气候特征，使内蒙古四季分明，每一季都有独特的迷人景色，春可赏花、秋可观叶、夏有森林草原、冬有冰雪资源，寒冷与冰雪都被打造成了独具特色的旅游资源，中国冷极——根河、拥有国家滑雪队冰雪运动训练基地的阿尔山等，为内蒙古四季旅游增添了亮丽的银色。

拓展阅读

内蒙古自治区自然资源概况

第二节 草原景观旅游景区

学习引导

内蒙古自治区草场资源极为丰富,拥有草场面积居全国五大牧区(内蒙古、新疆、西藏、青海、甘肃)之首。丰富的草场资源带来了良好的畜牧条件,优质的牲畜品种,为畜牧生产发展打下了坚实基础,也为草原生态旅游发展提供了得天独厚的核心资源。对应内蒙古自治区总体降水趋势的变化,自东向西,由草甸草原、典型草原、荒漠草原向荒漠草场过渡,不同的草场条件,具有不同的景观特点,也培育了不同的优质牲畜。

草原景观旅游景区遍布内蒙古自治区,且通常同其他类型旅游资源交叉融合,形成以草原景观为主的主题旅游景区。草原景观可供讲述内容相对较少,导游讲解中,可结合当地历史文化与其他自然景观一同介绍,并根据景区活动分区,按活动时间或游览线路进行讲解。同时,将必要的民俗文化知识,在活动前向旅游者进行沿途专题讲解。草原不只是旅游者景观体验的场所,也是牧民生产生活的依托,因此,在导游讲解服务中,还应向旅游者传达必要的生态环保理念,讲清游览注意事项。

一、辉腾锡勒黄花沟草原旅游区

(一)景区概况

辉腾锡勒草原黄花沟旅游区位于乌兰察布市察右中旗。"辉腾锡勒"为蒙古语,意为"清凉的山岗",这里平均海拔约2100米,夏季平均气温18 ℃,是乌兰察布市作为"中国草原避暑之都"的核心体验区的精品草原旅游区。景区内不仅拥有高山草甸草原的美景,也有第四纪冰川的典型地质遗存,还有赵长城、点将台、烽火台等历史文化遗迹。景区主要有窝阔台度假中心、黄花沟地质公园、黄花小镇、窝阔台鲜花草原、牛旦沟生态沟谷五大核心体验区。景区目前为国家4A级旅游景区。

（二）沿途讲解

各位团友，大家好，欢迎来到世界三大高山草甸鲜花草原之一的辉腾锡勒草原，另两大鲜花草原分别为新疆的那拉提草原和南美的潘帕斯草原，在正式进入草原游览前有几个重要的注意事项希望大家熟知：第一，本景区是无烟景区，禁止吸烟；第二，本景区是环保景区，请爱护我们眼前这片美景，保护草原人人有责；第三，景区景点丰富，地形起伏，所以有较多台阶，大家在游玩过程中要时刻注意安全，做到"看景不走路，走路不看景"；第四，景区内植被丰富，动物多种多样，不乏带刺植被、夏季隐蔽处有蛇出没的情况出现，请自觉跟随导游游览，注意安全。

景区游线全程约 16 千米，步行游览全程大约需要 6 至 8 小时，乘坐交通工具大约 3 小时。景区内共设置了五大核心体验区，分别是窝阔台度假中心、黄花沟地质公园、黄花小镇、窝阔台鲜花草原、牛旦沟生态沟谷。景点之间有蒙古族特色交通工具畜力车（马车或者骆驼车）、越野车、草原特色小火车等多种交通工具乘坐，这里的美景必会让您流连忘返。话不多说，我们开启今天的醉美鲜花草原之旅吧。

1. 夏尔其其格敖包

我们首先来到的是夏尔其其格敖包，夏尔其其格是蒙古语"黄花"的意思。察哈尔敖包文化具有深厚的历史底蕴，每年都在农历的五月十三日进行。敖包是许愿祈福之地，夏尔其其格敖包矗立在这里已经有近 600 年的历史，一直护佑着黄花沟这片圣杰灵秀之地。朋友们可以围绕敖包顺时针转三圈，敬献哈达，许愿祈福。

2. 黄花沟地质公园

下面，我们要进入的是黄花沟地质公园，这里是第四纪冰川的典型地质遗存地貌景观，距今已有上亿年的历史，悬崖壁立、奇石遍地，素有"大青山地质博物馆"之称。现在我们所在的位置是黄花沟地质公园的入口，"黄花沟"这个名称中的"黄花"不仅仅是我们在周边看到的黄色鲜花，也是蒙古语黄克勒的音译，即盆地。这里曾经也被称作神葱沟，总面积 23.5 平方千米，沟长达 1.5 千米，沟深约 300 米，宽 100～200 米，植被覆盖率达 90%以上，夏季平均气温 18 ℃，有"早穿皮袄午穿纱，围着火炉吃西瓜"的气候奇观。

大家进入地质公园，在欣赏冰川运动造成的独特地貌奇观的同时，我结合岩石的形态特征，配合相应的神话传说进行介绍，以便辅助大家增添游览的兴致。

首先能够看到前方这座是神葱岩，它形似一颗生于天地之间的神葱，汲取了人间大地的精华，矗立于这秀美的山间；大家再随我手指的方向看过去，那里是木鱼台，传说静心修行，需要木鱼相伴。大家来到这里，可以放下心中烦扰，坐于这木鱼台上，静心感受这大自然的美好。大家看前面那块岩石像什么？没错，像乌龟，它就是金龟石。都说龙生九子不成龙，这第八子就是金龟。传说它生性顽劣，常背着三山五岳到处作乱，后来被大禹收服，帮助治理洪水,立下了汗马功劳。大禹就让它背着功绩到处游行,向世人展示只要努力也可以造福一方的道理。之后金龟路过我们辉腾锡勒草原时,恰逢神葱开花,黄花遍野,它被景色吸引,就留在了这里,最终化作石头。

现在我们看到的景观是"百鱼争峰",都说路经此地会水足鱼欢,风调雨顺;鱼跃龙门,前程似锦;紫气东来,年年有余。大家走过这里,一起来沾一沾百鱼的吉祥福气。后面大家还可以看到鳄鱼峰,它因外形酷似鳄鱼而得名。沿途我们将路过剑门山、藏龟石等。这些形状各异的奇石异景,都是大自然的鬼斧神工,大家可以尽情发挥想象力,发现更多美好的景象。

或许在这里有许多细心游客已经发现,在一些岩石上面有镌刻的岩画,这里是阴山岩画的展示区。阴山岩画历史文化意义重大,内容丰富多彩,记录了阴山一带先民的生产生活方式、原始宗教信仰等丰富的内容,反映了古代狩猎游牧人民的社会生活,其中动物岩画和狩猎岩画居多。2006年5月,阴山岩画作为新石器至青铜器时期的石刻,被国务院批准列入第六批全国重点文物保护单位名单,具有重要的科学研究价值、艺术价值和历史价值。阴山岩画早在公元5世纪时,就被北魏地理学家郦道元所发现,他在著名的《水经注》中做了详细的记述,这些记载是世界上对阴山岩画最早的记录。

我们继续前行,现在我们眼前的这个岩画为苍狼、白鹿。按《蒙古秘史》卷首所述,蒙古族起源于以狼和鹿为图腾的两个通婚部落的后裔。苍狼和白鹿是蒙古人远古的图腾观念。图腾崇拜作为一种古老的文化现象,在科学技术日益发达的今天,仍能引起人们对它的兴趣和思考,不得不说这种文化具有自己独特的影响和魅力,同时这也表明,中国各民族间的文化交流正在进一步加强,不同民族间的文化认同心理正逐渐得到尊重和理解。

接下来我们看到的是经卷山,像一本经卷摊开在我们面前,静静地记录着草原上的过往。

我们正前方的景观为望汗石,这里的"汗"指的是蒙古族的"可汗",具体说的是蒙古帝国的第二代可汗窝阔台,他是成吉思汗的第三个儿子,公元1229年登基,在位期间将疆域扩大到中亚、华北和东欧等地区。在他整个政治生涯中,有一个人起到了非常重要的作用,那就是守望他的人——耶律楚材,他最初是成吉思汗的辅臣,加上窝阔台以及他的儿子,总共辅佐了三代蒙古可汗。特别是窝阔台在位期间,他提出的许多政治主张均被采纳,并被委以重任,对文化与文明的融合发展、形成大一统的国家做出了重要的贡献。传说,耶律楚材途经这里,知道窝阔台就驻扎在对面,很是挂念,又不愿意惊扰他,就在远处眺望可汗,看不到就踩在一个士兵的肩膀上,足见其关心辅佐可汗的一片忠心。

走到这里,我们走过了黄花沟地质公园的二分之一了,大家可以在凉亭稍作休息,我们一会继续前行。

接下来我们看到的是双驼峰,骆驼是生活在草原、戈壁、沙漠地区的动物,主要分布在内蒙古西部地区阿拉善,这座岩石形似高大挺拔的骆驼迎来送往每一位来到黄花沟的客人。

石狮岭,狮子一直是守护人们吉祥、平安的象征,黄花沟的这尊天然石狮外观大气、雄壮威猛,是典型的北方石狮。回望黄花沟,吉祥伴你行;穿越石狮岭,平安度一生。

现在在大家右前方有一个仙人洞。相传在北方草原上曾经有过一次大规模的疫情,患者久治不愈,后来打听到在黄花沟内有一位仙人可以医治此病,就派人前来寻找,却始终未见仙人踪迹,只在一个洞里发现了几瓶丹药,患者吃了丹药很快就痊愈了,而且再无此病发生,于是人们就把发现丹药的这个洞称为仙人洞,也成为当地人们祈福平安、健康之地。

接下来我们路过的是金蟾峰。我们把三条腿的蛤蟆称为"蟾",传说它能口吐金钱,是旺财之物。后面的景观依次为流水不断的"挂瀑崖"、多种鸟类栖息于此的百鸟朝峰、卧龙峰、望夫石、象鼻山、溪风阁等。大家可以依据自己的想象力,再构思出更多的形象。

3. 黄花浩特小镇

走出地质公园,我们到达的是黄花浩特小镇。"黄花"是黄克勒的音译,"浩特"是城镇的意思。黄花浩特小镇主要有小吃街、游乐场、帐篷营地、集装箱酒店、小牧场等,这里是辉腾锡勒草原上名副其实的"欢乐谷",大家可以在此享受美食。

4. 牛旦沟

现在我们乘坐交通工具路过的是牛旦沟白桦林。这里林地总面积5万多亩(1亩≈666.67平方米),属于原始次生林。白桦树属于落叶乔木,树干可达25米高,50厘米粗,白色光滑像纸一样的树皮,可分层剥下来,用铅笔可以在上面写字,桦树皮还能制作各种各样的工艺品。白桦喜欢阳光,生命力强,如果大火烧毁森林,首先生长出来的就是白桦,常形成大片的白桦林,是形成天然林的主要树种之一。木材可供一般建筑及制作器具之用,树皮可提桦油。在中国北方的草原上、森林里、山野路旁,都很容易找到成片的白桦林。

接下来我们看到的景点是柳桦花溪,是由原始白桦、古柏参天、怪柳苍翠造就的独特的草原林海奇观;这里的山泉,千百年来如玉带一般流淌不息,在黄花沟的巨石间喷涌而出,水光潋滟映照蔚蓝天空,给黄花沟增添了无尽的灵动之气。

5. 窝阔台鲜花草原

辉腾锡勒大草原历史文化悠久,最早来到这里的是北魏开国皇帝拓跋珪。公元406年他由平城出发北巡,途径辉腾锡勒草原时被美景吸引。于是在他离开时命令臣下建造石亭,这是关于北魏修建皇家御苑正史中最早的记录,后来又建造了大量的瞭望台,把辉腾锡勒大大小小的湖泊都纳入皇家御苑。元代建立初期,窝阔台是成吉思汗的三太子,是元代开国大将,在辉腾锡勒有两处点将台,率领千军万马征战沙场。这里的草原是经历了久远的地质变迁而形成的,在形成草原的同时,也留下了神奇沟壑、冰臼等奇观。正是由于景致奇特,历代皇亲国戚来这里安营避暑，就连清朝康熙皇帝都曾来此消夏避暑。这里夏日平均气温18 ℃，极端最高气温27 ℃。远古时代不断喷发的火山和激烈的地壳运动为这里带来了丰富的自然资源。

6. 窝阔台度假中心

最后一站我们要到达的景点是窝阔台度假中心，这里是集会议接待、餐饮、住宿、宴庆娱乐、文艺表演于一体的综合性度假中心。在这里，大家可以体验最正宗的草原美食和风格独特的蒙古包或者木屋住宿，集装箱酒店也是一个不错的选择。

这里还有大型游牧风情室内实景演艺《相会敖包》，可同时供2000人观看。这个剧目中不仅有惊心动魄的马术表演、动听的特色音乐、敖包祭祀民俗的场景再现，还会让您在实景演艺中充分领略敖包文化的绚丽多彩与博大精深。除此之外这里每晚还有激情的篝火晚会。

辉腾锡勒黄花沟草原旅游区官网

辉腾锡勒黄花沟草原旅游区微信公众号

二、鄂尔多斯草原旅游区

（一）景区简况

鄂尔多斯草原旅游区位于鄂尔多斯市杭锦旗锡尼镇西南约9千米处，是内蒙古中西部规模较大的草原休闲度假目的地。景区兴建于2004年，立足将鄂尔多斯草原风情和草原自然景观良好融合，打造草原观光、体验与休闲度假良好结合的旅游产品。景区先后获得全国优选旅游项目单位、网络最佳人气景区、中国最佳创新好景区、旅游服务优质奖等荣誉，现为国家4A级旅游景区。

(二) 沿途讲解

1. 游客服务中心前

欢迎大家来到鄂尔多斯草原做客,真诚地问大家一声"赛白努"(蒙语"你好"),我是这里的讲解员××,非常高兴为大家服务,希望各位可以在本景区有个愉快的行程、留下一段完美的回忆。首先,我为大家介绍一下鄂尔多斯草原旅游区。鄂尔多斯草原旅游区是国家4A级旅游景区,属于荒漠草原类型的代表。景区拥有优质草原景观类资源16000多亩(10.7平方千米),通过将鄂尔多斯草原的美景与游牧风情完美融合的方式,为大家打造了一处优质草原风情旅游景区。

现在请各位团友看一下我身后的游客中心,它整体是骏马拉车的造型,颇具蒙古特色,主色调为蓝色、白色和绿色,分别代表着蓝天、白云与绿草。

2. 景区全景图前

大家随我先集中到景区全景图前,了解一下景区的整体布局。鄂尔多斯草原旅游区以"一心、两翼、六区"的整体布局突出了景区自然与人文资源特色。"一心",即游憩集散中心;"两翼",即民俗人文体验翼、草原自然风光翼;"六区",即综合服务区、汽车营地、民俗文化体验区、草原休闲娱乐区、草原休闲度假区、草原生态观光区六个功能区,整体景观如同一只雄鹰展翅翱翔在鄂尔多斯草原上。大家留意一下景区的整体布局和设施情况,必要的话,可以拍一下全景图,以便更好地进行游览。我将全程陪同大家,随时提供服务。大家现在带好刚刚发到各自手中的门票,随我穿过游客中心,我们将乘坐电瓶车,驱车行驶2千米进入景区的核心区。

3. 电瓶车上

各位现在看到的美丽草原景象,其实经过了由水草丰美,不断沙化,再到牧草遍野的过程。这里所处的鄂尔多斯地区其实是干旱与半干旱的过渡地带,从20世纪70年代开始,这里就被沙漠包裹着,饱受风沙之苦。之所以会造成半荒漠化的原因就是:从秦汉开始,直到明清,因为烧山伐木、水土流失,这片曾经绿意盎然的广阔草原逐渐成为半荒漠化草原。而在这种环境下生长出来的针茅、羊草、赖草等牧草营养丰富,成了鄂尔多斯草原上的优势植物种群,它们经过千锤百炼,耐碱耐旱,成为与库布齐沙漠和毛乌素沙地相拥的"绿色王子"。优质的牧草滋养了肉质鲜美的阿尔巴斯绒山羊,为"鄂尔多斯温暖全世界"提供了至柔至暖的羊绒。虽然鄂尔多斯草原属于半荒漠化草原,但每年6～9月份就会连连降雨,绿草、蓝天、白云、蒙古包便会构成一幅美丽的天然画卷。天然而广阔的碧绿草地,让您在游玩期间,可以忘却烦恼,无论是在躺椅上看日出日落,还是骑马奔驰在草原深处,都是在鄂尔多斯草原放松心情最好的选择。

4. 赛马场

大家首先到达的是赛马场,这里也是我们为青少年研学教育开设的"少年那达慕"活动区。我们可以在这里探索蒙古族文化,包括参与蒙古小课堂、学蒙古语、唱蒙古歌、跳蒙古舞、下蒙古象棋、玩传统羊踝骨、亲手烫羊毡画等项目。

我看这位女士对蒙古语比较感兴趣,那我就给大家简单介绍一下。蒙古语是属于阿尔泰语系蒙古语族,主要使用者分布在中国、蒙古国、俄罗斯3个国家,中国境内的蒙古语使用者主要分布在内蒙古、新疆、青海、甘肃、辽宁、吉林、黑龙江等地。大家现在通常见到的蒙古文被称为回鹘式蒙古文,它是拼音文字的一种,蒙古文竖写,从上到下,行文从左到右。这种文字是由畏兀儿人塔塔统阿仿效维吾尔文所创造,虽然元朝时期国师大喇嘛巴思巴曾在藏文和梵文字母基础上创制过巴思巴蒙古文,但并未被广泛接受。当然,如果去过蒙古国的朋友们看到我们的蒙古文和他们的是有所区别的,蒙古国使用的是以俄文字母为基础创制的,被称为"西里尔蒙古文"或"新蒙文"。当然,现在随着教育水平的不断提高,全区各族人民都以汉字为通用文字、普通话作为通用语言,各民族交往融合不断深入。

在这个区域,我们还设置了多样的蒙古族传统游艺项目,大家可以体验射箭、投布鲁、捣酸奶、搭蒙古包等。大家可能对于投布鲁这个项目不大熟悉,布鲁是传统北方游牧民在狩猎过程中使用的一种形似镰刀的弯形木棍,后来发展为蒙古族的一种传统运动项目,也是一项国家级非物质文化遗产项目。最简单的布鲁只是一根木棍,为提升布鲁的攻击效果,通常在弯头部位融入锡或铅,或用皮条绑结一个铜或铁制成的心状物,以增加重量、提升速度。投布鲁的比赛有掷远和掷准两种形式。除了传统游艺,我们在这里还打造了一处以水上项目为主的"漂流乐园",有水上滑梯、水上划艇,水上跷跷板、水中足浴等项目,等大家游览过草原后可以带小朋友们来这里充分体验一下。

5. 篝火晚会场与古如歌餐厅

大家再向前看到的圆形建筑就是咱们鄂尔多斯草原之夜篝火晚会的场地,这里可以同时容纳4000人观看表演。这场表演也是鄂尔多斯草原晚间阵容最大的演出,演出时间50分钟,表演结束后演员会和观众一起围着篝火载歌载舞。

篝火场地后面的金顶建筑就是我们的古如歌餐厅,内设可容纳300人同时就餐的宴会厅,还包括诈马宴厅。古如歌是一种蒙古族长调歌曲,2008年被列入国家级非物质文化遗产名录。它的特征就是不能随意吟唱,无伴奏,一般都是在隆重盛大的庆典仪式上演唱,有固定的演唱曲目,主题严肃,内容正统,以说教为主,旋律优美独特,节奏舒缓自由。杭锦旗是古如歌之乡,鄂尔多斯草原景区的古如歌表演力求在具有欣赏性的前提下,最大限度地将古如歌的特色、韵味以及表演方式进行还原,一般古如歌的表演都是在这里演出,所以直接将这里的餐厅命名为古如歌餐厅。

6. 客房与演艺餐厅

我们再看,这边两座大型的蒙古包群就是我们的客房部,以草原上两个古老的部落乞颜部落和弘吉剌部落命名,两个客房部都以蒙古包元素进行装饰,可满足各类旅游者需求,客房共计有399间房,可同时接待1600多人,房间都配有完善的接待设施。再往里面走就是核心区域,是由一个蒙古金帐和300多个蒙古包组成的蒙古包群。蒙古金帐也就是演艺餐厅,可同时供500人就餐、观看表演,在这里每天都会表演两场非物质文化遗产项目鄂尔多斯婚礼。大家随我穿过演艺餐厅,进入木栈道,现在我们看到的这口大锅叫作"草原第一锅",它又叫"百人一口锅",意为可以供好多人一起食用的锅。这口"草原第一锅",直径2.2米,重800斤,能够同时炖30只羊。刚刚也给大家讲过出产珍贵羊绒的"阿尔巴斯山羊",这种羊肉的味道也是相当美味,肉质鲜嫩爽口。在这里,您可以大口吃肉,大碗喝酒,体验草原的豪放和美食的香醇。

7. 那达慕实景马术剧场与马文化展厅

不远处的白色圆顶建筑就是那达慕马术剧场,气势磅礴的马术剧《英雄》就是在这里演出的,具有精湛技艺的演员,以马背为舞台,通过"吉祥草原""欢乐那达慕""草原之战"等场景,再加上马上骑射、马上杂技等表演展现了草原人的生活场景,生动地演绎了蒙古人世代守护草原的伟大情怀和马背家园薪火相传的精神。

紧邻马术剧场的马文化展厅汇集了马文化文学作品、马具民俗用品、蒙元文化手工艺品等二百多件展品。展品有从汉代至今的各种马具及与马有关的用品,有汉代车马图瓦当、汉代马图砖饰、出土的汉代陶马、车马岩画、汉代马嚼子、汉代车马具,有马鞍、马镫、马笼头、马铃、车马轮及马文化书籍等。

8. 马场服务中心

这里看到的小型建筑就是马场服务中心,位于景区东南方向,是为大家提供短暂休息和服务的场所,同时,这里也是一处通往下一景点的中转站。大家可以选择骑马、步行、滑草、乘坐勒勒车或者草原轨道车到达欢乐牧场。到达下一景点距离大约2千米,大家在休息时,根据自己和同伴的喜好商议一下选择的交通方式。如果大家选择骑马,需要先换上护具,然后在专业教练的指导下按路线骑行,在马背上领略草原深处的风光。无论大家选择哪种方式,我们一会儿都在欢乐牧场入口处集合。

9. 欢乐牧场

各位穿越了美丽的鄂尔多斯草原,来到这里便是欢乐牧场。这里是以游客游玩为主的项目区域,有适合亲子参与的迷途乐园、碰碰车、卡丁车等项目,也有适合青少年、年轻人参与的草原高尔夫、斗牛机、蒙古火炮、投壶、射箭等具有挑战性的项目。对表演有兴趣的团友可以到我们旁边这个圆顶建筑内欣赏精彩的杂技表演"飞天草原"。同时在这里还设有休息区和简餐区,如果大家感到疲惫,可以在这里舒缓身心。大家在此可尽情游玩,玩够了的团友可以乘坐轨道车返回,晚餐时间我将在古如歌餐厅等待大家,餐后将有精彩的篝火晚会,期待大家按时参与。

拓展阅读

鄂尔多斯草原旅游区微信公众号

第三节　沙漠与沙地景观旅游景区

学习引导

内蒙古自治区的沙漠面积广阔,仅次于新疆维吾尔自治区,全区沙漠面积为22.67万平方千米,居全国第二位;其中沙漠12万平方千米,沙地10.67万平方千米。全国"八大沙漠"内蒙古自治区拥有四处,同时拥有"四大沙地"。自治区内的八大沙漠之四分别为巴丹吉林沙漠、腾格里沙漠(部分)、乌兰布和沙漠、库布齐沙漠(其他四处为:塔克拉玛干沙漠、古尔班通古特沙漠、柴达木沙漠、库姆塔格沙漠)。四大沙地为毛乌素沙地(部分)、科尔沁沙地、浑善达克沙地、呼伦贝尔沙地。其中阿拉善盟沙漠旅游资源最为集中,同戈壁、盐湖、胡杨、骆驼等构成了雄浑的大漠风光。

广袤的沙漠，曾经导致内蒙古成为沙尘暴的主要策源地，但随着全区生态环境治理不断取得进展，今日已初现沙退人进的场景。导游人员在该类景区讲解中，要说明景区所属沙漠区域及主要特征，讲解过程将风物传说与现实景观进行结合，以提升旅游者游兴。沙漠类旅游景区参与性娱乐项目较为丰富，需要着重做好旅游者游览的注意事项提示，以及游览项目区位和时间安排。讲解中适时结合内蒙古沙漠治理的成效，向旅游者宣传生态环保理念。

一、响沙湾旅游区

（一）景区简况

响沙湾旅游区位于鄂尔多斯市达拉特旗库布齐沙漠的中段东端，北距包头市48.5千米，南距鄂尔多斯市45千米。响沙湾是中国"三大响沙"之一，景区整体沙漠用地规划面积24平方千米，主要游览功能区域包含"一港四岛"，具有良好的休闲度假旅游功能布局。景区目前为国家5A级旅游景区、国家文化产业示范基地。

（二）沿途讲解

各位团友，今天我们要游览的是内蒙古最早的国家5A级旅游景区响沙湾，响沙湾位于鄂尔多斯市达拉特旗库布齐沙漠的中段东端，"库布齐"是蒙古语，汉语为"弓弦"的意思，响沙湾沙高110米，坡度约45度，沙漠总面积达16000平方千米，是内蒙古三大沙漠之一（前两位为巴丹吉林沙漠和腾格里沙漠）。

"响沙湾"有一个响亮的口号叫"这里的沙子会唱歌"，它还有一个蒙古语名字，叫"布热芒哈"意为"带喇叭的沙丘"，响沙湾与沙坡头（位于宁夏中卫）、鸣沙山（位于甘肃敦煌）并称为中国三大响沙。大家一定会很感兴趣，响沙为什么会响。

近年来，国内不少学者提出了诸如"地形说""共鸣箱原理""静电学说"等，都试图科学的解释响沙的成因。

有人认为沙子作响是因为沙漠气候干燥，阳光长时间照射，使沙粒带了静电，一遇到外力就会因相互摩擦使微电流爆炸发出的声音。也有人认为是"共鸣箱"的作用，也就是响沙普遍具有沙丘高大，沙坡背风向阳，沙湾前有水渗出等条件。在晴朗的天气里，有水分蒸发，在渗水处或干河槽上方，就会形成一道人眼看不见的蒸气墙，这个蒸气墙与月牙形的沙丘向阳坡恰好构成一个天然的"共鸣箱"，产生了共鸣作用，当人们划动沙粒时这个共鸣箱就会把这些微小的声音扩大几十倍甚至上千倍，于是就产生了轰鸣声。

原因归纳起来有几点。首先，构成响沙的地形应高大而陡峻，形态构造是新月形，背风向阳,这样才能有很好的干燥度。库布齐沙漠正好具备这样的条件。其次,沙丘的物质成分以石英砂为主,这样的矿物便于摩擦时发出声响。再次,沙丘的下垫面是干河槽或有地下水,由于水分蒸发而形成一堵肉眼看不见的隔音"墙",这堵墙不透水,也就不透声音,这堵隔音墙和上面提到的新月形沙丘,构成一个天然的大"音箱"。当沙粒被滑动时,摩擦所发出的声音能通过这个大音箱将声音放大到几十倍甚至数百倍,形成我们所听到的轰鸣声。

那么在到达响沙湾前,我给大家讲几点注意事项:第一,沙漠地区阳光直射、空气干燥,请注意做好防晒和补水;第二,大家各自保管好景区门票,每个景点及娱乐项目均需要再次验票,而且要凭票乘坐索道缆车;第三,景区内有多种娱乐项目,大家在参与前请认真听工作人员讲解的安全注意事项;第四,大家一定不要向沙漠深处走太远,以免迷失方向。

进入景区有三种方式可以选择。第一种是搭乘免费的公交车或步行到达景区入口,购买景区门票进入。第二种是乘坐1、2号吊椅式索道进入景区,购买门票+索道票。第三种是乘坐封闭式缆车进入景区,购买门票+索道票。现在大家带好随身物品下车,请大家先去一下洗手间,十分钟后我们在门口集合。

(三)景区讲解

各位团友,大家集合好后,我简单介绍一下眼前这壮观的沙漠景区。一会我们将乘坐索道前往对面的沙漠进行游览。大家看到共有三条索道可以抵达对面。这里的1号索道建成于1999年,是世界第一条沙漠索道,但随着响沙湾吸引力的不断提升,一条索道已不能满足需要,景区于2007年修建了2号索道,1、2号索道均为吊椅式索道。在2014年景区又建设了3号吊箱式封闭索道。大家先随我乘坐索道抵达对面的响沙湾港集合,然后我再为大家继续讲解,大家乘坐索道过程中可以拍摄美景,但要注意保管好随身物品,防止掉落。

1. 响沙湾港

大家现在抵达的是响沙湾港,是整个景区进入沙漠腹地各景点的必经之地,也是游客的集散地。响沙湾现已在大漠深处打造了莲沙岛、福沙岛、仙沙岛、悦沙岛、响沙湾港"四岛一港"的休闲度假区,各岛不仅名字不同,游览内容和景致也各异。我们从响沙湾港可以乘坐冲浪车进入仙沙岛,或乘坐沙漠观光小火车进入悦沙岛。首先,我们将乘坐沙漠冲浪车进入仙沙休闲岛,大家现在所看到的是景区的沙漠冲浪车,在乘坐冲浪车时,需系好安全带,在车辆行驶过程中严禁站立拍照,戴帽子的游客请把您的帽子拿好,车辆停稳后方可下车。

2. 仙沙岛

现在大家所在的位置是仙沙岛,是以沙漠运动及游乐为主题的沙漠休闲度假岛,岛上休闲娱乐项目丰富,是喜欢体验刺激的沙漠项目游客的天堂。这里有空中飞索、冲浪与秋千、轨道自行车、沙漠摩托车等项目。大家在参与娱乐项目之余,还可以到"沙漠杂技大世界"观看精彩的杂技表演。体验结束后,我们集合乘坐骆驼前往悦沙休闲岛。

响沙湾的驼队,是中国现存最大的骆驼群,共有500多峰骆驼,上骆驼时请大家从骆驼最后一峰的左边上,骑乘时请勿打伞、带水,拿塑料袋,不要去摸骆驼的眼睛、臀部,骆驼起身和卧倒时大家身体都是向后倾的,需要注意调整重心。

3. 悦沙岛

现在我们所在的区域是悦沙休闲岛。悦沙岛是以艺术与体育为主题的沙漠休闲度假岛,也是一个沙水结合、动静相宜的"世外桃源"。大家在这里可以体验艺术与体育带来的愉悦,这里有艺术体操、健美操、街舞、沙滩排球等,你可以欣赏他们的表演,也可以参与到其中;这里的沙雕部落展示了多个巨型沙雕,大家在拍照留念之余可以自己动手雕一座,或在沙画板上体验一次创作;这里还有各种深浅不一的大型泳池供大家体验。大家前面左手边是彩虹剧场,里面主要有内蒙古各个旗县的特色蒙古族服饰展,同时也有原生态的蒙古族音乐表演,主要有马头琴演奏、呼麦、蒙古长调等。右手边的是游牧剧场,定时上演精彩的国家级非物质文化遗产《鄂尔多斯婚礼》。远处那座大型气膜馆是沙漠艺术宫,艺术宫内为沙漠科教馆,馆内较为系统地展示了沙漠的相关知识和响沙湾的发展历程。我们现在约定一下在悦沙岛的体验时间,结束后大家到观光火车处集合,我们前往莲沙岛。

4. 莲沙岛、福沙岛

现在我们即将乘坐观光火车经响沙湾港后前往莲沙岛,景区内有两个度假村,福沙岛度假村和莲沙度假岛,都是打造一价全包的度假模式,包括整体的吃住游。莲沙度假岛上硕大的莲花酒店是不用砖、瓦、沙、石、水泥、钢筋而建造的绿色建筑,环保生态,是心灵深处的一片净土。入住酒店之后还会有客服人员为大家介绍度假岛内的基本活动。另一个度假村是福沙岛度假村,在这里大家可以体验蒙古族的生活方式,悠然自得地享受游牧体验的快乐:从祭敖包到蒙古女骑士,从参加《鄂尔多斯婚礼》到野外自助烧烤,从牧羊女到勒勒车,从驰骋的马群到蒙古人草原大迁徙,从草原泳池到蒙古帐篷群,以及奶制品、歌舞、篝火等等。

观光火车即将到达响沙湾港,请大家带好自己的随身物品准备下车,下车之后我们将乘坐勇士车(或大巴车)前往莲沙度假岛。莲沙度假岛,占地面积5.4万平方米,酒店使用面积2.9万平方米,共设有381间客房。在酒店室内外有泳池、沙漠骑行、桌球、乒乓球、投篮机、打飞碟以及气泡枪等多种娱乐项目,晚间户外中心舞台会上演大型的"自由自在汇"活动及篝火晚会。酒店能够容纳300多人同时就餐,4个大小不一的会议室,最大的可容纳700多人参与会议。

福沙度假岛可容纳200人就餐,客房共有101间。在无边沙漠环绕下,大家可以在泳池里戏水,也可以带上孩子在儿童活动区荡秋千、做沙雕等;或者在这里牧羊,坐勒勒车,穿上蒙古族特有的服饰拍照留念。如果想静下心来,您也可以在这里学习蒙古族刺绣、做蒙古族首饰并带走留作纪念或送给心仪的人。蒙古包里可以用蒙餐,手把肉、奶制品,以及特有的沙漠野菜让您感受不同的异域味道。吃饭之余,还会有蒙古族人为您拉马头琴,唱祝酒歌,让您深切地感受到,蒙古族特有的风俗礼仪。

拓展阅读

响沙湾旅游区官网

响沙湾旅游区微信公众号

二、玉龙沙湖旅游区

(一)景区简况

玉龙沙湖旅游区(见图3-1),位于赤峰市翁牛特旗东北部,知名的科尔沁沙地的西缘,距离赤峰市约120千米。1971年,被考古界誉为红山文化标识物的"中华第一龙"——红山碧玉龙在这里出土,将中华文明向前推进了1000多年,因此翁牛特旗被誉为"玉龙之乡"。玉龙沙湖具有独特的"白沙漠、红砂岩"景观资源,沙水结合,景观独特。景区目前为国家4A级旅游景区、中国国家沙漠公园、全国中小学研学实践教育基地、体育旅游示范基地。

(二)沿途讲解

各位团友,我们即将到达玉龙沙湖旅游区。请大家带好防晒物品,防晒伞、太阳镜、防晒霜、皮肤衣等都要备好,在沙漠中旅游,要做好充分的防晒准备。

玉龙沙湖位于科尔沁沙地腹地。科尔沁沙地总面积约13.7万平方千米,是中国四大沙地中面积中最大的一个。科尔沁沙地原本是科尔沁草原,过去水草连天,鸥鹭如云,由于历史上的人为破坏和自然变迁等多重原因,使得草原演变成了沙地。在游览沙地美景的同时,大家也要珍惜当下"绿水青山"的美好生态资源,为沙地再现绿色尽自己的绵薄之力。

图 3-1　玉龙沙湖　　　　　　　　　　　　扫码看彩图

科尔沁沙地在翁牛特旗境内伸展开来,如一条巨大的沙龙,俗称"八百里瀚海"。玉龙沙湖是赤峰境内最具青春活力的景区。环玉龙沙湖山地自行车越野赛、沙漠探险徒步大会、攀岩抱石体验活动、自行车嘉年华、彩跑节、沙漠摇滚音乐节、冬季沙漠越野挑战赛等活动异彩纷呈。作为沙漠类旅游度假区,玉龙沙湖不但具有观光、娱乐功能,还注重休闲度假体验,其集装箱酒店于2015年被评为"中国十大特色酒店",同时玉龙沙湖还是电影《后会无期》《万物生长》的拍摄地。

玉龙沙湖既有漫漫的沙丘,又有沙丘间的片片绿洲,是典型的沙漠发育区,具有中国独特、唯美的"白沙漠、红砂岩",浩瀚沙海、大美湿地、朱砂硕石与红山文化交相呼应。沙中有湖、湖中有岛、岛上有草、草中有鸟。大家在此可以领略到沙滩、湖泊、绿洲、红柳相生相伴的独特沙地景观和响沙的神奇(见图3-2)。

图 3-2　沙海落日　　　　　　　　　　　　扫码看彩图

（三）导游讲解

各位团友，大家随我进入景区游览，在这样一个以沙漠自然风光为主的旅游景区中，大家在体验自然风光时，处处能够感受到红山文化的特色。

1. 文化沙湖与红山文化体验

玉龙沙湖有着厚重而神奇的文化底蕴。景区以红山文化为轴线，从东部的红山女神祭祀广场，到中部的神女峰红山女神像，再到西部主题为"红山文化寻根之旅"的木栈道，无不体现着红山文化的印记。

红山文化是中国北方新石器时期最具代表性的古文化，是中华龙图腾、玉文化的起源，龙文化是世界级的文化旅游资源。红山文化全面反映了中国北方地区新石器时期的文化特征，内涵极为丰富，在史学界具有重要地位，对研究中华文化多元一体化具有重要意义。红山文化是分布在西辽河流域的发达文明，分布面积达20万平方千米，距今6000年左右，延续时间达2000年之久。研究表明，赤峰地区早在6000年前就已经跨入了人类文明的门槛，中华文明的曙光最早出现在赤峰大地上，从而将中华文明史向前推进了1000多年。

在景区接待中心，沙湖建设了红山文化博物馆，这里收集了很多关于红山文化的文物可供大家参观。景区西侧建设了红山文化雕塑园、红山文化广场，建设了以史前东方文化为代表的文化符号，以单纯的自然主义时期的艺术，还原"中华第一龙"，外观简单，却不失造型感。太阳石的岩画烙印出史前先人的足迹，通过各种雕塑还原千年的祭祀活动。大家从这里步行20分钟即可到达，也可乘坐景区"境山线"小火车抵达。2014年8月，内蒙古自治区第十三届运动会的圣火在此点燃。

大家可以根据个人的喜好，选择不同主题的3条游览线路，景区设计了以激情沙漠娱乐项目为主题的境漠线，以观光小火车游览全景玉龙沙湖为主题的境水线，通过观光电瓶车游览，以观山、登山、品山为主题的境山线。

2. 象形石

我们的对面就是巨大的沙山，是我们感受"大漠孤烟直，长河落日圆"美景的黄金地带。沙山中的红色巨石（见图3-3）是其他沙漠景观中很难见到的，这些巨石都是天然形成的，属于第四季冰川遗迹，距今已有1亿多年。从质地上看，均属于花岗岩地貌，属于岩浆岩中的侵入岩，质地坚硬，它是由地下深处炽热的岩浆上升失热冷凝而成。其凝结的部位，一般都在距地表3千米以下。大家熟知的黄山、华山、三清山都属于花岗岩地貌。

从沙山沿着这些巨石，顺台阶可以登上山顶，大家注意安全。到山顶后，可以俯瞰整个玉龙沙湖全貌，真正感受"湖中有沙、沙中有湖"的美景。整个湖区占地面积9.3平方千米，每到夏天，野鸭、白鹭等野生动物在湖面栖息，在阳光照射下，湖面波光粼粼，成为沙湖一道特别的美景。

图 3-3　红色岩石

扫码看彩图

大家会发现,整个沙湖除了沙漠、湿地、湖泊,最有特色的就是这些石头了。这些石头形态各异,好像在跟我们诉说着一个个亘古的传说。根据形状,我们命名了各种石景,包括阴阳石、神女峰、一线天等等,下面,请大家跟随我,一起去寻找吧!

阴阳石是一组象形石景。阳石高 6.4 米,平均直径 1.8 米,孤峰顶立,仰天高耸。阴石欲露还羞,以怪石为屏障,以浓荫密林为护持,亭亭玉立,彰显柔和的女性魅力。这阴阳二石借自然的神奇伟力衍于远古,是先祖们生存的痕迹,是对生命的尊崇和敬仰,象征生命的起源。

我们现在到的地方就是玉龙沙湖最高峰——神女峰(见图 3-4)。红山文化信奉女神,在母系氏族时期,女人代表着生存与繁衍。到了神女峰,可远观史前文化发源地西拉木伦河全景,将"八百里瀚海"尽收眼底。

图 3-4　神女峰

扫码看彩图

沿着小木栈道一路行去,绕过大槐树,攀爬此石,头顶仅见一线天,两面险崖绝壁,斜插云空,高200余米,如同一座大山被利斧劈开,透过疏藤密蔓,枝梢叶尖,露出蓝天一线,宽约1米,最窄处仅有0.3米。只有敢于探险的勇敢者,才能享受这奇情异致,才会感受到独有的别样风景。

玉龙沙湖是第四季冰川遗迹,在第四纪冰川后期,巨厚冰层的融水沿着冰川裂隙向下流动时,由于受到巨大压力的强烈冲击、研磨,形成了很多冰岩臼群,千万年形成的冰臼(见图3-5)坑散落在沙漠怪石之上,构成了一条特殊的景观。喜欢地质考察、地理学知识的朋友们,可以去看一看。

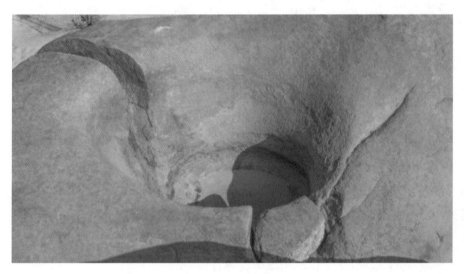

图3-5　冰臼　　　　　　　　　扫码看彩图

3. 境祠

境祠是玉龙沙湖一处"圣境"。此建筑选址于大榆树下,榆树已有300多年树龄,树干直径10余米,根系发达,在沙漠之中,能有这样的长寿树,实属难得。在岩石上,刻画了距今约7200年前新石器时期的图腾形象"红山羽神"。羽神是红山文化的代表,表情肃穆、神态安详,肩部上方网格纹刻画翅膀,将人格神灵化,寓意"羽化升天",表达了红山先人对祖先或氏族首领的崇拜。

4. 温泉沙浴

在沙湖湿地对面,是2018年推出的体验项目温泉沙浴(见图3-6)。地质奇特、气候干热的大漠之中,由于地下温泉众多,导致地表温热,在这洁净的细沙里沐浴,对血液循环、新陈代谢及免疫力提高都大有裨益。温泉沙浴采用露天洗浴的方式,引用800米以下的天然温泉,水温可达45℃,可同时容纳200人。这里可以360度环视景观区,沐浴在毫无束缚的空间,面对沙海、群山、美湖,可以让人忘却生活中的桎梏,享受融于自然、返璞归真的感觉。

图 3-6　温泉沙浴

5. 娱乐活动

玉龙沙湖景区内有多道沙梁,横亘数千米,垂直高度平均 75 米以上,沙坡自然坡高为 70～100 米,呈新月形,沙漠多为石英砂,颗粒均匀,晶莹剔透。这样巨大陡峭的落差,跌宕起伏的沙丘,是开展沙漠越野活动的首选之地。

沙漠浩瀚,驼铃悠远,与亲人朋友结伴,骑上骆驼,漫游沙漠,是沙漠的最佳体验方式之一。真正的大面积沙漠在后山,越野冲浪,体验越野赛道的刺激,由专业赛车手驾驶,于雄伟空旷的茫茫沙海(见图 3-7)中穿越,尽情感受极致快感,这是玉龙沙湖的爆款产品。沙地摩托是大家的另一个选择,驱车加速,感受惊险刺激的沙海冲浪,粗犷、自然。

图 3-7　沙漠越野

滑沙是小朋友们最喜欢的活动。在沙山顶,坐上滑沙板,纵身一滑,两耳生风、白沙鸣钟,沙浪逶迤起伏,眼前豁然开朗。人动沙走,徜徉其中,自由呼吸,尽享此刻的刺激与快乐。

除此之外,皮划艇、勒勒车、沙漠骑马、射箭、真人 CS 沙野战、沙趣采摘园、自行车、抱石、游泳都是您在沙漠中可选择的活动。而其中最磨炼人意志的当属树桥,分成人树桥和儿童树桥,您可以带上您的爱人、孩子来感受一下。安全第一,游玩第二,在旅游当中,也请充分考虑年龄及安全因素,听从景区工作人员的安排。

除了动感项目,玉龙沙湖(见图 3-8)的星空公园也值得推荐。景区启动暗夜保护,建立天文观测台,在沿湖岸边、大漠腹地,设定多处观星点位,可观测月面、太阳及星轨。在光污染的检测中,大漠中的闪烁夜空可满足 1.5 小时长时间曝光单张星轨,是星空爱好者齐聚的最美天文观测地。

图 3-8　五彩沙湖

扫码看彩图

大家在体验丰富的沙漠项目后,还可以观赏景区的实景剧《诺恩吉雅》,进一步感受当地的风土人情。

6. 诺恩吉雅实景剧

诺恩吉雅是在蒙古族民歌《诺恩吉雅》以及蒙古族人物诺恩吉雅故事的基础上,进行创作的一场实景演出。

蒙古族民歌本身就具有声音宽厚悠远,曲调高亢悠扬的特性,其内容丰富,有描写爱情和娶亲嫁女的,有赞颂马、草原、山川、河流的,也有歌颂草原英雄人物的等等,这些民歌反映了蒙古的风土人情。2008 年 6 月 7 日,蒙古族民歌经国务院批准列入第二批国家级非物质文化遗产名录。

蒙古族不论男女老少都爱唱歌。蒙古族民歌主要分为两大类：礼仪歌和牧歌。礼仪歌用于婚宴等喜庆场合，以唱歌纯真的爱情、歌唱英雄、歌唱夺标的赛马手为主要内容。牧歌多在放牧和搬迁时唱，内容以赞美家乡、状物抒情者居多。

诺恩吉雅是民间流传的一首科尔沁民歌，该民歌长达三十段，现已搜集整理的有十六段。歌中描述了美丽善良的蒙古族姑娘诺恩吉雅远嫁他乡的故事，展示了古老草原悠远的历史与独特风俗民情。诺恩吉雅的父亲——德木楚克道尔吉，是清代奈曼王府第十一任王爷德木楚克扎布的亲弟弟。诺恩吉雅作为清末王府的格格，自幼生长在沙地与草原上。当时，各辖区旗公署官员频繁聚会。聚会期间，诺恩吉雅的父亲德木楚克道尔吉看中了锡林郭勒盟乌珠穆沁旗王爷布仁巴特尔的长子包德毕力格，想把诺恩吉雅许配给他，于是便促成了这门婚事。在充满蒙古族婚俗气氛的送亲迎娶盛典中，诺恩吉雅远离故土，远嫁到锡林郭勒。嫁至他乡的格格遏制不住思乡的情感，无数次爬上山峰，遥望沙地，呼唤故乡。

整个演出近 1 小时，在容纳 1500 人的户外实景剧场中，用驼队表演、马队表演及原生态蒙古族歌舞的演出形式带您走进以畜牧为生计，逐水草而居的古朴神秘的游牧生活场景。

7. 特色酒店

良好的住宿条件是度假旅游的重要前提，玉龙沙湖景区具有豪华的龙谷沙漠温泉假日酒店，可以为各位游客提供全方位的服务。除了沙漠温泉酒店，集装箱酒店（见图 3-9）、木屋酒店和帐篷酒店，也是休闲度假的良好选择。

图 3-9　集装箱酒店　　　　　　　　　　　　　　　　　　　　扫码看彩图

玉龙沙湖集装箱酒店是国内首家原生态集装箱星级酒店。200 间集装箱客房沿湖而落，连绵的沙海与清透的水景就在窗外，触手可及。各类房型独具特色，所有想象中的舒适与温柔，在这里都能找到。第三届中国旅游产业发展年会上，景区的集装箱酒店入选"十大中国旅游特色主题酒店"。

沙湖另一特色酒店就是野奢帐篷酒店，可同时接待 200 人。每间帐篷房间单体面积 20 平方米，采用纯松木拼接底座，隔绝沙子的同时，使外观更加时尚炫酷、精致不凡，既不失与世隔绝的安静，又可以更纯粹地享受自然。

拓展阅读

玉龙沙湖旅游区官网

玉龙沙湖旅游区官方微信

第四节 水域风光类景观旅游景区

学习引导

内蒙古自治区境内共有大小河流千余条，祖国的第二大河——黄河，由宁夏石嘴山附近进入内蒙古自治区，境内总长度约为 830 千米，围绕鄂尔多斯高原，形成一个"几"字状，被称为"黄河几字湾"。区内主要河流有黄河、额尔古纳河、嫩江和西辽河四大水系，达赉湖（呼伦湖）、达里诺尔湖和乌梁素海等天然湖泊遍布全区。丰富的天然河流、湖泊、沼泽，人工水库、灌渠等，均已成为内蒙古水域风光旅游资源的重要组成部分。仅以黄河流域为例，阿拉善盟的居延海、人工奇迹乌海湖、巴彦淖尔市三盛公国家水利风景区、鸡鸣三地的黄河大峡谷、呼和浩特市哈素海和神泉生态旅游区、乌兰察布市岱海等旅游景区，造就了多样的水域风光旅游景观。

水域风光类旅游景区的导游讲解，应注重讲清楚景区所依托的主要水系、所处段落，说明主要景观代表性意义及其成因。通过突出重点景观与特别之处，使旅游者在游览前能够根据引导，关注到景观特色；另外，可将人文历史与神话传说等融入讲解过程，以增添自然景观的趣味性与吸引力。

一、额尔古纳湿地景区

(一)景区简况

额尔古纳湿地景区位于额尔古纳市委、市政府所在地拉布大林镇西约3千米处,总面积约10平方千米。景区以湿地自然景观为依托,建有马蹄岛、同心岛、S弯等主题景观,并建有湿地博物馆。景区目前为中国特色旅游最佳湿地、国家4A级旅游景区。

(二)沿途讲解

各位团友,今天我们要游览的景区是额尔古纳湿地景区,在到达景区前,我们先来简单了解一下景区所在风情小镇——额尔古纳市及其周边的基本情况。我用六个字概括一下这里的特点"边、古、情、绿、富、美",大家看我概括的是否准确。

第一,额尔古纳因境内的额尔古纳河而得名,额尔古纳是蒙古语"捧呈、敬献"之意。自1689年《中俄尼布楚条约》签订以后额尔古纳河就作为中国与俄罗斯的界河,额尔古纳河干流全长970千米,沿途汇集大兴安岭西侧水域,称之为额尔古纳水系。所以,"边"指边境小镇,是其第一个特点。第二,额尔古纳市是我国纬度最高的县级市,虽然总面积只有2.84万平方千米,人口仅8万多人,但通过史学家研究证明额尔古纳是蒙古族先民的发祥地,因而历史悠久,这便是"古"。第三,这里也是全国唯一的俄罗斯民族乡——恩和俄罗斯民族乡的所在地,这里俄罗斯族居住相对集中,基本延续了俄罗斯族传统的风俗习惯、宗教信仰、衣食住行和性情性格。同时,这里还有三河回族乡。所以,这里也是一个充满了民俗风情的小镇,"情"便是指这里的民俗风情浓郁。第四,额尔古纳森林、淡水、草场、矿产都非常丰富。额尔古纳市域内绿色覆盖率达到93%,全市人均耕地、淡水资源储量、天然草场均高于全国平均值20倍左右,这便是"绿"的特色。第五,这里已探明各类矿产7大类19种,主要有煤炭、黄金、铅锌、铜钼等。额尔古纳河河谷地带,沙金储量颇丰,有"黄金镶边"之美称,因而"富"便是这里矿业资源富集。第六,这里先后被评为"中国十佳魅力名镇""中国最具发展潜力全生态城市""最具民俗文化特色旅游目的地"等荣誉称号,一个个金字招牌在手,其美景自然不必多言,多样的"美"有待大家去体会。

简要介绍了这座小镇,我想大家都迫不及待想要去亲眼看一下到底是否如我描述的一样。不要急,我们参观过景区后,还会带大家体验正宗的俄罗斯午餐,所以,一会在景区游览过程中,请大家跟紧导游,既不要错过美景,也不要错过美味。

(三)景区讲解

1. 石质步道

各位团友,欢迎来到全生态旅游胜地额尔古纳,来到美丽的湿地景区。请大家在这里放松心情,一起体验芳草鲜美、落英缤纷的绿色天然氧吧。为了能更好地增加心肺功能,吸收更多负氧离子,请大家随我沿景区由步道进行游览,同时,我也向大家介绍一下景区的基本情况。腿脚不便的团友可以选择乘坐电瓶车游览。

额尔古纳湿地景区始建于2008年,现为国家4A级旅游景区,景区总面积约10平方千米。先后获得"中国特色旅游最佳湿地""中国最具网络人气最美森林旅游景区""国家城市湿地公园"等称号。

额尔古纳湿地景区一期规划建设面积5平方千米,景区内设施完善、功能齐全、建筑风格独特;山顶建有600平方米游客服务中心,具有餐饮、休息、商业购物等功能;景区建有近2万平方米的停车场,电瓶车车道3千米,游客可乘坐低碳环保型电瓶车一睹景区风光。目前景区景观有6处:S弯、马蹄岛、同心岛、爱情岛、祈福树和树抱石。大家跟随我沿木栈道先到最佳观景平台,来看一下最美的湿地风景。

2. 观景平台

我们现在看到的就是亚洲最大的原生木本湿地额尔古纳湿地,位于大兴安岭北麓西端,呼伦贝尔大草原北部,这里海拔440米,具备河流、苇塘、塔头(沼泽地里各种苔草的根系死亡后,在其基础上不断再生长形成的草墩景象)、乔木、灌丛、草甸等多种景观类型,是迄今为止亚洲物种最为丰富,没有遭到任何污染和破坏的湿地系统。所以,各位团友,我们也要将随身的饮料瓶、食品包装等投入垃圾桶或随身带出,继续为湿地系统的环保做出应有的贡献。

我们眼前的这条河流叫葛根高勒(即"根河"),意为清澈透明。中国有句话是"一江春水向东流",说的是大部分的河水都由西向东流,但是我们眼前的这条根河却是一江春水向西流,因为东边是高高耸起的大兴安岭,地势东高西低。我们眼前的根河湿地属于河流湿地,也可以叫作洪泛平原湿地,湿地被誉为地球之肾,天然的水库和天然的物种库,因为湿地起到了肾小球的作用,进行解毒排毒的,吸收有害物质,释放有益物质。湿地具有涵养水源、净化水质、调蓄洪水、控制土壤侵蚀、补充地下水、美化环境、调节气候、维持碳循环和保护海岸等极为重要的生态功能。森林被誉为"地球之肺",因为吸收二氧化碳释放氧气,草原被誉为"地球的皮肤"。额尔古纳的空气质量非常的好,空气当中的负离子含量可以达到每立方厘米八千至一万个。呼伦贝尔下辖13个旗县市区,其中有6个是限制开发,额尔古纳就是其中的一个,这里没有工业,当地人主要从事农牧业生产,因此这里又有"天然的大氧吧"之称。

请大家随我到观景平台左侧,现在大家看到的景观是S弯,根河流经这里千曲百转形成了巨大的S形,它像太极图中的S分割线,和谐圆润,阴阳相生;它又像一个巨大的美元($)符号,绵绵流水恰似财源滚滚,在此祝福各位团友财源广进。现在大家再随我到右侧看,在湿地当中有一个非常特殊的点,一个三面环水的小岛,这个就是额尔古纳的市标马蹄岛,水干不枯,水多不溢,马蹄岛因碧蓝湖水与翠绿草木相映衬形似马蹄而得名。千百年来,山洪

暴发,河水泛滥,都无法改变其位置和形状,这也是马蹄岛的神奇所在。有人说它像心脏,像一棵长青之树。人们以反扣马掌为雏形,构思成额尔古纳市标,它成为额尔古纳人心中一枚乡愁的印章。

大家在这里选择适当的位置取景拍照,5分钟后,大家随我沿木栈道继续游览。

3. 祈福树

大家随我步行游览过程中远眺一下西边山顶,那里有一棵独立山巅的山丁子(即"山荆子",一种落叶乔木,果实可食用或入药)树,它栉风沐雨创造了生命的奇迹。每年当地居民都会带上红色布条或吉祥物挂在树上,祈福平安、健康、好运。

4. 同心岛

我们现在看到的就是同心岛,也被很多年轻人叫作爱情岛,是恋人们见证彼此忠贞爱情的圣地。在我们这里,还流传着这样的一个凄美的传说。当年鲜卑人南迁"大泽"(即"呼伦湖")时曾在这里生活,当时鲜卑人的首领在这里遇到了一位美丽的姑娘,但是这个美丽姑娘是偷跑下来的仙女,仙女与首领相爱了,却遭到了天帝的阻挠。为了陪同首领,仙女化作了我们眼前的这个岛,天帝知道后,把她的周围变成湿地,来滋养仙女,因此这里也被叫作同心岛和爱情岛。大家可以在此许下心愿,同爱人永结同心。后面还有多样的美丽风景,大家可以用心慢慢体会。

5. 树抱石

大家来看这奇特的景象,这个大型的艺术品叫树抱石(亦称"木包石""根包石")。雕塑完成于2010年。这块巨大的树抱石刚柔并济,柔弱的根茎缠绕在坚硬的岩石上,形似仰天长啸的狼群,它以扎根山石罅隙的树根来表现草原游牧人民顽强的生命力和团结向上的精神。大家走到这里,景区的游览也接近尾声了,后面是额尔古纳湿地博物馆,大家可以自行游览。

6. 博物馆

额尔古纳湿地博物馆是以湿地为主题,集研究、展示、教育、宣传、娱乐于一体的大众化博物馆。通过博物馆场景复原、多媒体互动和图文展示等方式展现湿地之美,普及湿地知识,从而增强游客的湿地保护意识。湿地博物馆占地面积1万平方米,建筑面积2000平方米。馆内建造4个展区。实景展示区是通过实景复原等手段展示湿地类型、特点和物种。科普区是通过声、光、电等高科技手段来体现人与自然及人与湿地的关系,普及、宣传湿地的知识。体验区是通过亲身的参与、互动,让人们近距离感受湿地,弥补景区内只能远观湿地的遗憾。

二、黄河三盛公国家水利风景区

(一)景区简况

黄河三盛公国家水利风景区位于巴彦淖尔市磴口县巴彦高勒镇东南2千米处,依托黄河三盛公水利枢纽工程(见图 3-10)而建,是新中国最早建成的、亚洲最大低水头平原闸坝工程,堪称"万里黄河第一闸"。该水利枢纽是一处以灌溉为主,兼具黄河观光体验、休闲度假、户外运动、生态科普等旅游综合功能的旅游景区。景区总面积约 129 平方千米,区域连接巴彦淖尔市磴口县、鄂尔多斯市杭锦旗、阿拉善盟阿左旗,现在已建成主景观区 8.3 平方千米,分为生态景观区、商务旅游接待区、黄河湿地景观区等主要功能区域。景区具有国家水利风景区、国家地质公园、国家水情教育基地、自治区重点文物保护单位等称号,目前为国家 4A 级旅游景区。

图 3-10　三盛公水利枢纽工程

扫码看彩图

(二) 沿途讲解

各位团友,结束了阿拉善的沙漠游览,我为大家调整一下干热的感受,今天行程安排目的地不仅水面辽阔,也是我们中华民族的母亲河——黄河。今天我们要游览的景点是"黄河三盛公国家水利风景区"。抵达景点前,我为大家讲解一下这里的"奇"与"特"。

首先,我们来说说这里的"奇"。黄河发源于青海的巴颜喀拉山,流经青海、四川、甘肃、宁夏、内蒙古、山西、陕西、河南及山东 9 个省、自治区,最后注入渤海。由于流经中段为黄土高原地区,因此夹带了大量的泥沙,所以黄河也被称为世界上含沙量最高的河流。俗话说"黄河百害,唯富一套",黄河经过黄土高原后,由于泥沙不断沉积,最终形成"地上悬河",对人民生活造成威胁,历代对黄河的治理都是难题。但黄河流到这里,却造就了富裕的河套平原,不能不说这很奇特。此外,大家听说过夏到"壶口赏瀑"、秋在"钱塘观潮",说的是在黄河、长江可以看到的自然奇观。但今天我们要去的黄河三盛公国家水利风景区,不仅夏天可以来品鱼观景,冬春季节也可以到这里观赏黄河冰凌(流凌)的奇景(见图 3-11)。每年 12 月至次年 1 月,三盛公河段满河冰凌顺流而来,有时如棉絮,有时如磐石,整个河面被雾气笼罩着,像一锅沸腾的饺子,直至完全凝结。一夜之间,大家就能感受到"大河上下,顿失滔滔"的情境了。到了次年 3 月初开河的时候,感受到春天气息的黄河又开始涌动,就像一条刚刚从"冬眠"中苏醒的巨龙,破冰成汛,挟凌而下。

图 3-11 黄河冰凌景观

扫码看彩图

然后,我们再看看这里的"特"。第一,是位置特别。让我们从祖国版图上了解一下我们要去的地方在哪。大家知道黄河的河流整体的形状吗?这位先生说得对,她是一个向上的较大的转弯,对应的长江有个向下的大型转弯。我们称黄河在内蒙古段这个类似"几"字状的部分为"几字湾"(见图3-12)。黄河三盛公国家水利风景区就在几字湾的第一个弯头附近。第二,是意义和作用特别。虽然早在秦汉时期,便有先民开发河套地区利用水利设施发展农业,但却一直未形成有效利用,仍存在"水小引水难,水大漫荒滩"的局面,黄河河畔的居

图 3-12 黄河"几字湾"与三盛公水利风景区位置

扫码看彩图

民虽守有良田沃野,也不愁取水浇田,但遇到洪水却难以应对。因此,对于这条母亲河是既爱又怕。新中国成立后,毛泽东主席就提出了"要把黄河的事情办好"。这一改变河套地区黄河利用方式的水利工程便应运而生,使这里成了"塞外江南、塞上粮仓",才会出现刚刚我提到的"黄河百害,唯富一套"的局面。

当然,这一水利工程的作用不止于此,黄河震撼的场面也非简单语言能够形容,抵达景区后,我将详细为大家进行讲解,各位团友也只有置身于现场,才能够零距离感受母亲河。河套灌区也被列入了世界灌溉工程遗产名录。

(三)景区讲解

1. 三盛公水利枢纽中心广场

各位团友,我们现在位于三盛公水利枢纽中心广场,我们在这里便可以看到黄河三盛公水利枢纽工程的全貌。在正式进入景区游览前,我提醒大家注意,临水游览,请大家注意保管好自己的手机、相机,一定不要翻越护栏,照顾好随行老人和小朋友。大家游览过程中,尽量跟随队伍一同行进,严禁嬉水。景区内可以提供四种交通方式,分别为游船、电瓶车、自行车和步行。我们今天游览线路将采用其中的步行、电瓶车和游船游览。

大家在随我步行进入景区的过程中,我为大家介绍一下"三盛公水利枢纽工程"。三盛公水利枢纽工程始建于1959年,是中华人民共和国成立初期为根治黄河水害和综合开发黄河水利第一期工程的主要项目之一。工程以农业灌溉为主要功能,是全国三个特大型灌区——内蒙古河套灌区的引水龙头工程,灌溉面积约1000万亩。兼有生态补水、防凌防汛、工业供水、水力发电、交通、旅游等功能。"三盛公"得名于工程所在地的名称。据传,早在乾隆初年,晋商乔贵发在本地设立一家商号取名"三盛公",意为买卖公平,昌盛发达。后来"三盛公"商号渐渐没落,但"三盛公"的名字被叫了出去,成为远近闻名的地点代名词。因而这里后期命名为"三盛公水利枢纽"。相对于其他沿黄河的旅游景区,除了我路上为大家介绍的"奇"与"特",三盛公国家水利风景区还有两个独有的景观,一是三种不同的黄河景观形态,二是环保景区的理念。具体情况大家随我进入景区后介绍。

2. 景区大门

大家注意看,这里景区的大门不是砖石材料,而是由利用枢纽工程进水闸和拦河闸废旧闸门建造的景观(见图3-13),这些印刻着历史烙印的设备,曾经为黄河治理做出过突出贡献,如今还在为大家讲述着全新的黄河故事,这也是我刚刚提到的景区"生态环保、资源再利用"理念的体现,后面我们还会看到更多这样的利用场景。

3. 创意景观道

大家现在所在的位置是景区的创意景观道(见图3-14),也是枢纽工程的导流堤,它的主要工程作用是引导水流和约束水流进入指定的位置,避免干扰、淤积和保护岸坡及其他建筑

图 3-13　用废旧闸门制作的"天下黄河第一锁"

图 3-14　创意景观道

物不受冲刷。作为创意景观区域,主要采用枢纽工程运行中遗留的旧金属材料和机电设备,经过再加工,形成了一条文化创意钢铁景观道。像这样的"环保再利用理念"在景区内多个区域都可以见到。路上为大家介绍了黄河冰凌,还有几位团友说很可惜看不到,不要紧,前方就为大家准备了黄河冰凌摄影展。大家可以在镜头记录下感受黄河冰凌的"美",当然,也有它的"险"。尽管这是一种自然奇观,但它也被称为"凌汛",当春季上游开河融冰时,内蒙古地区由于纬度较高,温度较低,往往还处于封冻状态,上游大量的冰、水涌向下游,形成较大的冰凌洪峰,极易在弯曲、狭窄河段卡冰结坝,造成水位迅速上涨,同时也容易造成对堤坝的冲击,形成对人民生活的威胁。

4. 黄河游船码头区

我们现在所在的位置是黄河游船码头,一会大家随我游览返程时,再带大家坐船畅游母亲河。这里也是我提到的黄河三种景观形态中"实景黄河"的展现形式,大家可以近距离感受黄河。现在大家随我向前游览。我们现在的步行道是黄河水利枢纽工程"顺水坝",这是为防止河水冲刷河道造成坍岸等灾害建造的保护性设施。工程是采用土坝填筑,抛石护根,砌石护岸等措施修筑的水工建筑物。大家再看左侧的这个湖,这就是由黄河冲淘枢纽闸上右岸形成的天然弯道。为避免河水进一步冲淘,我们在河岸修建了控导工程后形成湖泊,因形似弯月,故而得名。这位先生问什么是控导工程。它是为约束河道主流摆动范围、保护堤岸,而修建的河道整治工程。大家可以随我到岸边看一下这鱼鳞形坝垛就明白了,它是一种沿河岸向外延伸的小型坝体,能够引导水流,使河流水势更加稳定,也能够保护堤岸。沿步道前行,左侧设置有户外营地和互动娱乐区。营地共分为露营烧烤区、CS 丛林野战区、户外拓展活动区、野炊内训聚餐区等四个区域。互动娱乐区为大家提供了多样的互动游戏,自由活动时间,大家可以来此互动。前方先随我到电瓶车集中乘降点,我们先乘车游览接下来的景点,大概会有 5 千米的路程。乘车过程中,请大家不要起身站立,保管好随身物品,一旦有物品掉落,请通知我,我告知司机停车后处理。

5. 滨河岸线观光带

我们现在进入的是滨河岸线区,在这里您可以近距离感受母亲河的脉动。夏季,黄河对岸的万亩葵园满目金黄,秋季黄河湿地的苇荡芦花飞扬,冬天的黄河结冰后形成的冰凌奇观是大自然的杰作,阳春三月河自开,天鹅走了鸿雁来,大家到时前来,既可以欣赏流凌奇观,又可以品尝新鲜美味的开河鱼,还可以看到天鹅、鸿雁美丽的身姿。前方即将到达黄河文化广场。

6. 黄河文化广场

大家在这里可以看到,广场核心景观是用 11 扇进水闸退役闸门建造的钢铁造型,是景区变废为宝、构建和谐人文景观的又一体现(见图 3-15)。中间 3 扇闸门鼎足而立,呈 S 形,上立"马踏飞燕"雕塑,两侧以屏风的形式各立 4 扇闸门。上半部分是拓印的黄河诗词。下半部分拓印的是明末清初水利工作者刘士林绘制的黄河古图,这里是景区黄河三种景观形态中"全景黄河"展示点。

图 3-15 黄河文化广场

7. 黄河水坛

前方即将进入黄河水坛区（见图 3-16），这个景点是黄河的祭坛，水文化的论坛。大家看，中间这个蓝色雕塑是黄河全流域的立体造型，高 9 米，立起来的黄河直指蓝天，大家可以

图 3-16 黄河水坛

感受到黄河之水天上来的意境。这里便是黄河三种景观形态中"立景黄河"展示点。四周矗立围合十二扇拦河闸的闸门,上面拓印诸子百家关于水的名言警句,形成一个黄河水文化的论坛。大家可以沿台阶而上,登上坛顶去欣赏有100个水字的"百水门"。返程的路上我们还将路过"动物狂想园",黄河地质公园的青少年科普教育园区,一会大家到那里再深入了解地球的演变和动物的进化过程。之后我们再回到电瓶车乘车点。

8. 生态景观道

各位团友,大家面前的是景区的生态景观道。途中有四个主要景点,一是金属雕塑园、二是"天下第一筝"(见图3-17)、三是胡杨林、四是水科普乐园。金属雕塑园是景区与中央美术学院合作建立的金属雕塑教学实习基地,也是国内第一家金属雕塑公园,大家可以在公园里感受一下金属雕塑的艺术魅力。这条路上的金属雕塑公园和景观小品也将景区的生态环保再利用理念体现得淋漓尽致。再到景观道中段,聆听"天下第一筝"。其实它是以废旧金属构件创作的又一个景观——巨型雕塑古筝,它整体长27.5米,宽6.5米,高1.5米,重达56吨,是为彰显中华民族古老文化符号而设计制作的一件大型艺术品。之后大家可以穿过一片野生胡杨林,到达水科普乐园。那里通过实物展示、互动演示普及水科普知识,开展水情教育。不过不要玩得忘记时间,记得我们还要按时到达黄河游船码头,参加船游黄河项目。为大家留一小时时间自由游览,其间有问题随时和我联系,一小时后我们到黄河游船码头集合。

图3-17　利用水利工程废旧闸门建造"天下第一筝"

扫码看彩图

拓展阅读

黄河三盛公国家水利风景区微信公众号

第五节　地质遗迹景观旅游景区

学习引导

内蒙古自治区地处蒙古高原，其独特的地理条件，在不同历史时期经历了复杂的地质演化过程，形成了以地质构造、火山熔岩、冰川遗迹、生物化石、矿山公园等为突出特色的多样地质遗迹景观。内蒙古自治区三大世界级地质公园吸引力较强，是区内自然旅游资源的典型代表，以冰蚀花岗岩景观为代表的阿斯哈图石林景区、以火山遗迹温泉景观为代表的阿尔山-柴河旅游景区均为国家5A级旅游景区；以阿拉善沙漠地质公园为依托，建设了我区多家高品质沙漠景观旅游景区。

本章节仅就地质遗迹景观中的构造运动景观进行介绍，生物化石遗迹景观将在生物及遗迹景观章节进行介绍。

一、阿尔山-柴河旅游景区

（一）景区简况

阿尔山-柴河旅游景区位于大兴安岭山脉中段的西南麓，地跨兴安盟阿尔山市和呼伦贝尔市扎兰屯市柴河镇，规划面积达1.3万多平方千米，下辖阿尔山国家森林公园、好森沟国家森林公园、阿尔山国家地质公园、扎兰屯国家重点风景名胜区和阿尔山自然保护区，是集合原始森林、火山遗迹、温泉矿泉、高山湿地、河流湖泊、峡谷奇峰、冰雪运动、民俗文化、边境口岸等多种资源的优质旅游景区。景区获得"世界地质公园""国家生态旅游示范区""全国森林旅游示范区""中国最美森林旅游景区"等多项荣誉，于2017年获批国家5A级旅游景区。

（二）沿途讲解

亲爱的各位团友，很高兴能够陪同大家踏上本次"阿尔山之旅"的行程，由我来带领大家体验一下"巍巍大兴安、梦幻阿尔山"。大家眼前的大兴安岭，北起黑龙江漠河市，南至内蒙古中部的西拉木伦河上游，全长1400余千米，其中约67%都位于内蒙古境内，是中国保存较完好、面积最大的原始森林，是中国北疆的重要生态屏障。截至2018年底，内蒙古森林总面积达3.92亿亩，居全国第一位。大家沿途在欣赏大兴安岭风光的同时，也可以大口吸下这"氧吧"提供的新鲜空气。下面我为大家介绍一下此行的目的地阿尔山市和这里最重要的景区"阿尔山-柴河旅游景区"。

1. 阿尔山市概况

为了让大家有更为直观的印象，我以"一小""一大"来进行介绍。这"一小"是阿尔山市，这个县级市曾经号称全国最小的城市，虽然辖区面积有7408.7平方千米，但大部分的面积都是森林覆盖，真正的城市面积非常的小；阿尔山市总人口不足7万，在我国正式设立"三沙市"之前，也是人口最少的城市。尽管城市很小，却拥有非常重要的地理位置，它连接着内蒙古的兴安盟、呼伦贝尔市、锡林郭勒盟，并和蒙古国东方省交界，这里拥有内蒙古唯一具备公路、铁路、航空、水运"四位一体"对蒙古国开放的口岸——"松贝尔口岸"。阿尔山具有特色浓郁的城市风情，当大家行走于城市街头，能够看到周围都是颜色鲜艳的尖顶建筑，会让您有种置身欧洲小镇的错觉。除了欧洲风情的街景，建成于1937年的阿尔山火车站，是一幢东洋风格的低檐尖顶二层日式建筑，这个袖珍火车站，作为国家级重点文物保护单位，既是当年日本人掳掠大兴安岭地区森林资源的见证，也是旅游者打卡的必到景点。

阿尔山市，原名叫"哈伦·阿尔山"，意思是"热的圣泉"，从名字可以知道，这里很早便有人开始利用温泉资源，大概有文字记载的可以追溯到18世纪中期，清朝时期已有官方对本地温泉进行开发利用,中间经过历代的不断开发建设,包括日本侵华时期,也在此设立过疗养所。后期随着旅游业的发展,阿尔山的影响力不断提升,于1996年设立为县级市。

2. 阿尔山-柴河旅游景区概况

介绍了"一小"阿尔山市,我再给大家说一说"一大",这便是"阿尔山-柴河旅游景区",它不仅面积大,而且资源十分丰富,我只能简略为大家提及一下。这个景区规划面积达1.3万多平方千米,地跨内蒙古的兴安盟和呼伦贝尔市,南入口在阿尔山国家森林公园,北出口位于扎兰屯市的柴河月亮小镇,因此,被称为"阿尔山-柴河旅游景区"。

整个景区包含阿尔山国家森林公园、好森沟国家森林公园、阿尔山国家地质公园、扎兰屯国家重点风景名胜区和阿尔山自然保护区等区域,区域内景点众多,大家如果想将所有景点都游览一下,两三天的时间应该是不够用的。那就会有朋友问了,这么大又这么多的景点,我们该怎么游览呢,先别急,我先告诉大家,这里都有什么值得大家看的。"阿尔山-柴河旅游景区"范围内几乎包含阿尔山周围所有的优质旅游资源,有人用"234"来描述,即"2个吧、3个群、4个海"。

两个"吧",即"氧吧"和"凉吧"。"巍巍大兴安"和周边良好的自然环境,使阿尔山地区绿色植被率达95%,每立方厘米空气中,负氧离子含量高达23万个,而世界卫生组织的"大气清新标准"仅为每立方厘米1000个。虽然这里的森林曾在日本侵华时期遭受掠夺性采伐,建国初期为了支援国家建设,这里又提供了大量的优质木材,但自20世纪中期起,这里便开始了人工造林,如今的"百万亩人工林"形成的绿水青山,为我们今天的旅游产业发展留下了宝贵的资源。所以,生态建设成果来之不易,我也同时提醒各位,进入林区,注意防火。"凉吧"是指,阿尔山地处北纬47°,属寒温带,且海拔相对较高,加上周边森林覆盖,夏季日均最高气温只有22 ℃,而年均气温仅-3.2 ℃,是个天然的"中央空调",人们形容这里的气温只有春、秋、冬三季,是绝佳的避暑度假胜地。

阿尔山的"三个群"。一是有世界罕见的火山群。阿尔山国家森林公园的代表景点摩天岭、石塘林、龟背岩、玫瑰峰等,都是火山运动的多样遗迹,是天然的火山博物馆,阿尔山地区有50余个火山锥、4座活火山,火山地质遗迹达3500平方千米,是亚洲最大的火山熔岩地貌。二是有功能各异且分布集中的高品质矿泉群。由于火山运动形成的特殊地质构造,造就了阿尔山有冷泉、温泉、热泉、高热泉等温度不同、功能各异的饮用和洗浴矿泉逾百眼,是国内最大的功能型矿泉群落,被确定为中国优质矿泉水源地。区域内矿泉水温从0 ℃到48 ℃,是世界第二大功能型矿(温)泉群。其中,海神温泉博物馆的48眼温泉集中分布于长700米、宽100米的区域中,这些温泉或能饮用、或可浸泡,其功能性与集中性世界罕见,甚至有些功能与人的五观、五脏等疾病可——对应;而距离阿尔山市中心2.5千米的饮用矿泉"五里泉",曾是全国知名的"阿尔山矿泉水"的取水口,这里的矿泉水富含锂、锶、硒等人体必需的微量元素和宏量元素,每天自涌量为1054吨,被矿泉水专家赞为"天下第一奇特大泉"。大家早起或饭后可以自备水杯或水瓶,到这里品尝一下新鲜涌出的矿泉水。三是有分布集中的天池群。阿尔山-柴河旅游区内分布着大大小小的天池11处,这些天池都是当年火山喷发所留下的火口湖,犹如镶嵌于兴安之巅的一块块宝玉,每当春季杜鹃花开之时,天池在多彩的杜鹃花和白雪的映衬下更是一派生机。阿尔山的火口湖为高位火山口湖,是迄今发现世界上较为密集、数量较多的高位火山口湖群。较为知名的阿尔山天池,是全国海拔第3的天池,既无进水口,也无出水口,却久雨不溢,久旱不涸,令人称奇。

"四个海"是"林海、草海、雪海、石海"。首先是"林海"。阿尔山处于大兴安岭林区腹地,一直以来就是国家重要的木材供应地,森林覆盖率达到80%以上,是国家后备林木资源的绿色宝库基地。兴安落叶松和白桦是这里的主要树种。如果大家喜欢林间穿行的感觉,可以在这里乘坐林区特有的窄轨森林小火车,虽然它最初是日军用于掠夺我们原始木材的交通工具,但后期成了林业生产重要的通道,现今已不再发挥运送木材的作用,但作为一条特色观光线路,为游客带来难得的旅游体验。二是这里有独特的"草海"。阿尔山是通往各主要优质草原的核心区域。由阿尔山向东,是呼伦贝尔草原;向北,是蒙古国大草原;向南,是科尔沁草原;向西,是锡林郭勒大草原。因此,大家可以告知周边的亲朋好友,如果想体验内蒙古的穿森林、游草原、泡温泉、玩冰雪等,都可以来这里。提到了玩冰雪,我就要为大家讲第三个海,"雪海"。刚刚为大家讲过,这里作为天然的凉吧,自然在冬季拥有良好的冰雪资源。每年从10月开始到次年的4月,都是阿尔山的有效降雪期,雪期长达7个月,平均积雪厚度超过350毫米。正因为落雪早、雪质好,这里成为国家滑雪队的冰雪运动训练基地。大家冬季来这里不仅可以体验冰雪运动、踏雪垂钓,还可以亲自试试泼水成冰的效果。另外还有神奇的不冻河,这条河在严冬零下40℃,仍然热气腾腾、流水淙淙。为什么会有这样的景象呢?那是因为这条河下有地热,所以冬季不仅不会上冻,水中牧草生长还很茂盛,形成了另一个"水中草场"奇观。这里春赏杜鹃花开、夏可避暑休闲、秋季层林尽染、冬有冰雪温泉,四季宜游,是摄影爱好者的天堂。这里的第四海是"石海"。作为第四纪火山喷发的地质遗迹,阿尔山有着亚洲最大的近期死火山玄武岩地貌,地质构造、土壤、植被生物均保持原始状态,再现了从低等植物到高等植物的演替全过程,具有较高的科研和保护价值。其中,国家地质公园内的石塘林、龟背岩更是国内少见的奇特景观。

3. 阿尔山风物

各位团友,听我介绍了景区里的"234"后,大家是不是迫不及待地想要去亲身体验一下了呢?不要急,我再为大家介绍一些风物和景观,也许大家在游览自然景观过程中,机缘巧合下,还可以看到一些其他的特别景象。

内蒙古导游讲解实务：思维、方法与示例

首先，我来讲一下阿尔山一些奇特的动物。森林是动物栖息的重要场所，这里各级保护动物种类十分丰富，有金雕、马鹿、黑熊、天鹅等禽类、兽类近百种。要说其中较为特别的，我为大家举几个例子。一是哲罗鱼、柳根儿鱼等为代表的冷水细鳞鱼，仅分布在中国北方少数地区，由于在无污染的冷水中生长，成长速度较慢，但却肉质细嫩鲜美，是在其他地区难以品尝到的美味。还有栖息在阿尔山市石塘林景区的一种微型兔子石兔，它外形似兔，但身材却像小老鼠，也被称为鼠兔，它能够发出酷似鸟一样的叫声，大家游览时注意观察一下。当然，有意思的动物还有很多，我就不一一列举了。

其次，我再给大家介绍一下这里的植物。除了刚刚给大家讲的兴安落叶松、桦树等，这里还有近千种植物。既有各类美味的食用菌类，也有多样的药材，还有很多野菜和果实。比如具有清热消炎作用的金莲花、可治疗慢性食道疾病的猴头菌、平时大家吃的新鲜蓝莓，另外还有很少见的野生玫瑰、草莓等。由于这里无霜期短，不适合种植蔬菜，当地人经常采集食用的就有60余种野菜，比如：蕨菜、猴腿、野白菜、柳蒿芽儿、哈拉海、黄花菜等，将这些天然无污染的绿色食品汇集在一起，便成了招待上宾的野菜宴。当然，大家如果在当地品尝还不够的话，可以将晾晒好的干货带回，比如各类蘑菇、木耳、蕨菜等。

阿尔山市和阿尔山柴河景区的基本情况，就为大家介绍到这里，大家回顾一下，有什么需要进一步交流的问题，我可以随时为大家进行解答。

阿尔山旅游网

二、阿斯哈图石林景区

（一）景区简况

阿斯哈图石林景区，位于赤峰市克什克腾旗经棚镇东北150千米处。2005年2月11

日,联合国教科文组织世界地质公园专家评审会在法国巴黎宣布,批准建立以阿斯哈图花岗岩石林为主要代表景点的克什克腾世界地质公园,阿斯哈图石林景区为克什克腾世界地质公园九大园区之首,并于同年成功创建国家4A级旅游景区。阿斯哈图石林是花岗岩地貌与石林地貌相结合的一个新类型,属花岗岩石林,是目前世界上独有的奇特地貌景观,被专家称为世界地质奇观(见图3-18)。景区于2018年获批国家5A级旅游景区。

图 3-18　石林落日

扫码看彩图

（二）沿途讲解

亲爱的各位团友,我们今天将要参观的是阿斯哈图石林。阿斯哈图石林景区位于赤峰市克什克腾旗的东北部,是克什克腾世界地质公园的一个组成部分,以独特的景观特色——石阵闻名。石阵景区位于大兴安岭最高峰——黄岗梁北约40千米的北大山上,平均海拔1700米,呈东北向延展,分布面积约15.6平方千米。石阵处于大兴安岭余脉向西部草原过渡的地带和高山草甸草原与原始白桦林的交汇地带,植被茂密,风景秀丽。石阵原名"阿斯哈图石林",本是蒙古语音译,汉语意为险峻的岩石。该石阵与英国的索尔兹伯巨石阵、法国的卡纳克石阵并称为世界三大石阵。

阿斯哈图石林是花岗岩地貌与石林地貌相结合的一个新类型,属花岗岩石林。石阵在形态上与云南的路南石林、元谋土林、新疆的雅丹地貌不同,云南的石林属喀斯特地貌,是石灰岩在热带气候条件下,经水流的溶蚀作用形成的。而阿斯哈图石林主要是由冰盖冰川的刨蚀掘蚀和冰川融化时形成的大量融水的冲蚀作用形成的"冰川石林"。由于第四纪冰川长期精雕细刻,造就了阿斯哈图石林的独特景观。除冰川作用外,岩浆活动、冰盖卸载、气候变迁、风蚀作用、人类活动等诸多因素,也是不可缺少的条件。从形态上,云南石林的纹理是垂直向下的,似刀劈的一样,而阿斯哈图石林石头的纹理则是横向的,一层一层像千层饼一样,它是世界上罕见的花岗岩石阵,它的形态和成因在全球都具有代表性,发育的两组垂直和接近水平的天然岩石裂隙造就了这种奇特的地质遗迹。石林顶部有冰臼分布,这是花岗岩地貌的新类别,在国内外属首次发现。

北大山位于盛行西风带上,西为浑善达克沙地,东为科尔沁沙地,每年来自西伯利亚的8级以上的大风要刮2个多月,花岗岩石林棱角分明的石柱仍然安静地矗立着,任凭刻刀般锋利的北风,一层层掸掉岁月留驻在身上的铅华,经历了几百万年的风雕,使得石阵的表面整体呈浑圆状,千姿百态、回味无穷。由于迎风面所受到的风蚀远强于背风面,石阵又大多具有一面凹一面凸的阴阳特性(见图3-19)。

图 3-19　冬日石林　　　　　　　　　　　　　　　　　　扫码看彩图

景区规划建设初期,基本按照自然布局分为4个区域,呈"十"字状分布,几大景区之间都需要乘坐环保交通车,各景区间需要换乘,请大家妥善保管好物品,切勿遗漏。

(三)导游讲解

各位团友,我们已经抵达石阵景区了,从景区大门到第一个景区,需要换乘景区交通车,行驶7千米,大约15分钟。石阵处于乌兰坝草原与大兴安岭山脉的交界地带,是高山草甸草原与原始次生林相接的生物带,形成了独特的高山湿地及森林景观,这里植被茂盛,植物种类繁多。因季节的不同而姿彩万千,色因景变。在这里,我们将要看到大兴安岭原始次生林以及高山草甸。

独有的地理条件及气候条件,孕育了石阵独有的植物链景观、野生动物景观和高山湿地景观。石阵的生物资源种类繁多,有关专家考证,在景区内共有49科185属318种野生植物,野生动物70多种,运气好的话,大家这一路上,还可能见到马鹿、狍子等野生动物。上山需要走一段盘山路,请各位朋友系好安全带,注意安全。

下面我们首先到达的是草原石林景区,请大家带好所有随身物品跟随我下车。所有景区交通车是循环运行,我们一会儿返回后将会换乘另一辆车,所以有请大家务必带好所有物品。

1. 草原石林景区

现在我们来到的是阿斯哈图石林石景最密集的一个景区（见图3-20）。说到石景，就离不开我们的想象，各种象形石惟妙惟肖，请大家跟随我的脚步，发挥你们的想象力，我们边讲边看，大家也可以根据各自的想象，来自己讲一讲你眼中的石景和它的故事。

图 3-20　石林景观　　　　　　　　　　　　　　　　扫码看彩图

满载而归。这是我们的第一个石景。地质学上称为"断层岩"，它的水平节理发育得较好，垂直节理稀疏且不连续，因此风化较慢，形成低矮狭长的石墙。它长 32.7 米，宽 2 米，高 6 米。远观似一艘乘风破浪、远航归来的轮船。我们给它起名叫"满载而归"，希望大家的草原之旅，也满载而归。

老君丹炉。这组石景，在地质学上称角峰，是两个以上的冰斗后缘相互挤压、剥蚀而形成的。因海水和冰川的共同作用，使岩石的缝隙都变成弧形，岩石的边缘成流线型。大家看，它的形状好像老态龙钟的"老君"，胡须微微上翘，神情庄重地端坐在太师椅上，目不转睛地盯着炉里的"仙丹"沉思冥想。

月亮城堡。前面这一片拔地而起的石林似古堡独踞一方，傲视群伦，全长 110 米，远观似新月出谷，故名月亮城堡。大家看，这里石墙与石柱交叉林立，错落有致。是不是很漂亮？

北京猿人。前面这个石景是两组垂直的节理切割成的花岗岩石塔。在差异风化和重力作用下形成了石塔独特的轮廓。大家看，那高高的颧骨、秃秃的额头、宽而扁的嘴巴，不正是北京猿人吗！

将军床。前面的石景，长约 4 米，宽 2～3 米，高 0.5 米，大家看，是不是好像一个大石床，置于蓝天碧草之间。这个是花岗岩石柱倒塌残留的底座，地质学上称石台，是石林老年期的产物。相传成吉思汗攻打金国歇马黄岗梁时，在这里围猎，成吉思汗的大将木华黎酒后醉卧在这里，就睡在这张石床上，故名将军床。大家可以上床去躺一躺，看看是不是神清气爽，精力充沛！

擎天双柱。大家看这组石景，地质学上称为"残留石柱"，高约15米，它是冰川和海水共同作用的结果，在第四纪冰川时期，整个山梁都盖满了厚厚的冰，因为冰川是向下慢慢移动的，这就逐渐在山脊上闪开了缝隙，并不断扩大。山脊上的岩石被冰川推倒和剥蚀的作用较小，所以才得以保留下来，在它的顶部有冰川撞击留下的石棚。你看它双峰结伴，高耸入云，雄壮有力。

蛇王戏罗汉。大家看这组石景，好似众多罗汉，面向北，或坐、动，或默诵经文，只有弥勒佛坐北朝南，对其后面跃跃欲试的眼镜蛇不理不睬。

七仙女。七仙女这组石景是我们草原石林景区的核心景观。大家看，七个石柱相依相连、形态各异，似仙女翩然起舞，她们与月亮城堡隔山遥望，与月亮城堡那独特的情韵相对应。仙女有的极目远眺，有的绽眸憨语，有的含羞隐笑，有的低吟浅唱、秋波暗动、百媚生情，仿佛不眷恋仙界的琼台瑶阁，而羡慕这人间的民俗风情。轻风在石隙间穿梭，发出柔柔的共鸣，那一定是仙女们在轻声细语、脉脉传情。这里是这个景区最好的拍照点，能将整个石景都拍全，大家跟我到摄影点，我们来拍个全景。

这个景点我们游览完毕，大家跟我返回下车点，我们乘坐景区交通车赴草原天柱景区，请大家带好随身物品。

2. 草原天柱景区

草原天柱景区（见图3-21）的主要特点是伟岸和挺拔，由原始次生白桦林、高山草甸植物体系和花岗岩岩柱组成。主要石景有"书山""三结义""拴马桩"等。

书山。这是一组规则的柱状石墙，岩体中垂直节理均匀，风化后形成方格状石墙。全长90米，高10米，似一摞摞摆放整齐的巨书，因此得名。每一层横向的岩石，都是一本厚重的史书，这书记载着1.5亿年的沧海巨变——解读石林形成的过程。

三结义。大家看，这是两组垂直的节理发育，经长期的风化有重力崩作用形成的三个相邻石柱，在迎风面上风蚀作用强烈，其下部可见风蚀洞穴。右边的石柱为典型的风蚀蘑菇，每个石柱直径3～5米，高10米左右，由于底部相连，形似三位一体，又像刘关张三位异姓兄弟在焚香结拜。

拴马桩。眼前这个石景，基座周长21米，高26米，直径约6米，垂直下端的重量有2500多吨，它是疏密不同的节理，使岩石形成抗风化能力不同的岩块，经长期的风化作用和重力作用而形成的"L"形石柱。为什么叫拴马桩呢？相传成吉思汗率兵攻破金边堡，歇马黄岗梁，同诸子在此摔跤下棋、骑射打猎，而这高大的石柱是成吉思汗的拴马桩。

我们结束了草原天柱景区的游览，请大家带好随身物品。接下来，我们乘车去石阵最形象的草原鲲鹏景区。

图 3-21 草原天柱

扫码看彩图

3. 草原鲲鹏景区

下面我们抵达的是草原鲲鹏景区,大家带好所有物品下车,我们开始草原鲲鹏景区的游览。这里突出了石林的高大厚重(见图3-22)。

姊妹峰。大家看,首先映入眼帘的是两个单独的石柱,高度分别为13米和14米,长期的风蚀作用使两个石柱呈浑圆状粗细不均的形态,似草原上亲密无间的姊妹,形影不离,婀娜娇艳。血脉相同,情深似海。大家是否有这样的感受呢?自然尚如此,人间亦如是。

这个象形石,应该算是我们阿斯哈图石林最为形象的景观,大家猜猜,这是什么动物?这就是草原的雄鹰,我们起名叫草原鲲鹏。因为花岗岩中不均匀地发育着水平节理和垂直节理,上部岩体较底层风化严重,下部近水平节理顺坡向倾斜。所以差异风化后的岩体形态酷似一只落在草原上的鲲鹏。整个岩石长29米,宽24米,头部高近20米。诗中形容到"鲲

图 3-22 草原鲲鹏景区天柱

扫码看彩图

鹏展翅九万里,栖居草原不思归"翘首而卧的鲲鹏与蓝天、草原相映成趣。

"草原鲲鹏"有一个典故。相传,元顺帝妥欢帖睦尔被明军攻破元大都北遁应昌,建"宫漏"、跳"十六天魔舞",沉迷于花天酒地、歌舞升平之中。一日,顺帝泛舟达里诺尔湖,一条巨鱼突然泛浪跃出水面,顺帝大受惊吓,从此终日惶惶,最终得病死去。元顺帝死后,太子爱猷识理达腊继位,史称北元。若干年后,清康熙帝驾临达里诺尔湖,见一鱼在湖中游荡,巨大的鱼翅掀起海浪,遮天蔽日。康熙言:"湖太小了,缘何不翱翔九霄。"鱼听此言遂借风势而遨游苍穹,降落于阿斯哈图石林的山巅之上,幻化成"草原鲲鹏"。有诗云:鲲鹏本应在西天,为何万里落草原。风光旖旎美如画,占据山巅不思还。鲲生于水,化而为鹏,借于风,发于力,翱翔九天,岁月蹉跎,沧海桑田,鲲鹏展翅同风起,扶摇直上九万里。今天的存在,正是历史的延续,草原鲲鹏是阿斯哈图石林发展史的化身,也象征着克什克腾如草原上的鲲鹏,蒸蒸日上,大展雄姿。

各位团友,后面还有草原石城和草原石堡景点,大家在参观后,到观光车乘车点按时返回。

视频:秋韵阿斯哈图

拓展阅读

阿斯哈图石林景区官网

本章小结

内蒙古自治区自然旅游资源丰富,"山水林田湖草沙"自然生态系统完备、类型较为齐备,代表性的森林、草原、沙漠旅游资源类景区须导游员重点掌握,这些也是内蒙古最具吸引力的依托性旅游资源和导游工作中最常游览的目的地。在自然旅游资源正在向休闲、度假方向转变的时代背景下,导游员在关注景观、景区的同时,更应关注旅游线路与产品,在工作中了解旅游者兴趣点,以确定是在相同主题下加强游览体验深度,还是调节不同景观类型的差异性,抑或调节游览的速度节奏。

自然资源旅游景区游览中,导游员应在讲解中突出资源与景观独特性、代表性,以及和同类其他资源的比较差异,加强其同当地风物传说、民俗风情的结合。内蒙古自治区地域广阔、自然旅游资源差异较大,但游览受季节性影响较为明显,通过引导旅游者审美和想象,为旅游者展现四季美景、全域景观,为旅游者树立"壮美内蒙古 祖国正北方"的旅游形象,也为进一步吸引旅游者再次游览打下良好基础。

导考面试考点

自然资源类旅游景区是内蒙古自治区考生在面试环节的重点、难点,地域广阔前提下,考生难以对区内所有景区进行深入了解。需要在对全区自然资源景观分布及特点充分了解的前提下,对各区域代表性景区尤其是当年大纲公布的景区进行重点掌握。对景区的级别、区位、体量、内部分区与线路情况、代表性旅游景观特色、自然景观成因等进行重点介绍,穿插结合当地人文风情,运用"触景生情""虚实结合"等导游讲解方法,提升自然资源类旅游景观游览的趣味性。

思考题

1. 假设你接待一个来自四川的旅游团队,将要在内蒙古开展为期一周的草原、沙漠生态主题旅游,请自行设定游览区域,并结合所学内容,开展约8分钟的行程介绍,讲解内容应包含所要游览景区的基本情况。

2. 了解黄河流经的省份、内蒙古自治区境内黄河各盟市基本情况,梳理总结沿黄河周边自然资源类旅游景区,组织一条黄河景观主题游旅游线路,并作简介。

第四章

人文资源类旅游景区讲解示例

学习目标

了解内蒙古自治区人文旅游资源整体情况,熟悉各盟市(区域)代表性人文旅游资源及其特点,以重点人文旅游景区讲解能力掌握为基础,通过本章内容的学习,根据导游讲解场景需求,能够综合运用相关知识和多样的导游讲解方法,介绍内蒙古自治区主要的人文旅游资源与代表性人文旅游景观、知名历史人物、常用民俗文化,在文化与旅游融合发展中,突出地区历史文化积淀,以代表性的区域民俗文化旅游活动、非物质文化遗产等,宣传和弘扬优秀民俗文化,传播与增强文化自信。

第一节 内蒙古人文旅游资源及概况

学习引导

导游讲解是导游员与旅游者之间文化互动交流的活动过程。系统掌握区域人文旅游资源,能够博古通今的导游讲解,将资源实体与无形文化形成良好融合互动,是增加景观吸引力,提升旅游资源品质,强化旅游者感知的重要的手段。"新时代"背景下,文化与旅游融合不断深入,导游讲解应在彰显自治区民族和谐

繁荣发展背景下,以弘扬中华优秀传统文化、革命文化、社会主义先进文化思想为指导,以中华民族共同精神文化引领为目标,进行导游讲解。同时,应注重导游讲解的目标针对性,根据年龄、职业、文化背景等旅游者主体差异,调整导游讲解的重点内容、讲解方式与技巧。具体导游讲解中,应注重交代历史文化背景与年代沿革、主要人物、资源地位与影响力等要素,注重梳理讲解主线;导游讲解方法中,重点交代人名、地名、景观名、年份与年代等信息,以便旅游者能够良好理解导游讲解内容。

一、历史文化悠久,人文遗存丰富

内蒙古区域辽阔壮丽的山河孕育沉淀了深厚的历史文化,早至考古发现的旧石器时代"大窑文化",表明这里是我国早期人类活动的重要地区。各民族在这片土地上生息、繁衍、交融、迁徙,在政治、经济、文化等多方面的碰撞与交往中,书写了灿烂的历史,留下了丰富的文化遗迹。

"长城"——中华民族代表性符号,而内蒙古则是我国长城资源富集区,贯穿东西分布着自战国(战国赵、战国燕、战国秦)、秦、西汉、东汉、北魏、北宋、西夏、金、明等9个历史时期11个政权修筑的长城遗迹,共7570千米。内蒙古长城资源的空间分布范围较广,涉及历史时代较多、工程规模较大,分布的地理区域较为多样、历史内涵丰富。

虽没有江南水乡的秀美小镇,但内蒙古却有着记录了沧桑历史的古城、古道。额济纳黑城-弱水金沙湾旅游、世界文化遗产元上都遗址旅游区吸引无数游客寻古访幽,定远营古城今日有了新的繁华景象;南起云阳县(今陕西省淳化县)北至九原郡(今巴彦淖尔市乌拉特前旗)的秦直道,为昭君出塞提供了一段快速而平坦的道路。依托秦直道建成了现今的东联动漫城旅游区。茶马古道,在内蒙古多个城市留下了历史的印记,莫尼山非遗小镇向游客诉说着这条古道的故事。

知名人物纪念场馆、祭祀场所、宗教遗存地,也为现代文化旅游发展提供了良好的依托。成吉思汗陵旅游区、昭君博物院、孝庄园旅游区等景区,讲述着这片土地上曾激荡的草原风云;大召历史文化旅游区、美岱召旅游区、五当召旅游区、召庙景区、贝子庙景区、南寺生态旅游区等,记录了藏传佛教同民俗文化融合的宗教文化。

作为中华人民共和国成立后的第一个少数民族自治区,内蒙古自治区红色旅游发展快速。满洲里市中俄边境旅游区、世界反法西斯海拉尔纪念园、兴安盟"一馆十址"、麦新烈士纪念馆、乌兰夫故居与纪念馆旅游区、北方兵器城、集宁战役红色纪念园、城川红色文化旅游区、东风航天城等革命历史文化景区,是党史、国情、爱国主义教育的重要场所。

内蒙古历史文化遗存众多，无法一一列举，古塔、口岸、关塞，以及各类文博场馆，都记述着内蒙古这片土地上的历史文化传承与发展。

二、民俗风情浓郁，文化繁荣和谐

"中国自古以来是一个多民族国家，中国的历史文化是由中华民族的各族人民共同创造的。"[1]这一点，在内蒙古地区体现尤为明显。而区域文化发展历史为内蒙古留下了浓郁的民俗风情，也造就了内蒙古众多的民俗风情与文化类旅游景区。

与自然景观完美结合的民俗风情旅游景区众多，敕勒川草原文化（哈素海）旅游区、拓跋鲜卑历史文化园、中国达斡尔民族园、金帐汗部落旅游区、巴尔虎蒙古部落、敖包相会可汗山草原旅游景区、成吉思汗察罕苏力德游牧生态旅游区、敖鲁古雅使鹿部落、中科丽丽娅俄罗斯文化旅游区等不胜枚举，给予旅游者多样的民俗风情体验。

以蒙古族为代表，"三少民族"为突出特色的民俗风情也是吸引旅游者的重要因素。具有代表性的国家级非遗项目丰富，例如有蒙古族的那达慕、祭敖包、搭建蒙古包、呼麦、长调、马头琴、安代舞；三少民族的桦树皮制作技艺、鄂温克驯鹿文化、达斡尔乌春（乌钦）、鄂伦春赞达仁等。内蒙古各民族文化多元共融、百花齐放，在各民族间的交往中交叉融合，并不断发展。

三、牧业优势明显，现代产业发展

内蒙古自治区作为中国的传统畜牧业大区，具有天然的牧场资源和马种培养历史。截至2018年底，内蒙古自治区草场面积达8800亿平方米，马匹存栏量达84.8万匹，位居全国第一。"蒙古马"作为优秀马种的代名词，也是一种"吃苦耐劳、一往无前"的精神凝结。随着现代马产业的快速发展，一批以弘扬"蒙古马精神"、培育优良马种、发展现代马产业的新型旅游景区涌现。代表性的有奥威马文化生态旅游区、中国马都核心区文化生态旅游区、内蒙古自治区赛马场、皇家御马苑旅游景区等，锡林郭勒盟规划了"两都马道（元上都-中国马都）"。

除传统马产业在文化旅游产业发展带动下呈现新的融合发展业态外，以现代工业与畜牧产品为代表的"旅游+"发展迅速。在乳业工业旅游方面，乳都科技示范园、蒙牛工业旅游景区领衔行业发展，以生态建设为主业的蒙草·草博园、蒙树生态科技园环境宜人，还有包钢工业旅游景区、鄂尔多斯羊绒工业旅游区、河套酒业工业旅游区、北方兵器城等一批区域代表性工业企业，通过文化旅游有效传播了区域与企业品牌影响力。此外，还有梦想沙漠汽车航天乐园、康巴什赛车小镇等，具有知名影响力的新业态旅游景区快速发展。

---

[1] 林干.中国古代北方民族新论[M].呼和浩特：内蒙古人民出版社，1993.

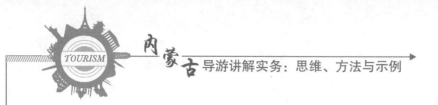

第二节　名人遗迹与文博场馆旅游景观

学习引导

良好把握宗教、祭祀与文博场馆讲解主线的精神和文化亮点,是导游讲解的首要原则,内蒙古自治区文化积淀厚重,在漫长的历史演进过程中,民俗文化同宗教、宗族等精神文化在断续交织,部分人物、事迹在民间流传过程中存在被过度美化、讹传,甚至趋向神话化的现象。这样的历史背景下,既催生出相应的文化艺术、人文遗迹和民间习俗,也为当今文化旅游发展留下了丰富的财富。导游人员应首先学习掌握国家民族宗教政策,自身要树立良好的世界观、民族观、宗教观,以及正确认知宗教祭祀类文化传播现象。在准确把握艺术文化审美、民间美好愿望与史实的关系,尊重民俗信仰的基础上,围绕社会主义核心价值观,坚持统一多民族国家观,进行相应的导游讲解。同时,由于本类别旅游资源景观的特殊性,需要对现场应有的气氛和相关注意事项,尤其是禁忌事项进行提前告知。

一、成吉思汗陵旅游区

(一)景区简况

成吉思汗陵旅游区,位于鄂尔多斯市伊金霍洛旗,是成吉思汗灵魂长眠之地,陈列着成吉思汗的"八白室"(即八个蒙古包)及一些用品。成吉思汗陵旅游区主体分两大核心区域,即成吉思汗文化旅游区和成吉思汗陵园祭祀区。文化旅游区主要以现代写实的展示方式,以磅礴的气势展示了成吉思汗一生的戎马生涯;陵园祭祀区以庄严肃穆的整体氛围展示成吉思汗的生前用品,为民众缅怀成吉思汗提供了一处精神寄托之所。成吉思汗陵旅游区是全国文物重点保护单位、国家文化产业示范基地、国家5A级旅游景区、内蒙古龙头旅游景区。

(二)沿途讲解

各位团友,今天我们将要游览的是"一代天骄"成吉思汗的长眠地——成吉思汗陵。成吉思汗陵位于鄂尔多斯市伊金霍洛旗。这家5A级旅游景区是内蒙古重要的文化型旅游景区,也是大家此次内蒙古之行的一个重要景点,但先要说明的是,这样一位世界名人的陵墓,却没有成吉思汗的遗体,这里只是陈列了他生前所居住过的八座蒙古包,被称为"八白室"。那么大家可能就会有这样一个疑问,既然没有遗体在这里安放,那怎么能叫成吉思汗陵?他的真身又葬在了哪里呢?

先别急,大家认真听,我的讲解会慢慢回答这个问题。目前,中国历代的皇陵,如秦朝、汉朝、唐朝、宋朝、明朝、清朝的皇陵都已经找到,部分陵墓已经开掘,唯独没有发现元朝的皇陵。而且,元朝10个皇帝,却没有一座皇家陵墓。不仅如此,连元朝的王公贵族的埋葬地也鲜有发现。这要归结于一种神秘的葬俗,叫"深葬秘葬制",即帝王陵寝的埋葬地点不立标志、不公布、不记录在案。所以,自明代以来,关于成吉思汗陵和元代帝王陵的确切位置,就一直是人们探寻的热点。尤其是学术界,对成吉思汗陵寝的具体位置有多种说法,如有在鄂尔多斯高原之说、有在蒙古国境内的肯特山之南之说、有在阿尔泰山等说法。既然是秘葬,不立标志、不公布、不记录在案,那么,种种正史、野史的记载自然可信度都不大,大多数属传说、推测,甚至是捕风捉影而已。

成吉思汗于1227年在征战途中病逝于现宁夏回族自治区六盘山一带,但史料记载的死因不详、众说纷纭。据明代人叶子奇的《草木子》一书记载,成吉思汗秘葬后,在秘葬之地杀死一峰小骆驼,这时,陪伴这峰小骆驼前来的母骆驼就会十分悲痛地号叫。人们利用骆驼的特殊记忆力记住这个地点,第二年来祭祀的时候,把这头母骆驼牵来,"视其踟蹰悲鸣处",也就是在小骆驼被杀的地方号叫而不前进。这样,前来祭祀的人就能找到墓葬的确切地点。假设记载是真实的,但骆驼的寿命是有限的,那么随着战争、迁移等各种因素的影响,这个记忆的标志也慢慢消失了。因此,真正的成吉思汗真身葬于何处,也就无人知晓了。

但我们又提出了另一个问题,成吉思汗陵最终为什么选于鄂尔多斯伊金霍洛旗这片土地上呢?如果仅仅是衣冠冢,那是不是可以迁至其他地方去呢?这里我们再提到这样一个流传在鄂尔多斯高原上的美丽的传说。成吉思汗率领军队西征西夏时,路经鄂尔多斯草原的包尔陶勒盖,目睹这里水草丰美、花鹿出没的美景,十分陶醉,留恋之际失手将马鞭掉在地上,随从要拾马鞭时,被成吉思汗制止。大汗有感而发,吟诗一首:"花角金鹿栖息之所,戴胜鸟儿育雏之乡,衰落王朝振兴之地,白发老翁享乐之邦。"并对随从说:"我死后可葬此地。"成吉思汗在六盘山逝世后,属下准备将他的灵柩运回蒙古故地安葬,但灵车路过鄂尔多斯草原时,车轮突然深陷地里,人架马拉也纹丝不动。这时,大家想起了成吉思汗生前的话,于是,就地将成吉思汗安葬在了鄂尔多斯草原上,并留下500户"达尔扈特"人守护。

日本侵略中国时,为保护成吉思汗陵寝,当时的国民党政府于1939年把成吉思汗灵柩先后迁移到甘肃榆中县兴隆山、青海省湟中县塔尔寺,使成吉思汗陵免于被破坏。1954年,中华人民共和国的中央政府将成吉思汗的灵柩移回鄂尔多斯,在伊金霍洛旗重新修建了成吉思汗陵园,并将散落在各地的成吉思汗遗物逐步集中到了成吉思汗陵园。现在,成吉思汗陵还分别陈列着成吉思汗的夫人、胞弟以及成吉思汗第四子拖雷和其夫人的灵柩。

在众多的蒙古族同胞的心中"鄂尔多斯的成吉思汗陵永远是一处圣地。"他们甚至不赞成寻找成吉思汗秘葬地,并认为没有必要寻找新的成吉思汗陵。他们希望自己的祖先们可以有一方净土安息。不仅是成吉思汗,元朝所有的皇帝都是秘葬的。

位于中国内蒙古自治区鄂尔多斯市伊金霍洛旗的成吉思汗陵,一直是世人公认的成吉思汗的陵地,几百年来,人们在这里进行公祭活动,国内外的蒙古人每年也都到这里来进行祭祀。成吉思汗陵,无疑是不可替代的成吉思汗祭祀地。这里的成吉思汗陵不仅仅是保存成吉思汗及其家族遗物的地方,最重要的是成吉思汗的英灵所在地。这里保存有吸收成吉思汗先祖最后一口气——也就是灵魂的驼毛。所以,成吉思汗陵是祭奠先祖灵魂的权威陵地。

（三）成吉思汗文化旅游区讲解

各位团友,请大家先到景区全景游览图前集合,我先给大家介绍一下成吉思汗文化旅游区的整体布局和接下来的游览路线(介绍景区布局、游线、时间和注意事项)。

来到成吉思汗文化旅游区,首先映入我们眼帘的是宏伟、壮观的"气壮山河"入口门景,由高21米的成吉思汗手持苏勒德的跃马柱型雕像、左右分别为高18米和16米的山岩石壁、底部三层27级台阶、西边与山峰连接的丘陵式墙壁等组成。门景主体建筑是成吉思汗震撼世界之伟大壮举的缩影。由入口门景往北延展的大道就是成吉思汗圣道和风景道。我们可以沿着吉祥的成吉思汗圣道和风景道参观各个景点,最后到陵宫,拜谒成吉思汗陵。

穿过"气壮山河"门景,展现在大家眼前的就是壮观的"铁马金帐"群雕,是世界上唯一完整展示成吉思汗军阵行宫的大型实景雕塑群,每个雕塑高达4米,用铸铁铸成,包括385尊雕像、5座金帐。雕塑群最中心这座成吉思汗大鄂尔多(大帐),直径13米,有22头牛拉车。雕塑群以恢宏的气势生动地再现了成吉思汗率蒙古大军出征时的情景。

大家继续沿路前行,看到的是以休闲广场形式所表现的亚欧版图。亚欧版图广场占地面积10000平方米,版图四角设有观图台,大家可以登上观图台,观看一下这个民族大融合大发展时期的版图情况。亚欧版图广场以高低错落和几种不同颜色表现出从大蒙古国至元朝时期的疆域版图,包括中国本土以及横跨亚欧的四大汗国,是中国历史上最大的疆域版图。在亚欧版图广场四角的石壁上分别雕刻着主题为"民族的希望""敞开的国门""繁荣的大地"和"吉祥的草原"组画。

穿过亚欧版图广场,我们现在要进入的是蒙古历史文化博物馆,这座博物馆在空中可以看出是以蒙古文成吉思汗的"汗"字为造型设计的。蒙古历史文化博物馆分九个展厅,陈列了三部分内容,即"悠久的历史,英雄的民族""苍茫的草原,灿烂的文化""不朽的业绩,永存的丰碑"。这三部分内容突出了蒙古族的社会文化、成吉思汗的丰功伟绩和鄂尔多斯历史文化。博物馆内展有206米长的巨幅油画,还设有历史文化研究机构,使博物馆成为独树一帜的专门研究、陈列蒙古历史文化的博物馆。

大家参观了蒙古历史博物馆后,就来到了成吉思汗中心广场,这里是整个景区的次高点。广场周围的台阶由六大六小平台和台阶组成,即每六级台阶上面有一个小平台,共六个小平台,象征一代天骄成吉思汗享年六十六岁。广场中央屹立着两块高大的丰碑,记载着成吉思汗戎马生涯的一生。从中心广场到成吉思汗陵宫的圣道两旁的青松翠柏间竖立着数十个高大的雕塑,这些雕塑为蒙古人崇拜的神兽雕像和成吉思汗的大将等人物雕像,这些雕像栩栩如生,仿佛是成吉思汗的卫士,威风凛凛地守卫在圣道两旁,将圣道衬托得庄严肃穆。

好了,那成吉思汗文化旅游区的游览就暂时告一段落,大家随我前行,乘坐电瓶车前往成吉思汗陵园祭祀区继续参观游览。

(四)成吉思汗陵祭祀区讲解

各位团友,现在我们位于成吉思汗陵园祭祀区的大门口,大家在游览结束后在左手边的出口处集合。

大家现在随我进入景区,面前的这座以蒙古民俗雕刻图案装饰的乳白色的牌楼正中,悬挂原国家副主席乌兰夫题写的"成吉思汗陵"石雕牌匾。

成吉思汗陵是从窝阔台汗13世纪30年代为其父汗建造的四白室演变而来的。到了元世祖忽必烈时期,祭奠成吉思汗的灵室也由最初的四白室(四座白色的毡帐)发展成为八白室(八座白色的毡帐),对成吉思汗的祭祀仪式也已制度化和规范化。后将象征成吉思汗灵魂的灵柩、画像和遗物等安放在宫帐内,进行供奉,随着成吉思汗几位皇后的去世,祭祀内容逐渐增多。

成吉思汗铜像广场,象征蒙古人所信仰的长生天,寓意着天地恩赐于世间的博大福禄。

广场正中竖立着高大的成吉思汗出征铜像。这座铜像,反映成吉思汗当年征讨西夏途经鄂尔多斯时留下的美好故事。西征途中,成吉思汗赞美这里为"梅花鹿儿栖身之所,戴胜鸟儿育雏之乡,衰落王朝振兴之地,白发老翁享乐之邦"。

据诸多文献资料记载,1227年,成吉思汗驾崩后,正当众人奉其灵车行至木纳呼格布尔(即今鄂尔多斯)时,突然车轮陷进泥泽里,深达辐轴而移动不得,套上各色骏马都拽不出。从而,成吉思汗曾经赞美的这一地方,"营造了万世的陵寝,作了大宰相们的佑护,成了全体民众的奉祀之神,建筑了永世坚固的八白室",即成吉思汗陵。

通往成吉思汗陵宫的宽敞整洁的台阶式步道。步道每段以九级台阶，共九十九级台阶组成。

蒙古族将九看作是吉祥的数字，并把九十九看作最大数字。

以蓝天绿草之间巍然屹立的具有蒙古族传统建筑风格的三座相连接的金碧辉煌的陵宫大殿，就是成吉思汗陵宫。乳白色的墙壁，朱红的门窗，金黄宝顶、蓝色的云图，辉煌夺目，独具特色。成吉思汗陵宫不仅保留了草原蒙古包和成吉思汗八白宫的形状特点，而且结合了多民族建筑风格，成为具有现代民俗风情的代表性建筑。

成吉思汗陵宫由正殿、后殿（寝宫）、东殿、西殿、东西展厅等六部分组成。金碧辉煌的成吉思汗陵宫，像一只展翅飞翔的雄鹰，象征成吉思汗不怕艰难、勇往直前的精神，展现广袤草原上的帝王陵雄姿。

成吉思汗陵宫，是陵园的核心。这里安放着成吉思汗八白宫（室），是举行成吉思汗祭祀的神圣地方。在正面中央有一尊高达4.3米的成吉思汗汉白玉雕像，再现了"一代天骄"的光辉形象。

成吉思汗陵宫西殿供奉着成吉思汗八白宫（室）组成部分吉劳（鞍辔）白宫、胡日萨德格（弓箭）白宫和宝日温都尔（圣奶桶）白宫。

吉劳白宫内供奉着成吉思汗金马鞍。每逢大祭的日子，马鞍将会备在成吉思汗乘骑的两匹银合骏马上，供人们朝拜。成吉思汗马鞍是蒙古族历史上的文物珍品。

胡日萨德格白宫里供奉着成吉思汗的弓箭。弓箭是古代蒙古人最擅长的兵器，特别是民众把成吉思汗用过的弓箭视为圣物，成吉思汗逝世后将其珍藏在八白宫，一直供奉至今。

宝日温都尔白宫里供奉着圣奶桶。成吉思汗当年在客鲁伦河畔祭洒九十九匹白骒马乳汁，举行盛大的祭天仪式时就用了这一奶桶。从此，这一奶桶就成为圣物，被人们供奉。并且，此后每年农历三月二十一这一天举行盛大的传统"查干苏鲁克大祭"。每逢查干苏鲁克大祭，将奶桶搬到外面大祭场地，盛满马奶，祭祀苍天。这只用檀香木制成的圣奶桶，是成吉思汗的圣物，供奉在白色宫帐内，世代相传。

成吉思汗陵宫后殿为祭祀大殿。这里安放着三顶灵包，供奉着成吉思汗及几位皇后灵柩。这三顶灵包是成吉思汗八白宫（室）的主要组成部分。其中间的大灵包内安放着成吉思汗和原配夫人孛儿帖格勒真皇后的灵柩，左边灵包内供奉着忽兰皇后灵柩，右边灵包内供奉着"准格尔伊金"皇后灵柩。成吉思汗及其夫人灵包和灵柩，由守灵人一直保护至今。

在祭祀大殿南墙正中有一幅珍贵的成吉思汗黄金家族彩色壁画。这幅画被称之为"成吉思汗家族图"，原图是在蒙元时期绘制的，其原稿在成吉思汗灵柩里珍藏了几百年。这一珍品真实地记录了十三世纪成吉思汗黄金家族，为研究蒙古民俗与历史文化提供了极为珍贵的资料。

祭祀大殿墙壁上挂有用十三世纪回纥蒙古文书写的成吉思汗祭文浮雕，营造了古朴典雅的氛围。

成吉思汗陵宫东殿里安放着成吉思汗"溜圆白骏"神马白宫和商更斡尔阁（珍藏）白宫。这两座宫帐也是成吉思汗八白宫的组成部分。"溜圆白骏"神马白宫里供奉着"溜圆白骏"神马的塑像，其真马就在陵园内活动，只有每年农历三月二十一查干苏鲁克大祭那天拴在金马桩，供人们膜拜、祭祀。"溜圆白骏"，是成吉思汗所供奉的神马，一代代传承至今。商更斡尔阁白宫作为珍藏室，存放几百年来为供奉八白宫敬献的大量金银器皿、祭祀用具，金银财宝和蒙古族珍贵的历史文献巨著及有关成吉思汗祭奠的各种书籍。成吉思汗祭祀文献纯金版《成吉思汗金书》，就珍藏在这里。

成吉思汗陵寝宫西侧是著名的苏勒德祭坛。苏勒德祭坛是安放、祭祀成吉思汗苏勒德（纛，音"dào"）的地方。成吉思汗哈日苏勒德（黑纛），以主苏勒德和四柄陪苏勒德组成，因而也称"四斿（liú，同'旒'：古代旌旗下边或边缘上悬垂的装饰品）哈日苏勒德"。祭坛上竖立的苏勒德矛头，用九十九匹公马鬃制成的苏勒德的缨子，随风飘动，显示着成吉思汗当年震撼山河的英雄气概。

哈日苏勒德，是成吉思汗所向无敌的战神，成吉思汗勇往直前精神的象征和压倒一切邪恶的力量的象征，也是平安吉祥的保护神。

关于成吉思汗哈日苏勒德，也有个古老的传说。成吉思汗在一次战争中失利后，万般无奈，取下马鞍，朝天捧着，跪拜长生天，大声疾呼："长生天啊，救救我吧！"突然，空中一声巨响，降下一柄神矛，落在枝叶横生的大树上。成吉思汗命大将木华黎取下来，许下诺言："准备一千匹驿马护送，用一万只全羊供奉！"遂将剪下九九八十一匹枣骝公马鬃，编成缨子，将神矛装饰起来。一万只全羊一时来不及凑足，就用九九八十一只全羊供奉。并许下诺言，不足部分由长生天差下的苍狼到我的蒙古人的畜群里如数捕捉。从此，成吉思汗高举苏勒德，南征北战，所向无敌，百战百胜。

祭坛上除安放成吉思汗四斿哈日苏勒德以外，还安放着大蒙古国的阿拉格苏勒德（花纛）。

苏勒德祭祀，与八白宫的祭奠一样，在长期的历史中形成了一整套祭祀礼仪、祭祀制度和祭祀程序，世代相传。

成吉思汗陵宫大院东南、西南两角，有两座碑亭，亭里立着高大的石碑。亭里竖立着高大的石碑，碑座为莫大的石龟。其中一座为"成吉思汗"碑，另一座为"成吉思汗陵"碑。用蒙汉两种文字刻雕的碑文，概括地介绍了成吉思汗艰苦创业的戎马生涯和成吉思汗陵经历几个世纪变迁的沧桑历史。

此外在成吉思汗陵宫区还有额希哈屯祭祀殿、哈撒儿宫帐、别里古台宫帐、拖雷伊金宫帐。

在景区东侧还有著名的阿拉坦甘德尔敖包。阿拉坦甘德尔敖包,是古人为纪念成吉思汗掉马鞭而设立。当年,成吉思汗率军路过鄂尔多斯,目睹这里水草丰美,是一块风水宝地,留恋之际,失手将马鞭掉在地上。人们为纪念此事,便设立了敖包。成吉思汗陵园建立后,每年农历三月二十一的查干苏鲁克大祭祭天仪式都在这里举行。

各位团友,大家可以自行游览一下周边其他区域,30分钟后我们在之前看到的景区出口处,我持导游旗等待大家前往下一景点。

拓展阅读

成吉思汗陵旅游区官网

景区导览

成吉思汗陵旅游区导览图

知识链接

守陵部落"达尔扈特"与成吉思汗陵祭祀

二、昭君博物院

（一）景区简况

昭君博物院地处呼和浩特市南郊大黑河畔，是以王昭君墓为核心保护区的基础上发展起来的，从二十世纪八十年代至今，由内蒙古自治区、呼和浩特市人民政府四次对王昭君墓的文化内容进行了大规模提升和改造，打造的大型民俗历史文化型旅游景区。景区总占地面积约683亩，主要由昭君博物馆区、陵寝区和游园区三个主体部分组成，以"昭君出塞"的历史文化为主线，以和亲、和平、和谐、和睦的理念进行整体设计。景区全面展示了草原游牧民族"匈奴"的辉煌历史和灿烂文化，形象地展示了民族团结的友好使者王昭君的成长历史和出塞和亲的历史贡献。昭君博物院目前为国家4A级旅游景区、国家级重点文物保护单位、全国民族团结进步教育基地。

（二）沿途讲解

各位团友，接下来我们要参观的景点是"昭君博物院"，这个景区是以中国古代四大美人之一"王昭君"的长眠地——昭君墓为核心不断发展建设而成的历史文化型旅游景区。大家都知道王昭君有着"落雁"之美，但大家是否知道她"出塞和亲"的情况和历史贡献呢？以及为什么这样的美人没有留在汉宫中而成了和亲的使者呢？想知道这些情况，大家就先了解一下王昭君本人以及她出塞和亲的背景。

王昭君，姓王，名嫱，字昭君，西汉南郡秭归县人氏，也就是今天的湖北省宜昌市兴山县宝坪村。公元前37年汉元帝广选天下美女，昭君以"良家子"选入掖庭，所谓"良家子"指的是非医、巫、商贾、百工出身的人。"掖庭"就是后宫，昭君入掖庭后级别是"待诏"，"待"是等待的意思，"诏"是召见的召加一个言旁，从字面理解是等待召唤的意思，也是宫女地位中比较低的。那么,大家知道,汉朝一直同当时强大的匈奴处于势力的此消彼长过程中。到了汉宣帝在位的时候,是汉朝较为强盛的一个时期。这时,匈奴内部出现权力争斗而势力衰落,以至于匈奴发生分裂,出现"五单于并立"的局面。其中呼韩邪单于(名稽侯珊)被他的哥哥郅支单于打败了。呼韩邪虽然在军队实力上略逊一筹,但在军事战略上他确有着出色的军事谋略,他想到了借助外部力量强大自己消灭竞争对手,于是他便亲自带着部下来朝见汉宣帝。呼韩邪是第一个到中原来朝见的单于,汉宣帝像招待贵宾一样招待他,亲自到长安郊外去迎接他,为他举行了盛大的宴会。呼韩邪单于在长安住了一个多月,并请求汉宣帝帮助他回去。汉宣帝派了两个将军带领一万名骑兵护送他回到了漠南,同时还送去三万四千斛粮食。呼韩邪单于十分感激,一心和汉朝和好。西域各国听到匈奴和汉朝和好了,也都争先恐后地同汉朝打交道。

汉宣帝去世后,汉元帝继位。没几年,匈奴的郅支单于侵犯西域各国,还杀了汉朝派去的使者。汉朝便派兵击杀了郅支单于,郅支单于一死,呼韩邪单于的地位更加稳固了。公元前33年,呼韩邪单于再次到长安,并称"婿汉室以自亲"(做汉室的女婿)。汉元帝同意了他的请求。讲到这里大家应该能够了解到,这时汉朝势力强盛,不需要真正挑个公主或者宗室的女儿嫁给呼韩邪,于是,汉元帝吩咐人到后宫去传话:"谁愿意到匈奴去的,皇上就把她当公主看待。"但要离开繁华的长安,去往遥远的塞外,却几乎无人愿意。此时,入宫已久的王昭君,"入宫数岁,不得见御",也就是连见到皇帝的机会都没有。于是,王昭君毅然报名,自愿到匈奴去和亲。呼韩邪单于和王昭君向汉元帝谢恩的时候,汉元帝才看到美丽又大方的王昭君,虽然舍不得,但也为时已晚了。那么如此美丽的王昭君为什么一直没能得到皇帝的召见?我们到了景区之后再给大家讲解。

汉元帝为了纪念昭君与呼韩邪单于和亲而把年号改为竟宁元年。王昭君远离自己的家乡,长期定居在匈奴。她劝呼韩邪单于不要去发动战争,还把中原的文化传给匈奴。从此以后,匈奴和汉朝和睦相处,有六十多年没有发生战争。这样,大家就了解了,王昭君不仅是拥有美貌,更具有美的心灵,也为民族和平做出了突出的历史贡献。让我们带着对她的崇敬来开始我们的昭君博物院之旅吧。

(三)景区讲解

各位团友,我们现在便来到了昭君博物院门前,整个景区以王昭君墓为核心(见图4-1),从二十世纪八十年代至今,四次对王昭君墓的文化内容进行了大规模提升和改造。在1986年以前,这里只是一座巨大的衣冠冢,人们自发地来到这里纪念昭君,也有少量的民间文化活动。1986年、1997年、2006年和2015年分别对景区进行了四次提升建设。景区总占地面积约683亩,主要由昭君博物馆区、陵寝区和游园区三个主体部分组成。

1. 昭君博物馆区

大家眼前这座像两座金字塔的建筑区域,便是昭君博物馆区。这个区域地上二层,地下

图 4-1 昭君博物院鸟瞰　　　　　　　　　　扫码看彩图

一层,建筑高度 14.5 米,包括展厅、互动厅、接待厅、库房、票务大厅、观景平台等,由中国建筑设计研究院团队,仿造西汉建筑规制进行设计。整个建筑由中央连廊衔接而组成一个"和"字形,采用土木和新型材料相结合,突出艺术表现力,这是目前世界上第一座表现匈奴文化的博物馆。

博物馆内地上二层分东西两个展区,西区为匈奴历史博物馆,东区为昭君出塞陈列馆。我们由昭君出塞陈列馆开始参观,这个陈列馆分为五个展区:故里闺中、汉宫岁月、草原春秋、青冢史话、千古流芳。

第一部分,"故里闺中"以"昭君故里"建筑复原场景,向观众直观介绍了昭君故里人文景象。展厅内并列两通石碑,大家看一下,石碑上所刻的字,一通为"楚大夫屈原故里",另一通为"汉昭君王嫱故里",至今兴山县昭君故里还并排矗立着这两通石碑。这二位名人,都出自湖北省宜昌市。展墙内容主要展示了兴山县、昭君村、香溪河等展板图片,直观地再现了昭君故里人文环境。

第二部分,"汉宫岁月"展示了王昭君约十七岁开始,从秭归县来到汉长安以良家子成为汉宫待诏,到"出塞"时期的历史场景。我们来重点看一下这副大型创作油画"昭君出塞图"。这幅油画是以当时是汉匈的分界线"阴山山脉"作为背景来体现昭君出塞这一历史事件。我们看到昭君出塞时的和亲队伍非常庞大,队伍中有许多工匠、侍女和随从跟随王昭君前往匈奴。而另一支队伍便是匈奴族的迎亲队伍,他们正在接受汉朝馈赠的陪嫁物品。那么,昭君出塞时所经的是什么路线呢?据学者推测,昭君出塞时所经路线是秦直道,即从汉都长安

(今陕西西安市)出发,先过左冯翊(在长安东北),然后经北地(今甘肃庆阳市),上郡(今陕西榆林县)、西河(今内蒙古东胜区),朔方(今内蒙古杭锦旗),而至五原(今内蒙古包头市)。以上各地均以当时郡治为准(见《昭君出塞路线示意图》)。过了五原之后向西行,至朔方潮,临河区(今内蒙古临河区东北,靠近乌加河南岸),渡北河(今乌加河),向西北方向出高阙(今石兰计山口),越过长城,此时便离开汉地,进入了匈奴管辖的地区。进入匈奴草原之后,要到达漠北的单于庭(今蒙古国首都乌兰巴托附近),呼韩邪与昭君一行,沿阴山东麓前行,再越过一个小型沙漠的南缘向西,共历时七个多月进入今蒙古国境内后辗转到达单于庭。回顾"昭君出塞"的这条路线,一条昭君路,连接两条母亲河,这既是一条民族团结之路,也是中原农耕民族同北方游牧民族文化交融之路。今天来看,这条路线同"万里茶道"有很大一部分重合,因此,这也是一条经济交流的重要通道。

第三部分,"草原春秋"展示了王昭君及其后人,为汉匈和平所做的历史贡献。由于匈奴没有文字,所以昭君出塞以后的事迹文献史料记载甚少,但是从大量的历史遗迹来看,昭君在漠北与匈奴人一起生活得很融洽,深受匈奴人民爱戴。呼韩邪单于去世后,王昭君又"从胡俗",再嫁给了呼韩邪单于的长子,虽然这和中原的伦理观念相抵触,但她从大局出发,珍惜汉与匈奴的友谊。本厅主要以油画形式,展现了"(昭君出塞)长城晏闭,牛马布野,三世无犬吠之警,黎庶无干戈之役"的和平局面。

第四部分,"青冢史话"主要展示了昭君博物院的核心"昭君墓"的情况。第五部分,"千古流芳"主要展出了历史文人墨客咏颂昭君的诗文、戏曲、绘画和文学作品,以及各类展现昭君文化的民间藏品。

大家随我再来到匈奴历史博物馆,本馆分为四个展区:匈奴的兴起、匈奴与中原、匈奴的西迁、匈奴的经济与文化。第一部分,匈奴的兴起展厅,展示了匈奴于公元前4世纪左右崭露头角,到公元前3世纪开始成为北方强大游牧部落的过程。匈奴诞生于今天的内蒙古阴山一带,其后逐渐发展到大漠南北,是我国第一个建立起国家的边疆民族。匈奴活跃于我国北方长城沿线,考古发现的"鄂尔多斯青铜器"是以戎、狄、匈奴为代表的中国北方地区游牧民族的文化遗存,是中国青铜文化的重要组成部分。虽然拥有大量的青铜和金饰品的文物遗存,但匈奴却没有自己的文字。匈奴以其强大的战斗能力,同中原王朝保持了长久的碰撞与交融,那么我们进入下一展厅"匈奴与中原"。早在西周时期,中原同北方游牧民族"猃狁"(音 xiǎn yǔn)便开始了摩擦对峙,而春秋战国时期,匈奴、东胡、林胡、娄烦等部族更加频繁地进行着对抗,至秦朝统一而强大后,"乃使蒙恬北筑长城而守藩篱,却匈奴七百余里",在战争和长城的双重护卫下,秦朝在河套地区设置郡县、充实边民,使长城以南维持了一段时间的和平。秦亡后,匈奴崛起,成了汉朝最大的威胁。直到汉武帝时期,卫青、霍去病同匈奴进行了长期的战争,并取得最终胜利,但也使得西汉国库空虚。后面我们进入下一展厅"匈奴的西迁",大败后的匈奴向北败退,并出现了前面说过的"五单于并立"的局面。在汉朝的协助和"昭君出塞"的推动下,汉匈维持了一段较长时间的和平。直至西汉末期,匈奴再度强大,但在公元48年却因严重的自然灾害,使匈奴分化为南北两个部分,南匈奴归附汉朝,北匈奴西迁,并最终消亡于欧洲。"匈奴的经济与文化"展厅,通过展示匈奴的生产、加工、丧葬、祭祀和政治制度等内容,多个侧面展现了匈奴的形成与发展。匈奴是草原文明形成与发展历史的重要阶段,它的历史文化,是中华文明的重要组成部分。匈奴政权的建立,第一次将中国北方蒙古高原地带的诸多民族统一起来,游牧文明得到了形成与发展,与中原的农耕文明交融互动,极大地促进了中华民族多元一体文化格局的形成与发展。

地下两个临时展厅为昭君文化民俗品陈列,陈列面积750平方米,主要内容分为昭君民俗作品展览和昭君文化的研究与传播(见图4-2)。

图4-2 昭君博物馆外观　　　　　　　　　　　扫码看彩图

2. 陵寝区

结束了博物馆区的游览,我们来到"陵寝区",这里包括青冢、神道以及中国古代和亲馆、5D影院、单于大帐、昭君故里纪念馆等(见图4-3)。在全长400米的神道的中轴线上,我们现在所看到的是一座高大的汉白玉石碑,上面刻着中国现代革命家、已故前国家副主席董必武1963年参观昭君墓后,题写的《谒昭君墓》:昭君自有千秋在,胡汉和亲识见高。词客各抒胸臆懑,舞文弄墨总徒劳。董老的诗文意境高远,一扫千百年来一些文人墨客对"昭君和亲"看法的偏见,高度赞扬和正确评价"昭君出塞"的远见卓识和历史功绩,从正面肯定了它的历史价值和意义。石碑的东侧汉式风格建筑是5D影院,影院应用全媒体特效,通过独特的舞台设计和真人表演相结合的形式,打造了一台新型演出,整个影片内容时长12分钟,以情景演绎形式,直观展现昭君出塞的历史典故和传奇故事。西侧草原风格的建筑是中国古代和亲文化馆,它是目前国内唯一一座以和亲历史为主题的博物馆,展览面积3000平方米,分为

图 4-3　陵寝区中轴线

扫码看彩图

七个展区：先秦时期、两汉时期、魏晋南北朝时期、隋唐时期、大辽时期、蒙元时期、满蒙联姻，通过大量的历史文献、图片以及场景、雕塑、地图、多媒体等表现形式，全面反映了中国历史上国内各民族通过"和亲"等形式，促进了相互接触、交流融合的历史过程。

大家继续向前，可以看到东侧小桥流水环绕、绿树翠柏掩映下的建设群，是昭君故里纪念馆，纪念馆建筑面积1800平方米，由昭君宅、昭君祠堂两部分组成，按1∶1的比例，以昭君家乡建筑复原，通过院内建筑及其200多件民俗实物，让游客身临其境，充分了解昭君家乡生活和风土人情。由纪念馆前行可见到神道中一座仿汉代石牌坊，牌坊正中镌刻着乌兰夫同志所题的"青冢"二字，传说每年深秋，塞外草衰的时候，唯独昭君墓上草色青青，故被称为"青冢"。牌坊西侧的单于大帐，代表匈奴王庭所在地，是单于处理国家事务、召集军事会议、接见外国使臣、颁发公务诏书的活动场所。帐内有大型歌舞实景剧《王昭君》每日定时演艺，大家留意演出时间，一会我们回到这里集中观看。沿神道继续向前，大家集中来看眼前这座"和亲铜像"（见图4-4）。呼韩邪单于与王昭君双双骑马，马背上，单于回眸、昭君含情、英姿焕发、风采照人，两匹骏马，一低语一倾听，情意绵绵。这尊高约4米，重达5吨的铜像反映了昭君的生活。但大家注意一下马头朝向西，这又有何深意呢？也许，是昭君身在塞外，仍对长安有所挂念吧。

绕过铜像，展现在我们眼前这座占地3.3万平方米，高33米的大型墓葬便是昭君墓了（见图4-5），这是一座人工夯筑的大土丘，是昭君的衣冠冢，但这墓为何如此之大呢？相传，昭君死后，汉匈人民都非常悲痛，纷纷赶来送葬，人们用衣襟包着土，一包一包的填在她的坟上，由于送葬的人成千上万，络绎不绝，每个人又都想多捧几包土寄托自己的哀思，所以到最

第四章　人文资源类旅游景区讲解示例

图 4-4　和亲铜像

扫码看彩图

图 4-5　昭君墓秋景

扫码看彩图

后竟垒成了一座形似小山的坟墓。20 世纪 60 年代，史学大师翦伯赞先生一行考察当时的王昭君墓时合影留念，并写下了《内蒙古访古》一文，文中曾说到大青山脚下只有一个古迹是永远都不会废弃的,那就是被称为青冢的昭君墓,因为在内蒙古人心中王昭君已经不是一个人物,而是一个象征,一个民族友好的象征,昭君墓也不是一个坟墓,而是一座民族友好的历史纪念塔。

3. 游园区

在墓体后方,主要是以草坪、各类树木和观赏花卉为主,道路环形而设,是为广大游客设计的休闲区,大家可以自行游览,并在下一场实景剧《王昭君》开演前回到单于大帐,我会在大帐前等候大家,请大家在游览过程中不要随意触碰文物,注意文明旅游,有问题随时打电话给我。

拓展阅读

冒顿鸣镝弑父

昭君博物院官网

虚拟导览

昭君博物院虚拟全景游览系统

三、五当召旅游区

（一）景区简况

五当召旅游区位于内蒙古包头市石拐区吉忽伦图山南麓,距离包头市约40千米。五当召始建于清康熙年间(1662—1722年),后又在乾隆、嘉庆、道光、光绪年间进行了多次扩建,是内蒙古规模最大、形制最完整的藏传佛教寺院,也是研究藏传佛教(密宗)、哲学、医学、天文、地理等多种学科的研究基地。五当召占地300多亩,有殿堂仓舍2538间,整体建筑风格独特,是内蒙古唯一保存完整的纯藏式建筑群。五当召目前为国家4A级旅游景区、全国重点文物保护单位、国家级森林公园,并且被亚太旅游联合会授予"修学旅游目的地"称号。

（二）导游讲解

各位团友,大家好,进入这片松柏掩映的秘境胜地,大家面前这座庞大寺院群就是"五当召旅游区"了。"五当"是蒙古语"柳树"的意思,召,来自藏语意为兄长、世尊(释迦牟尼)之意,继而引申为寺庙的意思。从字面上我们可以理解为"柳树沟的寺院"。五当召藏语名为"巴达嘎尔",意为白莲花,因"鹰衔经冠,奶化白莲"的传说而得名。该寺汉语名为"广觉寺",是乾隆二十一年(1756年)由乾隆皇帝钦赐的。

我们每到一座寺院都要了解这所寺院的特色文化,那么五当召主要的特色是什么呢?换句话说,来五当召主要看什么呢?一是认知五当召"学问寺"的厚重;二是欣赏五当召壁画佛像文物的炫美;三是感受以五当召藏传佛教文化为主,兼收并蓄地容纳了多种民俗文化的建筑风格;四是体会五当召奥妙深邃、灵验神奇的佛法。

在正式开始游览前,我在这里温馨提醒各位朋友,为了保护文物,同时敬重佛祖,各殿内部谢绝拍照摄像,谢谢大家予以理解和支持。

五当召的主体建筑群主要由七殿(苏古沁独宫、却依拉独宫、洞阔尔独宫、当圪希德独宫、阿会独宫、喇弥仁独宫、金科独宫——这里的"独宫"指经堂、佛殿)、三府(洞阔尔活佛府、甘珠尔活佛府、章嘉活佛府)和一塔(供奉历代活佛舍利陵塔的苏波尔盖陵)以及40栋喇嘛僧房组成。所有建筑均为梯形楼式结构,上窄下阔,平顶小窗,屋檐部分一条土红色边麻草装饰,还有金色的法轮、红色的柱廊、白色的墙体,色彩对比强烈,建筑风格独特。

1. 苏古沁独宫

"苏古沁"藏语聚会的意思,"独宫"可以理解为殿堂的意思,这里是喇嘛集体诵经的场所。苏古沁独宫建于乾隆二十二年(1757年),是五当召最大的殿堂和主要建筑。它是一座高22米的三层楼大殿,一楼前厅是大经堂,后殿是藏经阁。

殿堂四周有260多年的历史的精美壁画,这些壁画色彩鲜艳,当时选用画作颜料大部分是天然矿物质，如石青、绿松石、朱砂、珊瑚、金粉等，使画面构图饱满，色彩艳丽，历经千年。壁画内容主要表现释迦牟尼佛陀传说故事，构图复杂，细腻优美，富含深刻的宗教哲理；部分壁画还有表现了清代早期草原生活的场景。

大家看到的这尊造像是五当召第二世洞阔尔活佛，原名热西尼玛，出生于土默特旗，是在第六世班禅大师的指点下迎请的。1775年10月，12岁时到五当召，在经师的指导下，学经7年，1782年去西藏求学，10年之后由第八世达赖喇嘛授予"额尔德尼莫日根·洞阔尔·班第达"的封号。这位活佛从西藏回来，自1800年至1825年前后朝贡皇帝7次，得到皇帝赐封。

后殿藏经阁内藏有藏文巨典《甘珠尔》和《丹珠尔》文经，它们的内容涉及佛教文化、民俗文化、自然科学文化等。藏经阁中的佛像，中间是弥勒佛，左边是四臂观音（道场浙江普陀山）慈悲菩萨，右边是文殊菩萨（道场山西五台山）智慧菩萨。

五当召每年农历七月二十四到八月初一，都会在这里举行盛大的"嘛呢"法会。

2. 却依拉独宫

"却依拉"，意为"哲学"，是显宗学部，该殿建于道光十五年（1835年）。这座殿是专门研究佛教经典和哲学理论的宗教哲学学部。五当召设有供喇嘛学习经典之处，藏语称为"拉桑"，汉语称"佛学院"。佛学院共分四个学部，分别是时轮学部、宗教哲学学部、医学部和教义戒律学部（相当于我们现代大学里的天文历法学院、哲学院、医学院和法学院）。因此清朝时期，五当召素有蒙古高原藏传佛教"最高学府"之称。

却依拉独宫最引人注目的是头戴宝冠，肩饰莲花，高达十米的弥勒佛铜鎏金像。这是内蒙古地区最大的一尊铜佛像，是用黄铜分段铸造、焊接而成的。弥勒佛手作说法印，半蹲半坐。弥勒佛的两侧是八大菩萨像，左边从里向外依次为文殊菩萨、金刚手菩萨、观音菩萨、地藏王菩萨。右边从里向外依次为除盖障菩萨、虚空藏菩萨、弥勒菩萨、普贤菩萨。佛龛内还供有八尊药师佛像。

戴黄帽的是五当召第五世活佛塑像，五当召具有今日规模，大多形成于五世活佛期间。第五世洞阔尔活佛24岁朝贡，受到宣统皇帝的赏赐，28岁时觐见了袁世凯，被封为"宏道大智"的尊号，1918年圆寂。

3. 讲经台

大殿前面的广场是讲经台，也是佛学院升学考试面试和辩论的地方。每年农历三月十五日，在此举行学术升级考试，开展学术辩论。

4. 洞阔尔独宫

沿着台阶向上是二层的洞阔尔独宫，建于乾隆十四年（1749年），是五当召有史料记载中最古老的建筑，是第一世洞阔尔活佛在准格尔旗王爷的资助下建造的，因为外墙都以黄色作底色,俗称"黄庙"。本殿是佛学院的时轮学部,是传授数学、天文、地理、占卜和历法的场所。殿门正中悬挂着的是用满、汉、蒙、藏四种文字雕刻的"广觉寺"匾额。

殿内供奉着五当召第一世活佛(蒙古语称"呼图克图")洞阔尔·班第达的塑像,原名阿格旺曲日莫。相传他的祖父是居住在土默特的一个虔诚佛教徒,他曾有幸朝拜了第五世班禅,并许愿希望在自己子孙中能出现一位弘扬佛法之人,五世班禅大师接受了他的恳求,并赏给他佛像和哈达。从西藏回来不久,他的儿子丹巴便得一子,拉玛扎布喜出望外,决定让他出家。阿格旺曲日莫7岁的时候,他被送到鄂尔多斯的格尔召学经,9岁时就已成了念经会的经头,于是他的师傅把他推荐给另一位高僧多伦庙的甘珠尔活佛为师。到18岁时,他已将多伦庙的藏经全部学完,便去青海色日困召修学,6年之后又远赴西藏求学,他在哲蚌寺中获得"拉布占巴"的学位。七世达赖喇嘛赐给他"洞阔尔·班弟达"的学位。只有高度精通理学、哲学、医学、文学的人,才能获得班弟达的学位,也只有达赖喇嘛和班禅大师封这个尊称。大家看到中间供的这一尊就是本寺的创始人第一世的洞阔尔活佛的塑像。

该殿的壁画,是五当召1050平方米壁画中保存最好的,壁画内容丰富,人物形象生动,有内蒙古壁画之冠的美称。

5. 当圪希独宫

我们继续拾级而上,来到五当召最后的一座大殿,当圪希德独宫。它是护法神殿,建于乾隆十五年(1750年),殿中供奉着大威德金刚等九尊神像,专司镇压邪魔。另外蒙古人在信仰佛教之前,所信奉的是萨满教,要祭天、祭火、祭敖包,所以在这个殿中除护法神外还供了山神和土地神,每年农历六月十三在五当召后面的吉忽伦图敖包,要向山神、土地神祈福,保佑本地风调雨顺,五谷丰登。

6. 喇弥仁独宫

喇弥仁独宫,建于光绪十八年(1892年),是专攻菩提道的教义戒律学部。教义戒律学在内蒙古地区只有五当召讲授,所以有很多喇嘛不辞辛劳慕名而来。作为教义学部,这里是传授藏传佛教的教义、教规和教史的地方。殿内正中供奉藏传佛教格鲁派(黄教)创始人宗喀巴大师的巨型纯铜铸像,高达9米,重90多吨,是寺内第二大铜像,也是内蒙古地区宗喀巴铜像中最大的一尊。在他的左右供奉了弟子甲曹杰·达玛仁钦和克珠杰·格鲁贝桑,被称为"师徒三尊"。格鲁派形成后,克珠杰被追认为第一世班禅。另外宗喀巴大师当时的弟子中有一位年纪最小的弟子根敦朱巴就是第一世达赖喇嘛。"班禅"译为大学者,"达赖"译为大海,他们为格鲁派的最高活佛。我们在两侧可以看到有一千尊神态各异的宗喀巴大师的塑像,代表他一生当中已经功德圆满,所以此殿又称"千佛殿"。

7. 金科独宫

"金科独宫"是在原来的努尼殿基础上建造的,努尼殿是五当召八大殿之一。原来这座殿堂的规模较小,为了恢复五当召原来的面貌,2003年在原来的基础上重建了这座金科独宫。一楼是佛堂,东西两墙绘制九大寺院,从西向东依次为:第一幅,格鲁派中最大的寺院哲蚌寺;第二幅,佛教四大名山之一,文殊菩萨的道场——五台山;第三幅,位于拉萨市郊外的桑普寺;第四幅,由宗喀巴大师的弟子贡觉多旦创建的女尼寺,也是一座最早的女僧人学习的寺院;第五幅是松赞干布建造的布达拉宫;第六幅是位于拉萨的大昭寺;第七幅是位于拉萨北郊的色拉寺;第八幅黄教中六大寺之首寺,位于拉萨东面达孜区境内的甘丹寺,是黄教创始人宗喀巴等亲自建寺,后圆寂于此;最后一幅就是五当召二百余年以前的景象。

中间三尊佛像是2005年从塔尔寺迎请来的三世佛,代表过去、现在和未来。

二楼金科殿堂是陈列曼陀罗和唐卡的,唐卡是藏传佛教最为普及的艺术,是卷轴画的意思,在寺院不管哪个殿堂都会层层叠叠的张挂唐卡。曼陀罗也称为"坛场",藏语称为"金科"。佛教密宗在修法时为防止外界侵扰,在修法场地筑起圆形或方形的土台,上面绘佛、菩萨的图像,是藏传佛教修法时的重要法器,是喇嘛、活佛修行时观想的模型。

8. 苏卜尔盖陵

阿会独宫旁有一座小巧的二层楼叫苏卜尔盖陵。它是供奉历世活佛舍利子(骨灰晶粒)的陵堂,是历世活佛的灵塔殿,是在五当召一世洞阔尔活佛圆寂前居住的住所之上建筑起来的。在藏传佛教寺院中佛位崇高的大师和活佛圆寂后会举行塔葬。塔葬分为法体塔(肉体)和舍利塔葬两种。法体塔葬是用药物和香料处理后放入陵塔中。五当召的活佛举行的是舍利塔葬。殿内共有七座灵塔,塔内分别供奉着七位活佛的舍利子。

9. 阿会独宫

阿会独宫,又称日木伦独宫。建于嘉庆五年(1800年),是五当召内唯一的一座面西朝东的佛殿,主供威猛神秘的胜乐金刚。阿会独宫内设"纠德巴"(密宗)和"门巴"(医学)两个学部。密宗也称真言宗,以《大日经》和《金刚顶经》为依据,理论玄奥,每年农历十二月二十五举行升级考试,每次毕业者非常少,对我们一般游客和信众来说比较深奥。但"门巴"则不同,它是医学,与我们每个人息息相关,医学部依据藏医《四部经典》诊断治病,主要采用"望""问""切"的方法,植物、动物、金属、矿物等是藏医采用的主要药材。这里就曾经为当地牧民群众制药治病,许多信众也在这里祈福家人无病无灾,福寿安康。

10. 活佛府

大家面前这三座活佛府,主要是为洞阔尔活佛、甘珠尔活佛和章嘉活佛建造的府邸。洞阔尔活佛府,是一幢二层的藏式楼房,外有白石台基。大厅前廊门罩雕着龙、狮、象、金翅鸟等各种浮雕,两侧墙上绘着五色斑斓的壁画。室内陈设豪华,古色古香,收藏有大量佛像和艺术品。

第四章
人文资源类旅游景区讲解示例

拓展阅读

五当召旅游区官网

虚拟导览

五当召旅游区官网虚拟游览系统

第三节　历史文化名人

学习引导

中国自古以来便是一个统一的多民族国家。活跃于北方草原的古代少数民

族,在历史上曾涌现出众多杰出人物,他们对丰富祖国的历史文化,都做出过卓越贡献。本章主要选取了蒙古族具有代表性的三个历史文化名人作为示例进行介绍。除此以外,还有一些杰出历史人物,如呼韩邪单于、忽必烈、阿拉坦汗、檀石槐、拓跋焘、骨力裴罗、耶律阿保机等,也都在此留下了光辉的历史。女政治家萧太后、三娘子,甚至慈禧都在草原留下了过足迹。杰出人物在历史发展进程中的重要作用也不容忽视,但要始终铭记"人民群众是历史的创造者"。在本章内容的学习过程中,须明确对杰出人物的学习要放到特定的历史背景下进行整体的分析,对杰出人物的讲解,也要本着加强民族团结、传递正确思想、展示优秀民俗文化,筑牢"中华民族共同体"的社会主义核心价值观思路进行介绍。

优秀历史人物的导游讲解,要注重以下四点:一是,要将人物置于其所在的大的历史背景中进行联系,以使游客更加清楚事件发生的历史时期与整体情况;二是,要准确分清人物正史与传说的区别,使讲解内容能够将科学性与趣味性相结合;三是,要交代清楚人物姓名、职务、事件发生年代,在讲解中注意该类内容要在语速与声调等方面的变化;四是,注重对人物姓名、民族名称、地名等读音的考证,以便能够传递准确信息。

一、成吉思汗

各位团友,大家了解成吉思汗,大多都是通过毛泽东主席那首《沁园春·雪》——"一代天骄,成吉思汗,只识弯弓射大雕。俱往矣,数风流人物,还看今朝。"但除了诗句所展现的这种气势,大家对这位伟大的历史人物有没有更深的了解呢?除了打下了元朝宏大版图的基础,他还做过哪些贡献呢?接下来我们聊一聊他的事迹。

《华盛顿邮报》在20世纪末组织了一次千年来(1000—1999年)风云人物评选,只有成吉思汗获得"千年风云第一人"的称号。其理由是"以谁缩小地球、拉进世界为原则",结果"成吉思汗是最完美地将人性的文明和野蛮两个极端集于一身,至今还未找到一位比成吉思汗更为合适的人选"。

成吉思汗即"元太祖",本名铁木真,蒙古开国大汗(1206—1227年在位执政),是杰出的军事家和政治家。

成吉思汗戎马一生,开创了中国古代历史上的宏图伟业,创造了冷兵器时代的世界性版图霸业,然而他的一生也充满了荆棘坎坷。如果逐个讲述,那这段历史可能会很长,在成吉思汗陵旅游区有关于成吉思汗生平的巨幅油画,下面我按油画中所展示的主要情节给大家介绍一下成吉思汗的一生。

在远古时期,蒙古先民在美丽的额尔古纳昆(传说中蒙古族起源的山谷)一带的封闭的岩谷中繁衍生息,逐渐发展。约在公元9世纪,他们从额尔古纳昆的山林里走出来,来到广阔的北方大草原,以游牧为生,成为草原马背民族。蒙古先民从大山中走出,来到辽阔的草原,更为广阔的空间和丰富的资源,成为草原人民繁衍生息的天堂。

到了成吉思汗出生的年代,在广阔的蒙古高原分布着许多大小不等的部落或部落联盟。其中,除以克鲁伦、鄂嫩、土拉三河发源处为根据地的蒙古诸部以外,还有比较强大的塔塔尔为首的诸部占据着呼伦、贝尔两湖及额尔古纳河一带;土拉河流域的克烈惕诸部;色楞格河下游的蔑儿乞诸部;阿尔泰山地区的乃蛮部以及南方的汪古部等。这些部落的首领,为了掠夺其他各部的财富和劳动力而不断发生摩擦。这期间,金朝统治者为了进一步分化各部,不让他们形成合力威胁金朝统治,不断在各部中进行挑拨,制造仇恨,加剧了各部之间的相斗、厮杀。这使得蒙古高原一直处于战乱中,长时期无安宁之日。

古代的草原民众就有氏族外婚习俗。为了获得氏族外的新娘,草原上常常出现抢亲事件。当年,成吉思汗父亲也速该,在斡难河畔打猎,遇见从兀鲁忽纳德部娶回新娘的蔑儿乞部的青年也客赤列都。便抢回也客赤列都美丽的新娘,作为自己的夫人。被抢来的新娘,便是成吉思汗的母亲斡额仑(也有译作"柯额仑")。

1162年的一天,成吉思汗父亲也速该巴特率蒙古部众攻打塔塔尔部,俘虏了首领铁木真兀格,凯旋之时,恰好成吉思汗出生。父亲也速该用俘虏的名字为儿子起名,纪念这次战役的胜利。铁木真出生时,左手握着一块晶莹发亮的凝血。按照蒙古族的风俗,认为这是吉祥的征兆,以后必定成就大业。

1178年春天,铁木真九岁时,父亲也速该为儿子订婚,按习俗远去兀鲁忽纳德部。途中巧遇弘吉剌部德薛禅老人。德薛禅仔细打量了一下眼神如火、容颜生光的铁木真,说昨夜梦见一只海东青抓着日月飞过来,落在他手上。德薛禅认为这是吉祥的征兆,说铁木真将大有作为,并用传统习俗唱出求亲诗歌。也速该看十岁的美丽文静的孛儿帖姑娘也十分中意,两家就这样订了亲。

也速该为铁木真订亲,将铁木真留在德薛禅家,在归途中恰遇塔塔尔人的宴席。口渴难忍的也速该随即参加了酒宴。塔塔尔人认出也速该就是俘获他们首领的人,便在饮食里下了毒。也速该中毒后坚持着离开了塔塔尔部,赶了三天路,勉强回到家,便派人接回铁木真,并嘱咐让儿子长大后对塔塔尔人"高于车轮的男子全部杀掉"。父亲谢世后,铁木真一家遭受了种种磨难。部众受泰赤乌人的引诱,纷纷离去。铁木真一家无所依靠,陷入困境。

勇敢的斡额仑母亲毫不气馁,在艰难的环境里艰辛地抚养孩子们。铁木真、哈撒儿、哈赤温、铁木格、帖木仑和别克帖儿、别里古台等孩子们跟随母亲度过艰难的日子。在母亲的教诲下,铁木真弟兄从小便磨炼出了坚忍不拔的意志。

铁木真渐渐长大,泰赤乌人感到不安,认为铁木真一旦羽翼丰满,就会难以控制,必须在

年幼时就除掉他。于是,泰赤乌部首领塔儿忽台率护卫军袭击铁木真家,将他抓走。一天傍晚趁泰赤乌人宴庆之机,铁木真用枷锁将看守打昏,逃到斡难河畔水沟里躺在水中躲藏。这时,在河边树林中搜索的锁尔罕失剌发现了铁木真,并对他说:"因为你有才能,他们记恨你,你就这样卧着,我不告发你。"夜里,铁木真从水沟里爬出来,来到锁尔罕失剌家求救。在锁尔罕失剌及其儿子赤老温、女儿合达安等一家人的帮助下,他藏在装满羊毛的车上,再次躲过了泰赤乌人的搜捕,终于回到自己的家。从此,铁木真立下雄心壮志,走上了统一蒙古高原的艰难而有意义的历程。

1178年,铁木真十七岁,家庭情况逐渐好转的他领着弟弟别里古台去克鲁伦河下游居住的德薛禅家,迎娶当年定下亲约的孛儿帖姑娘。同时,铁木真为了借助强大的势力,去拜见蒙古高原最强大的克烈部首领脱里汗时,又遭到了蔑儿乞人偷袭,被抢走了妻子孛儿帖。铁木真求助王汗和他的安达(异姓结义兄弟)札答阑部的首领札木合,一举歼灭了蔑儿乞人,救回了妻子孛儿帖。

这位王罕是铁木针父亲也速该的安答,名为脱里汗(后为王汗)。在他的协助下,铁木针家族的势力逐渐强大起来,部众和牛羊都不断增多。忽都剌汗去世后,蒙古部众大都在刚刚提到的铁木真的安达札木合控制之下,二人一起组成了较为强大的草原势力。

1186年,铁木真脱离了札木合,建立自己的鄂尔多(宫帐),踏上了独立发展的道路。尼鲁温蒙古部各氏族的部众随首领和势力派人物纷纷投靠铁木真。位于水草丰美的阔阔淖尔的铁木真营地,发展成为蒙古部的中心。1189年,蒙古各氏族共立铁木真为全蒙古汗,尊号"成吉思汗"。从此,成吉思汗所进行的部落征战,转为统一蒙古高原的有意义的战争,削弱了对敌实力,为统一蒙古高原打下基础。

1202年春,成吉思汗出兵征讨塔塔儿部,在答阑捏木儿格大败数倍于己的塔塔儿人。在这次征战中,成吉思汗不仅杀死谋害自己父亲的塔塔儿首领,娶了塔塔儿部也客扯连的女儿也遂与也速干姐妹为妻。

1203年春,札木合与王汗之子桑昆密谋杀害成吉思汗,在合阑真沙陀(哈拉真额勒图)围攻成吉思汗。这次战斗,是成吉思汗一生中经历的最艰苦、损失最惨重的一次战斗,成吉思汗不得不做战略退却,仓促转移到巴勒诸纳湖一带。随行的各级首领只有十九人,他们饥渴难耐,射野马充饥,饮近于干涸的浑水止渴。成吉思汗看到诸将,在患难中仍相随不舍感慨万千,并举手向天发誓:"我们要同心同德,努力奋斗。如果大业告成,当与各位同甘苦、共命运。"将士们无不为之感动,宣誓永不背弃成吉思汗。这就是著名的巴勒诸纳湖盟誓。这之后,成吉思汗再次开始了他收集部众,走向强大的征程。

1204年4月,成吉思汗大军为消灭蒙古高原最后一个强敌乃蛮而出征。乃蛮方面,不但人马众多,而且搜罗了几乎所有成吉思汗的反对者的残余势力。当年秋天,成吉思汗和乃蛮部太阳汗的决战在纳忽山(今蒙古国哈剌和林北纳莫合山)展开,太阳汗丧命,札木合也被成吉思汗处死。第二年,成吉思汗灭北部乃蛮,从而彻底征服了乃蛮部。

在同乃蛮人战斗中,蒙古军俘虏了太阳汗的掌印官畏兀儿人塔塔统阿。成吉思汗得知塔塔统阿"即使丢了脑袋,也不能丢弃大印"的态度,便详细询问印章的用途。塔塔统阿讲述了大印的重要性:"出纳钱谷,委任人才,一切事皆用之,以为信验耳。"成吉思汗发现他忠守职业,并精通多种语言,是精通畏兀儿文字的学者,便留在自己身边,命他担任成吉思汗的掌印官,创制蒙古文字。

塔塔统阿使用畏兀儿字母为蒙古创制文字,并教皇子及诸王子弟。这一文字历史上称为畏兀尔金蒙古文或回鹘蒙古文。畏兀儿式蒙古文的出现,结束了蒙古族没有通用文字的历史,对于蒙古文化的提高、蒙古社会的发展和政令的推行起到不可估量的作用。

成吉思汗经过艰苦征战,先后征服了蒙古高原泰赤乌、塔塔儿、克烈惕、乃蛮等强大的部族,弘吉剌、汪古、兀都亦惕蔑儿乞、麦古丹、脱脱里、察浑等部以及追随乃蛮的大大小小一些部落,也纷纷归附成吉思汗,结束了蒙古高原长时期部落混战的局面。

1206年春,蒙古诸部在斡难河(今鄂嫩河)源头,举行盛大"忽里勒台(聚会之意)大会",建立大蒙古国,奉铁木真为大汗,尊号仍为成吉思汗。当时,蒙古高原上的一百多个大大小小的部落、氏族,全部统一在成吉思汗的大旗之下。从而包含诸多部族的一个新兴的蒙古民族共同体真正形成。

成吉思汗推行以法治国,设立大断事官,颁布大法典《大札萨》,建立"札萨"制度,惩治盗贼,明察诈伪,公断是非,以法治国。实行"札萨"制度,是成吉思汗在治国方略上的一大转折。

1211年2月,成吉思汗决定攻打草原部落共同的宿敌——金朝,一场轰轰烈烈踏出草原的版图统一战,正式打响。

1215年,蒙古大军攻克金国首都中都(今北京),获金国旧臣、著名大才耶律楚材。成吉思汗如获珍宝尊重和重用耶律楚材,让他形影不离,成为成吉思汗最忠诚的助手之一。耶律楚材对蒙古社会的发展以及协助成吉思汗对重大问题的决策,起到不可估量的重要作用。成吉思汗爱才、擅于用才,后期同长春真人丘处机的交流学习,以及在战争中不断发现具有才能的敌方将领,都被其纳入麾下,发挥才干。

成吉思汗非常重视对先进文化的吸收。他重视有学识的人才,重用那些外来的有识之士。成吉思汗身边集中了一批蒙古、畏兀儿、契丹、汉等各族有识之士,他们对于蒙古的文化提高起到启蒙作用。成吉思汗统一蒙古后,已经开始改变了蒙古族在文化上的蒙昧落后状态,为蒙古社会的发展起到重要推动作用。

1218年,蒙古军灭西辽之后,为了缓和局势,成吉思汗派遣了使臣和商队共四百五十人,携带的商品需使用五百峰骆驼驮运,进入花剌子模,到达讹答剌时,当地守将贪图大批财物,诬指使臣和商队是蒙古间谍,杀害了使臣和商队,没收了财物。后来又一次杀害了成吉思汗派去的使臣。

成吉思汗忍无可忍，于1219年6月，率二十万大军在也儿的石河畔誓师向西远征，分三路攻入花剌子模（今中亚西部，乌兹别克斯坦及土库曼斯坦两国的土地上）。蒙古大军向太阳落山的方向进发，征讨花剌子模。这次西征，源于成吉思汗的愤怒，却在事实上打通了东西方的通道，促进了这些地区相当一段时期的稳定与发展。

1219年，成吉思汗大将、著名勇士哲别和速不台率领的第二路西征军，以惊人的毅力长途跋涉，翻越了帕米尔高原和天山之间的谷地，在罕无人迹的冰山雪岭中开拓出一条行军道路，创造了人间奇迹。当年夏季，蒙古远征军神奇地到达了遥远的绿色的富耶尔加那盆地，连续攻下诸多城堡。哲别、速不台军向高加索山南、北进军，1222年，打开了欧洲的大门。1225年，蒙古大军回到草原。成吉思汗对花剌子模的战争历时7年，征服了全部领土，并扫荡诸多地区，建立了横跨亚欧的大汗国。成吉思汗根据东西方经济文化交流的需要，沿途设置许多驿站以保证商业贸易往来的正常进行。随着蒙古军几次西征和打通通道，将中国的火药、造纸、罗盘、印刷术等四大发明，先后传入西亚及欧洲，对西方发展生产起了巨大作用。同时，又将西方的先进技术引入中国，使东西方商业文化交流呈现出十分活跃的局面。成吉思汗建立的横跨亚欧的大帝国，容纳了中华民族和世界其他诸多民族，缩短了世界的距离，推动了世界文明的发展进程。

1227年，成吉思汗驾崩于西夏朵儿蔑该城（今宁夏回族自治区灵武市），结束了他传奇的一生，他不仅为中国历史上最大版图的形成打下了基础，而且在政治、经济、文化等多个方面，也为推进世界历史进程起到了重要作用。

二、斛律金和《敕勒歌》

各位团友，很多来内蒙古旅游的朋友们，出行前都曾向往内蒙古的美景，而对于内蒙古美景的描述最为知名的，一定便是那句"天苍苍，野茫茫，风吹草低见牛羊"。是谁写下了这样优美的诗句？下面，我来为大家讲一讲这首《敕勒歌》以及一个和这首歌紧密相关的重要人物——"斛律金"的故事。

"敕勒"是北方历史上一个古老的民族，又名丁零、高车、回鹘，是今天维吾尔族的主要族源。敕勒族起源于贝加尔湖一带，后不断向黄河流域迁徙，其中一个部落叫"斛律"。5世纪初，斛律部联盟被北方另一民族柔然（鲜卑族的一支）所灭。斛律部便投降北魏，成了北魏政权下的一个部族。斛律部有一名大将名叫斛律金，为人敦厚耿直，且能征善战，传闻他行军作战时，嗅一嗅地面，即可判断敌军远近；望一望飞尘，就知道敌军骑兵、步兵多少。斛律金原名"敦"，虽武艺超群，但大字难识。因做官需要签署公文嫌"敦"字难写，便改为"金"。

公元535年，北魏分裂为东魏和西魏，斛律金追随东魏政权实际控制人高欢，开始了与西魏的战争，其间双方各有胜负。斛律金为东魏立下多次战功，被任命为大司马，封为石城郡公。公元546年9月,高欢率大军十余万人,围攻西魏重镇玉壁(今山西稷山县西南),虽用了断水、攻车、火攻等多种战术,但西魏将士坚守城门,无法攻破。双方僵持五十天,东魏将士损失惨重,高欢只得下令撤兵。但在撤退过程中,西魏军队散布高欢被弓弩射中的消息,使东魏军心不安。高欢为稳定军心,便出来和将士们见面,但见大家士气低落,叫来斛律金老将军给大家唱《敕勒歌》。年近六旬须发斑白的老将军,唱起了这首优美的民歌:"敕勒川,阴山下。天似穹庐,笼盖四野。天苍苍,野茫茫,风吹草低见牛羊。"将士们被这歌声感染,也随着斛律金唱了起来,重新振作了精神。这首敕勒歌也深深地印刻在了大家心中。

公元547年,高欢病故。斛律金辅助高欢之子高澄南征北战,继续书写他的神奇战功。公元549年高澄被刺杀身亡,其弟高洋继位。次年,高洋废去东魏皇帝,自立为帝,国号为齐,史称北齐。而斛律金仍然闪耀着他的武将神威,大败北部进犯的柔然。胜利回师后,功升左丞相(以左为上)。

斛律金家族均骁勇善战,他的哥哥斛律平、长子斛律光、次子斛律羡均为大将军,斛律金的孙子娶公主为妻,孙女有的当了皇后,有的当了太妃。武将出身的斛律金,也具有较强的忧患意识。他教育斛律光,要尽忠为国,注意吸取古代外戚一时得势而最后倾灭的教训。尽管如此,斛律金死后,仍因奸臣谗言陷害,导致其子孙被害。

如今,敕勒族名将斛律金家族金戈铁马的历史已然远去,但描绘了祖国北疆富饶、辽阔又令人神往的《敕勒歌》历经千年流传至今。它不仅吸引了各位团友来内蒙古旅游,也是历代文人墨客来到这片草原的一个的重要因素。金代文学家元好问评论说"慷慨歌谣绝不传,穹庐一曲本天然。中州万古英雄气,也到阴山敕勒川"。后代也有文人效仿其表达手法,描述这片草原,如唐代温庭筠的《敕勒歌塞北》"敕勒金帻壁,阴山无岁华。帐外风飘雪,营前月照沙。羌儿吹玉管,胡姬踏锦花。却笑江南客,梅落不归家。"总之,从文学艺术角度,《敕勒歌》这首来自民间大众的文学作品,得到了历代文人的充分肯定和赞誉。

《敕勒歌》的广为传唱,也是我国多民族文化融合交流的重要见证。作为敕勒族的民歌,在北魏时期伴随敕勒族融入鲜卑,而作为鲜卑政权领导下的武将斛律金,自然会用鲜卑语为将士演唱这首歌。到北齐时期,随着鲜卑与汉族的进一步融合,《敕勒歌》又被译为汉语,在汉族地区流传下来。它不仅在传唱的语言上不断变化,实现了在更为广阔的民众中的传播,并且经学者研究,在歌词的内容上,也经过多民族文人的进一步加工整理,形成当下我们熟知的版本。因此,《敕勒歌》是源于敕勒族,由各民族大众创造的优秀文学作品代表。

各位团友,斛律金和《敕勒歌》的故事,为大家讲述到这里。有关诗歌中"敕勒川"的名称也随历史发展不断变化。辽代时期,这里被称为"丰州滩"或"丰州川";而到了唐朝时期,这里被命名为"白道川";五代时期,这里有个现在看来非常时尚的名字"哈罗川";至明朝时期,阿勒坦汗率蒙古族土默特部入居,这里从此有了一直沿用至今的称呼"土默川"。好了,为大家介绍过地名的演进后,结合"阴山"等知名的地理标识,我们一起互动一下,看看除《敕勒歌》外,还有哪些知名的古代诗词,描述了周边的场景和故事。

拓展阅读

古代边塞诗词鉴赏

三、明安图

各位团友,大家对蒙古族于元朝前后在草原地区创造的辉煌历史都有所了解,同时,"大口吃肉、大碗喝酒"的热情好客形象,可能是大家对草原生活在一定的程度上的"刻板印象"。其实,草原生活不仅有深厚的游牧文化,在草原人民能歌善舞的同时,独特的环境,也孕育了优秀的科学家、文学家、政治家等,明安图就是其中具有代表性的佼佼者。

明安图,字静庵,蒙古正白旗(今内蒙古锡林郭勒盟正镶白旗)人,是我国18世纪杰出的蒙古族科学家,他在数学、天文历法学和测绘学等方面做出了重大贡献。他曾在清朝主管天文历法的重要机构"钦天监"工作五十余年,担任过兵部郎中和钦天监正(监正,为官名,明、清钦天监长官,正九品)等重要职务。明安图的数学著作《割圆密率捷法》在世界数学科学史上具有重要意义,而国际天文学组织2002年,把编号为28242的小行星命名为"明安图星",可见其在天文学中的历史地位。

明安图能够取得这样的成就,是他所在时代特征、科技发展水平和他个人的努力相结合的结果。首先,从他所处的时代来看,清初从康熙到乾隆时期,封建经济文化的发展和繁荣,达到了一个新阶段。从康熙时期起,自然科学受到朝廷的重视。康熙帝提倡向西洋人学习天文、算学,设立算学馆,他本人还亲自参加学习算学。这为清朝时期的自然科学进一步发展,提供了良好的整体环境。其次,清政府招收西洋教士中懂算学的人和国内满、蒙、汉各族专门人材进入钦天监。西洋教士带来的科技知识,为明安图能够"西学中用",取得进一步成果,提供了良好的知识前提。再者,钦天监是一个掌管天文历法、数学及地理测绘等新知识的科学技术机构。清代许多自然科学人才从这里成长,明安图通过在这样的环境中不断努力,成了其中的佼佼者。

明安图在钦天监从雍正二年(1724年)以前起,担任时宪科(机构名,清代钦天监下属机构之一,司职编制时宪书、推算节候,以定年月日时之纪,颁之四方)五官正(中国古代官职之一,品等为正六品或从六品)职务三十五年以上。这一时期的科研工作为他打下了良好的基础。天文历法方面,原钦天监监正西洋人戴进贤主修的《日缠月离表》,当时懂得和能够利用它的唯一的一个中国人就是明安图。后期明安图又参加了《历象考成》《历象考成后编》《仪象考成》和《日躔月离表》等天文历书的编修工作。测绘方面,清明时期测绘全国舆图工作,主要依靠西洋人进行。明安图于乾隆二十年(1755年)和二十四年(1759年)两次主持或参与测绘新疆舆图,为绘制《乾隆内府舆图》提供了大量第一手资料。《乾隆内府舆图》第一次详细地绘出了我国新疆地区及葱岭以西中亚一部分地区的地图。

明安图投入三十余年的精力,写出了数学名著《割圆密率捷法》初稿,书未成而死。后由他的儿子明新和他的学生陈际新、张肱等人完成。明安图吸收了西方先进的数学知识,并继承了我国古代传统数学经验,独立地创立了一系列新的割圆法。18世纪初期,法国来华传教士杜德美介绍了三个有关三角函数的解析公式(即所谓圆径求周、弧背求弦、求矢三法),但没有反正公式(即证明公式)。明安图经过多年的反复思考、刻苦钻研,创造性地采用了"割圆速比例法",完整地论证了杜德美的"三法",而且还推导出展开三角函数和反三角函数的六个公式,为用解析方法研究三角函数和圆周率开辟了新的途径,从而把我国古代数学研究推到一个新的高度。明安图潜心学习西方先进的数学知识时,对三角函数产生了浓厚的兴趣。在长期的繁杂计算中,他发现一个"有趣的数组",前若干项分别是:1、2、5、14、42、429、1430等等,中间存在一定的规律,可用函数公式来表示。这"有趣的数组"便是"卡塔兰数",卡塔兰数在微积分中有着重要的用途,除了生活中复杂的形象数组应用外,计算机二进制高级编程也会用到它。虽然卡塔兰数是由西方科学家卡塔兰深入研究并以其名字命名的,但真正的发现者其实是明安图(见图4-6、图4-7)。

《割国密率捷法》出版后,引起我国数学界的广泛注意。19世纪中叶以后,学术界运用明安图的著作来研究数学问题,曾风行一时。明安图在世界数学史上做出了杰出贡献,也为我国科学宝库留下了一份珍贵的遗产。

位于呼和浩特市玉泉区的五塔寺,又称金刚座舍利宝塔,是清雍正年间建立的藏传寺庙慈灯寺遗存的重要建筑,其建筑形式采用"佛陀伽耶"式佛塔,这种建筑形式的佛塔在我国现存数量极少,是佛教建筑艺术的典范。更为珍贵的是塔基金刚座北侧现存的一幅"蒙古文天文石刻图"。这幅天文石图由八块汉白玉拼成,分为四层,每层两块,上面六块是以北极为中

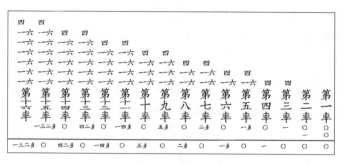

图 4-6 明安图发现卡塔兰数

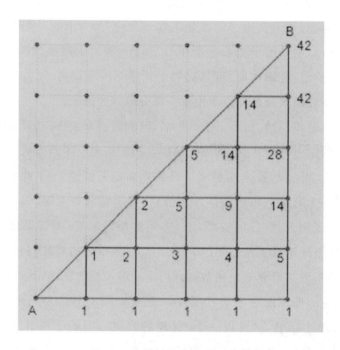

图 4-7 卡塔兰数前五项示意图

心呈放射状的"盖天"图,下边两块用浮雕的山脉、祥云烘托整个"天球",其下落款为"钦天监绘制",史学家推测本图底本可能出自明安图之手。蒙文天文石刻图全图绘制了约1550颗星,在仅凭肉眼观测的时代,不得不说是一个重要的成果;而且,相较于之前的仰视图,该图为俯视图,并标明了冬至圈和夏至圈;同时,石刻图还首次应用了藏码等标记方法,有着多项天文石刻的创新。除石刻由蒙藏双语标注,石刻图所在的"金刚座舍利宝塔"的匾额由"汉、蒙、藏"三种文字题写,这反映出中国统一多民族国家在文字使用上自古以来的特点,反映出通用语言与民族语言并列使用的历史沿革。

为纪念明安图做出的突出贡献,1971年,明安图的家乡"察汗淖"改为名"明安图镇",并在此地设立国家天文台明安图太阳观测基地。

拓展阅读

持续半个世纪的星空观测
——清初少数民族科学家明安图

从割圆九法到卡塔兰数
——清初少数民族科学家明安图

第四节　内蒙古主要少数民族与民俗文化

学习引导

　　内蒙古自治区生活着除珞巴族以外的54个少数民族。其中以蒙古族、达斡尔族、鄂伦春族、鄂温克族等为区域特色，构成了内蒙古自治区大杂居、小聚居的整体格局。汉族同各少数民族之间的文化，相互吸收、相互借鉴、相互融合。因此内蒙古的区域民俗，是长久以来内蒙古地区各族人民共同创造的民俗文化。内蒙古民俗具有历史悠久、民俗典型、地区差异和文化相互渗透等特点。导游人员在讲解过程中，应以"铸牢中华民族共同体意识"为指导，在比较区别中弘扬优秀文化，在民族差异中寻求共同目标，在历史文化发展过程中总结为国家、区域共同努力的成果，传扬杰出代表。民俗文化方面，旅游者对差异性的生产、生活习俗具有浓厚兴趣。尤其是旅游过程中必需的"吃、住、行、穿、用"等显性层面，需要在导游讲解中进行比较性引导；而在民俗、语言和信仰等深层次理解方面，导游应从两方面的历史发展过程进行深入分析。一方面需要消除旅游者对于少数民族地区传统民俗的"刻板"误解；另一方面要将现代各民族生产生活发展与融合情况进行正面传播，使旅游者在历史回顾与现代真实性中，形成良好而深入的旅游体验。

一、蒙古族

各位团友,大家来到内蒙古之前,一定对我国的蒙古族有所了解,正如大家所见,在快速的经济发展带动下,传统的蒙古族生活已经发生了翻天覆地的变化,为了能让大家更好地了解蒙古族的民俗文化,我就从生产、生活等方面的代表性民俗,来为大家做个简单介绍。

蒙古族是内蒙古自治区的主体少数民族,除内蒙古自治区外,在全国多个省份也有蒙古族聚居和散居。蒙古语属阿尔泰语系蒙古语族,蒙古族最早使用的文字是畏兀儿文(回鹘文),大家在道路两侧随处可见的门店牌匾便都是畏兀儿蒙古文。目前,中国蒙古族通用的蒙古文,仍然是经过不断改进后的"畏吾儿体蒙古文"。

(一)蒙古族的游牧生产习俗

狩猎与游牧是蒙古族传统的生产习俗,其狩猎的目的有三:一是捕获害畜野兽,保护牧业生产;二是猎取食物,改善生活;三是通过狩猎活动,培养人们的智慧和胆量,增强集体应变能力。狩猎的方式有个人狩猎和集体围猎两种。传统的集体围猎一般具有良好的组织分工,既是草原生活和生产方式的体现,也是一种全民协同的军事训练方法。

蒙古族根据牲畜特征和季节草场的变化,形成了独特的放牧方式,即"四季游牧——走敖特尔",汉语直译为"倒场"。这种游牧方式,既可增加牲畜的膘情,增强抵御自然灾害的能力,也可轮歇草场,达到保护草场的目的。蒙古族把牧场分为春夏秋冬四季草场。各个季节的气候和牲畜的膘情不同,选择春、夏、秋、冬营地的条件也各不相同。春季是对牲畜最为严酷的季节,经过了寒冷、枯草、多雪的冬季,牲畜膘情大为下降,抵抗能力减弱。因此,春营地要选择可以避免风雪灾害的草场,以利达到保膘保畜的目的。夏天为了增加牲畜的肉膘,要选择山阴、山丘、山间平川的细嫩草场,同时要注意有山顶、山丘可乘凉。秋季为了增加牲畜的油膘,要选择草质好、凉爽的草场,以增强牲畜的耐寒能力。冬营地主要是为了保护牲畜安全度过严寒而漫长的冬季,要选择山阳地带,要特别注意牲畜的卧地。

(二)蒙古族生活习俗

1. 蒙古族的居所

根据史书记载,早在匈奴、鲜卑等北方游牧民族生活的时代,蒙古族先民们就"居穹庐"。所谓的穹庐就是今天大家比较熟悉的蒙古包。蒙古包是以圆形为总体风格,以白色为主色调,以木、毡为基本材料,以易拆、易搭、易搬运为特点,是与大自然和谐共生的生态环保型居室。早期的蒙古包有两种,一种是载于车上可以移动的蒙古包,一种是能够拆卸、直接搭建在草地上的蒙古包。载于车上的蒙古包大小不一,小的载在车上,一头牛或一匹马就可以拉走,而大的则需要多头牲畜拉载。历史上蒙古可汗的大帐,被称为金帐,辉煌耀眼,四面悬以垂幕,绣以金丝图案。大型的金帐,可容纳几百人。帐内四根雕柱,裹以金衣,门阙也包之以金,故称金帐。普通的蒙古包,高3.33米至5米。蒙古包整体框架是木质结构,由"陶脑""乌尼""哈那""乌德"组成。陶脑即蒙古包的天窗。陶脑的大小决定"乌尼"的长短、数量。陶脑为圆拱形,如撑开的伞,一般由三个规格有序的圆形木环和四个弧形木梁组合而成,最大的圆形木环上外侧,凿有方形插口。乌尼是连接陶脑和哈那的木杆,木杆长约为陶脑直径的1.5倍,上端较细,下段较粗,上插入陶脑环形木的方口,下端穿有孔眼,与哈那的孔眼一致,用皮绳与哈那连接。哈那是以柳木条用皮绳缝编成菱形网眼的网片,可以伸缩。将若干哈那连接,形成一个圆形栅框,就成了蒙古包的墙壁,蒙古包的大小,一般由哈那的多少而定。乌德即蒙古包的门,由框、门槛和门楣组成,门框与哈那高度相等,门朝南或东南方向,可避西北风,同时也和游牧民族崇尚太阳,以日出东方为吉祥的传统有关。蒙古包搭建时,先选择位置,略加修整地面后将整个框架固定好,然后用毛毡围好,再用毛绳拴绕。夏季蒙古包的围毡盖一层,春、秋季节盖两层,寒冷的冬季则盖三层毡子,并在里面挂帘子。陶脑上盖的毡顶,蒙古语称"额入和",是盖住陶脑的正方形毡子,四周都有扣绳,夜间压盖呈正方形,白天揭开一半呈三角形。蒙古包上的民俗图案较多,其装饰部分主要在"陶脑""额入和"、围毡和门帘上,常饰以犄纹、回纹、卷字纹等。蒙古包的内部陈设也别具特色,各种物品都有固定的位置。正中央为炉灶,即火撑。火撑在一个家庭占非常重要的位置。火是一个家庭存在和延续的重要标志,是一个家庭兴旺繁荣的象征。蒙古族对于燃烧的火撑有种种禁忌。如不准往火里扔不干净的东西,比如烟头,不准敲打火撑子,不能用剪子碰撞火撑子,不能把锅斜放在火撑子上,不能在火灶旁砍东西,等等。蒙古包内其他物品的摆设也体现了蒙古族尚右尚西的习俗。蒙古包的西北侧是供奉神像、祖先的地方。依次往西南主要摆放男人们放牧、狩猎的用具,如马鞍、马鞭、弓箭等。蒙古包北面置床桌,东面置绘有各种图案的竖柜,东南侧置炊具、奶具等。依照尚右尚西的习俗,主人和客人以及家庭成员的坐卧位置,自西向东为长者、男人、女人、孩子,自北向南为客人、主人等。

2. 蒙古族饮食

草原上的牧民热情好客,通常到牧民家做客时,他们会邀请大家留下吃饭,那么蒙古人的传统饮食都有什么呢?其实"大口吃肉,大碗喝酒"只是大家对于草原饮食生活的误解。蒙古族的传统饮食构成,与游牧经济有着十分紧密地联系。蒙古族经营五畜——马、牛、驼、绵羊、山羊,"食其肉、饮其酪、衣其皮"是古代中原文人对游牧生活的蒙古人的概括。在蒙古高原特定的自然环境里,长期从事狩猎和游牧经济的过程中,蒙古族用自己的智慧和技能创造了丰富、独特的食品和饮品,从而形成特有的饮食文化。

蒙古人习惯把食品分为白食、红食、紫食和青食四大类。

首先,我介绍一下白食,它是以奶为原料加工制作的各种奶食品,是平时蒙古族的主要食物之一，其中常见的有黄油、白油、奶皮子、奶豆腐、奶酪、奶粉、炼乳等。其中黄油、白油、奶皮子是奶食品中的佳品。因其使用的原料不同，发酵的程度也不同，食用的要求不同，制作的方法不同，所以它们的口味不同、硬度不同、颜色不同、食用方法也不同，仅以奶酪为例就有十余种不同的产品。近年来很多企业以羊奶、驼奶、马奶等为原料研发了多样的新型奶食品，使奶食品的营养价值和口感等方面都有新的飞跃。

其次，红食是指牛羊肉等加工制作的各种食品。在草原上，蒙古菜自成体系，常见的有烤全羊、全羊席、烤羊腿、手把肉、火锅、驼掌、驼峰、烤牛排、肉肠、血肠、肉饼等。

然后，紫食是用粮食制作的各种食品。蒙古人主要食用米和面两大粮食。炒米是蒙古农牧民主要食用的传统食品。加工方法是将糜子筛选后，淘去沙土，放在水中浸泡，捞出，上锅慢火焖蒸至半熟出锅，经炒锅炒熟，冷却，去皮，即为炒米。炒米香脆味美，可口耐饥，与蒙古族游牧生活和喝奶茶的习俗相适应。炒米可以单独食用，也可以泡在奶茶里食用。面食品种主要使用白面炸制的各种点心（油食）及面条、蒙古包子等。

最后讲一下青食，也就是指蔬菜瓜果类食品。从传统来看，蒙古族并没有种植蔬菜瓜果的习俗。早期的蒙古族采集野生的蘑菇、沙葱、韭菜、沙芥、黄花、蕨菜等青食，从近现代以来，随着农业的发展，他们开始种植和食用大量的蔬菜瓜果。

讲完了食品，我们再来看看饮品。蒙古族自古从事畜牧业生产，早已掌握制作各种奶制品的技能，并以牛奶、马奶、驼奶、羊奶为原料制作了多种传统饮品。马、牛、驼、绵羊、山羊都可以挤奶，其中牛奶最为广泛，产量也最高，马奶还可以制成马奶酒。传说很早以前，有一个小部落正在迁徙，经过一天的奔波，傍晚来到了一个山口，于是就在草地上住了下来。当时人们又饿又渴，争先恐后地从马背上取出大块的肉和羊皮袋中的马奶食用。其中一个人把他装有半袋马奶的羊皮袋打开时，一股清香迅速散溢开来。这时他惊异地叫来同伴，把马奶倒在几只木碗里，让大家小心翼翼地品尝，每一个人都觉得香甜可口，于是他们大口大口地喝了起来。喝完之后，竟然感到浑身的疲劳和困倦感都消失了。马奶酒就这样偶然地诞生了。他们有意识地去观察和探究马奶酒的形成过程。后来发现，马奶变成酒的羊皮袋都是挂在马镫附近，在马急行时，骑马人的脚不断地踢在羊皮袋上，从而使袋中的马奶变成了奶酒。为此他们做了一个试验，把一只装满鲜马奶的羊皮袋放在草地上，几个人每天轮流用脚踩上一阵子。几天后，打开羊皮袋，里面的马奶果真变成了奶酒。从此之后，制作奶酒的方法很快传遍了整个草原。现代的奶酒是以纯鲜牛奶为原料，辅以特殊活性菌群，经过长时间发酵、窖存精制而成。奶酒不但保持了中国白酒清澈透明、口感醇香的特点，又乳香怡人，给人一种回味无穷的感觉。

讲到这里，又有团友说了，连奶都做成酒来喝，那还不是大口喝酒吗？不要急，除了喝奶酒，蒙古人一直有饮茶的习惯。茶饮料指奶茶，奶茶蒙古语称"苏台柴"。是蒙古族日常生活不可缺少的一种茶，也是蒙古人民招待客人的必备饮料。较讲究的做法是：先用羊尾擦锅，放入少量炒米拌炒,待米发出香味时向锅内放水,再将适量碎砖茶(或将碎砖茶装入纱布小口袋)放入锅中熬制成紫红色,将茶叶捞出,然后将适量鲜奶兑入茶水中熬开,即成。有的地区茶叶中还放盐。奶茶的营养丰富,具有提神、开胃、助消化、解渴等作用。在内蒙古地区的各族人民基本都喝奶茶。闻名世界的"茶叶之路",内蒙古也是重要的节点之一。

蒙古人除了喝茶增加身体所需微量元素,还主要以各种肉和骨熬制的汤类为食。蒙古人吃肉时多用煮炖的方法而很少用炒炸的方法,他们用牛羊的肉和骨头制汤,甚至用不同部位的肉和骨及内脏做不同功效的汤。肉汤营养丰富,有提神补气、恢复体力、解渴充饥等多种作用,每当劳累、生病、天冷时都要喝汤。

蒙古饮食文化可谓博大精深、独具特色。除以上介绍的这些单独的饮食类别,还有一种曾流传于宫廷的"诈马(玛)宴"也称"质孙宴",原为元朝开国皇帝忽必烈每年巡幸上都时举办的招待宗亲、大臣们所专设的宴席。此宴集蒙古族传统饮食、歌舞、游戏、竞技于一体,场面隆重,十分奢华。赴宴者须穿清一色的"质孙服",宴会连开三天,赴宴者要每天换一次全场衣帽颜色一致的服装。

3. 蒙古族服饰

谈到质孙服,我们就说说蒙古族的传统服饰。有的团友认为,那不就是蒙古袍吗?其实不止于此,传统的蒙古族服饰主要包括佩饰、帽子、长袍、腰带、靴子五个部分。让我们从头说起。

蒙古族女子的佩饰丰富多彩,一般是以金银珠宝首饰为主,牧区的妇女平时不戴帽子,常以红、白、绿绸缎缠头。历史上已婚妇女梳盘发高髻,用偏簪插在发根,并用珊瑚玛瑙玉珠等串缀成串,盘扎于头上,外用丝巾绸布缠住。姑娘一般不分发,梳一根长辫搭在身后,上系小饰件。一旦分发可能意味着姑娘的生活即将结束,这是蒙古婚礼当中重要的一幕"分发出嫁"。很多蒙古族男士喜欢戴帽子,蒙古礼帽是一种椭圆形、四周有一圈宽边檐的帽子。一般用精制呢料制作,多为黑色、棕色或灰色。帽筒前高后低,帽顶中间凹陷,帽筒与帽檐相连处,多缀有花纹镶边。

讲过了头上戴的,我们再看身上穿的,也就是蒙古袍。蒙古袍长而宽大,长袖高领,右开襟,下摆一般不开衩。领口、袖口和衣襟多镶花边。男子多喜欢蓝色、棕色,女子多喜欢红色、绿色、紫色等,而姑娘则以粉红、雪青色、淡紫色等为主。夏季的服装颜色要浅,冬季的服装要深。冬季骑马时穿蒙古袍可以护膝、避风防寒,夏季可以防蚊虫。在野外放牧甚至还可以当作被子盖起来,足见蒙古袍制作的科学性。腰带是蒙古袍不可或缺的重要部分,腰带的面料一般都用绸缎做成,长3～4米,以个人爱好来选择,腰带的颜色与袍子的颜色一般要有区别,但要协调。腰带除了具有保护腰部骨骼、防风的作用以外,还可以在怀里揣放小的东西。男子扎腰带时,从脐带周围通过肋骨与胯骨间绕过来,再把袍襟向上提,让它虚虚地鼓起,这样便于骑乘,又显得潇洒精悍。女子则是从胸的下边通过肋部从腰上绕过来,再把袍襟向下拉展,使衣服紧贴着身体,把线条凸现出来,这样一来就会显得苗条健美。

最后我们再看脚下的靴子,蒙古靴分为布靴、皮靴和毡靴三种。布靴是用厚布料或大绒制作,靴头和靴筒以金丝绣花,具有古朴浓郁的民俗特色,穿起来轻便舒适。皮靴通常用牛皮制作,有旧式和新式两种。旧式皮靴用涩面牛皮制作,样式古老,靴头笨重,靴尖上翘,靴筒约一尺多高,筒口宽大,呈马蹄形,靴底较厚,为多层底,状如船形;新式皮靴用光面牛皮制作,俗称马靴。靴子又分单靴子和棉靴子两种。毡靴是用羊毛模压而成,俗称毡疙瘩。穿蒙古靴骑马能护脚,避免马镫硌脚,马受惊的时候不至于被马拖伤,夏天防蚊虫,冬天可御寒。

各位团友,从蒙古族服饰的头讲到脚,处处是源于草原游牧生活的文化,这样的文化随着时代的发展而不断传承、创新,2018年蒙古族服饰入选了国家级非物质文化遗产名录。

拓展视听

《茶叶之路》

二、鄂伦春族

众所周知,我国是一个统一的多民族国家,内蒙古地区也是历史上各少数民族与汉族在多样的交融交往过程中不断融合变迁的舞台,现在各位团友见到的内蒙古自治区的民俗风情与文化,也是各族人民在独特生活环境中共同创造的成果。下面,我为大家介绍一下在内蒙古自治区人口居住较为集中,具有代表性特色的三个少数民族。

前面为大家介绍过,内蒙古自治区是我国最早设立的少数民族自治区,而1951年全国第一个少数民族自治旗也诞生在内蒙古自治区,这便是位于呼伦贝尔市的鄂伦春自治旗。"鄂伦春"一词意为"住在山岭上的人"或"使用驯鹿的人"。鄂伦春族有自己的语言,但没有文字,一般使用汉文,也有部分人使用蒙古文。

(一) 鄂伦春族的生产习俗

各位团友,我为大家先唱一首歌。"高高的兴安岭,一片大森林,森林里住着勇敢的鄂伦春,一呀一匹猎马,一呀一杆枪,獐狍野鹿漫山遍野打呀打不尽",大家有没有听过这首《鄂伦春小调》?这首歌把鄂伦春族的居住环境和生产方式概括的非常形象,下面我来为大家详细讲解一下。

鄂伦春族主要分布于内蒙古东北部和黑龙江省的大小兴安岭地区,长期的林间生活,为其提供了一个良好的狩猎环境。早期鄂伦春人使用的狩猎工具名为弓箭或地箭(也称伏弩,将弓箭安放在野兽常出没的地方并设置机关,野兽一旦触动,箭便脱弦而出射向猎物),后期逐渐被火枪、步枪替代。猎犬和马是鄂伦春人重要的狩猎助手,经过训练的猎犬协助捕捉猎物,而马则协助猎手上山下河和驮运货物。

鄂伦春族一般按季节出猎,春天打鹿胎、夏天打鹿茸、秋天打狍子、冬天打皮子,称为"红围"。狩猎通常为集体行动、相互配合,推举具有良好经验的"塔坦达"(狩猎长),共同商定具体的狩猎方案,所获得猎物也通常平均分配。鄂伦春人重视互助,对没有生产能力的族人,也会分配一些带回的猎物。鄂伦春人狩猎的主要对象是鹿,但鹿这种动物感觉敏锐,又极善奔跑跳跃,猎取难度较大。鄂伦春猎人依据鹿的生活习性,总结了一整套丰富的猎鹿方法。此外,鄂伦春族发明了一种鹿哨(鄂伦春语称"乌力安"),它可发出酷似鹿声的呼鸣,吸引鹿前来。此外,狂、狍子、野猪、熊、猞猁等野兽,鄂伦春人也都有针对性的猎取方法。除狩猎外,渔业和采集是鄂伦春人生产的补充方式。

中华人民共和国成立后鄂伦春族逐渐走出大森林,实现了定居生活。在狩猎的同时,开始养鹿和从事农业生产。1996年1月鄂伦春自治旗召开了禁猎大会,颁布实施《关于禁止猎捕野生动物的布告》,从此鄂伦春族世代相传的狩猎生活宣告结束。

(二) 鄂伦春族生活习俗

1. 鄂伦春族的居所

鄂伦春族传统的住房叫"斜仁柱"或"仙人柱",俗称"撮罗子",这是一种圆锥形的帐篷。"斜仁"指搭帐篷的桦木或柳木杆,每根树干下端插入土中少部分,几十根交叉倾斜架起,如同一把半张开的大伞,搭一个"斜仁柱",外边盖用桦皮或兽皮,顶部留洞,用作通风走烟,一侧留门,多朝南或向东。各户常把食物储放在树林中的仓库("奥伦")里。仓库通常设置在离地两米余的木架上,覆盖以桦皮等物,这是个比较坚实固定的建筑,通常能够用十数年。主人游猎迁徙,不将其拆除。"木刻楞"是鄂伦春族的又一种屋子,是用大圆木头垛建起来的,上好房顶,做好门窗即可居住。相较于斜仁柱,木刻楞当然具备更好的居住条件。20世纪30年代开始,鄂伦春族中开始出现"土窑子"。它是利用地形、向地下挖出一米多深的"凹"字形的土坑,沿坑壁立几根柱子,架两根横梁将椽子一头搭在横梁上,另一头插入土坑

边沿,上盖桦树皮,屋内三面都有炕。

2. 鄂伦春族饮食

刚刚给大家讲过,传统的鄂伦春族以狩猎为主,兼营捕鱼、采集的生活方式,决定了他们的饮食以肉食为主。随着和外界联系的增多,通过交换贸易,米面一类粮食的用量也在不断增加。他们食用兽肉的方法除了经常使用的煮、烤、烧、炖外,还有一些吃法独具风格。如"阿斯根""阿素""吊烧""粹瀹(yuè)肉"等。"阿斯根"为生吃之意,鄂伦春人习惯生食鹿、狍的肝和肾,认为它们的滋味好、富于营养,有明亮眼睛、增强视力的作用。每猎到这些野兽后,会立即扒出他们的肝、肾晾凉后,蘸点盐直接食用。这种生食野味的古习,一直保持至今。"阿素"是把狍肉、狍肺煮熟后切成小块,再拌以狍脑浆和野猪油,加点野葱花,然后搅拌在一起,热一热即吃。"吊烧"是一种古老的煮肉方法。当猎人在外打到野兽并打算就餐,却缺乏炊具的时候,就取野兽的胃洗净,放入肉和水,再吊在火上烤,待胃烧焦,水达到沸点,肉已熟至八成。吃起来鲜嫩可口,别有风味。在清朝以前,由于锅釜缺乏,鄂伦春族的祖辈们就用火烧石子,然后将石子抛入木制水容器中,将肉粹熟,即"粹瀹肉"。鄂伦春族吃完肉,喜欢喝些稀粥,有纯米粥和肉粥两种。随着定居的实现,鄂伦春日常饮食中蔬菜和副食品显著增多,尤其是禁猎之后,鄂伦春族的饮食结构发生了很大的变化,现在的主食已经从肉食改为粮食。和许多少数民族一样,鄂伦春人也喜欢喝酒,另外还有一种比较特别的饮料——桦树汁,春季四五月时,桦树汁流量较多,在树根处开一小口,树汁会慢慢流出,这是一种天然的饮料。

3. 鄂伦春族服饰

穿皮衣、戴皮帽,是鄂伦春服饰最为突出的特点。民国以前,鄂伦春族服装以皮制为主,既有衣料来源的原因,也是为了适应其游猎生活。他们的皮装用料多取自狍皮。这位团友说的对,就是大家经常听说的"傻狍子",这种动物其实只是好奇心比较强而已,经常在有人追赶它的时候心慌逃跑,但过一会又要返回来看看究竟是什么情况,所以就增加了自己被狩猎的概率。鄂伦春人的一件狍皮衣可穿三冬,毛面磨损后,还可作夹衣,再穿三夏。夏季雨水多,将旧狍皮翻毛穿,不仅防水抗湿、还有一定的伪装作用。男子皮衣通常是长袍、长袄两种。长袍垂至脚背,长袄止于膝盖,并且都在底沿正中开衩,适于骑马、奔跃等狩猎活动。一般用犴皮或牛皮皮带紧系腰部。妇女的大襟长袍和男子的区别主要在于两侧开衩,未婚女子或年轻媳妇在袖口和开衩处绣有各色花纹图案,袍子染成黄色;老年妇女和幼女的袍子,则只镶边、不绣花、不染色。鄂伦春大襟长袍的衣襟都习惯开在右边,衣扣多是皮条结成的疙瘩或为犴骨制成。说完了穿皮衣,我再给大家讲一下鄂伦春族最具特点的狍头皮帽。它是用整个狍头制成的,狍耳、狍角都原封不动带着,再穿上黄色的兽皮衣,模拟野兽,增加了在近距离击中野兽的可能性。此外,狍皮靴、皮手套、皮袜等,也是冬季狩猎的必要装备。

三、鄂温克族

各位团友,刚刚在介绍鄂伦春族的服饰时候提到了一种"傻"得可爱的动物,叫狍子。接下来要和大家聊另一个比较有意思的话题——"圣诞老人"的坐骑,有人知道它叫什么吗?是的,这种动物名叫"驯鹿",驯鹿不止和大家熟知的圣诞老人的形象紧密联系在一起,也同我们内蒙古的另一个少数民族"鄂温克族"具有密切关系。那么,下面我再为各位团友介绍一下内蒙古地区"三少民族"中的鄂温克族。

鄂温克意为"大山林中的人们",也有一种说法是"住在南山坡的人们"或"下山的人们"。鄂温克族起源于贝加尔湖周围东至黑龙江中游以北地区,现主要分布于内蒙古自治区鄂温克族自治旗和呼伦贝尔市其他旗县,黑龙江省讷河市,以及新疆维吾尔自治区的伊犁地区等也有一定分布。历史上由于鄂温克族不断迁徙、居住分散,加上交通不便,互相隔绝,逐渐形成区域间的经济和生活差异,曾分别被称为"索伦""通古斯""雅库特"人,1957 年统一民族名称为鄂温克,1958 年 8 月鄂温克族自治旗正式成立。由于社会历史和自然环境的原因,占人口半数以上的鄂温克族,居住在鄂温克族自治旗和陈巴尔虎旗,主要从事畜牧业。居住在阿荣旗、莫力达瓦达斡尔族自治旗等地的鄂温克族从事半农半猎。居住在黑龙江省讷河的鄂温克族从事农业。居住在额尔古纳河东岸、根河市的鄂温克族从事狩猎业和驯鹿业。鄂温克族有自己的语言,但没有文字,牧区通用蒙文,猎区、农区和山区通用汉文。

鄂温克族与鄂伦春族生活环境相似,因而大部分的生活习俗也较为接近,下面我为大家详细介绍。

(一)鄂温克族的生产习俗

历史上,鄂温克族是一个能征善战的少数民族,17 世纪中期便开始持续参加抗击沙俄入侵的战斗,同时也在战争中不断分散、迁徙。清朝为加强边疆守卫力量,将鄂温克族军队编入八旗组织,皇帝每年定期接见鄂温克旗军官。抗日战争中,鄂温克族人民在中国共产党的领导下,支持并参加东北抗日联军,为迎来内蒙古自治区的解放做出了贡献。

狩猎与畜牧业是鄂温克先民主要的传统生产活动,后期随生活安定,逐渐从事畜牧业和农业。鄂温克人和鄂伦春人有着类似的狩猎方式。鄂温克人传统狩猎的主要工具是弓箭和猎犬,后期也使用火枪、步枪。主要的狩猎方式是围猎,大家推举出经验丰富的负责人(阿围达)。围猎的参与者分三部分,马队包围猎物;老人和妇女呐喊吓唬猎物;"阿围达"带领少数人捕杀猎物。鄂温克人有着高超的追踪野兽的技能,可以按动物的习性分季节猎捕。通常正月打猞猁、二月打鹿胎、四五月打鹿茸、七月打犴子、八九月打母鹿、十月打野猪、狼、狐狸

和獾。猎民最喜猎鹿，一般不猎熊。

此外，捕鱼也是鄂温克人重要的生产活动。捕鱼方式也较为丰富。鄂温克人也和鄂伦春人一样遵守平均分配猎物的习俗，无论是狩猎还是捕鱼都平均分配。畜牧业生产在鄂温克人经济生活中也占有重要地位，他们主要放牧马、牛，也采用逐水草而迁徙的游牧方式。采集业包括桦树皮的采集和缝制成各种器皿，以及采集榛子、木耳、蘑菇、野菜。

回顾过往，面向当下，尽管历史上鄂伦春人和鄂温克人都有饲养驯鹿的传统，但至今仍有一支"使鹿鄂温克人"保持着放养驯鹿的传统。大家有机会可以到"中国冷极"——呼伦贝尔根河市，那里有"敖鲁古雅使鹿部落景区"去体验一下别样的风情。

（二）鄂温克族生活习俗

1. 鄂温克族的居所

鄂温克人早期住房同鄂伦春的"斜仁柱"形式类似，叫作"撮罗子"，也是由木架子做的"柱"和桦树皮或兽皮作遮盖物的围子组成的圆锥形房子，鄂温克语称为"萨喜格柱"或"西格勒柱"。后期在由狩猎转为畜牧业过程中，鄂温克人也使用蒙古包住宿。此外，还有"马架子""草房"和俄式"小板房"等多种房屋形式。

2. 鄂温克族饮食

鄂温克族猎民传统以食用兽肉为主，但一般禁吃貂、狼、狐、鼬、山狗等肉。吃法习惯上是生食、煮食、烧烤食、炖食或熬汤等。烧烤兽肉是鄂温克族在野外狩猎或迁徙路途中的常见吃法。因生活地域关系，后期开始学习面食制作，最初学俄罗斯人做面包，后来学汉族吃面条，也有如蒙古族吃油炸面食，之后有了大米也吃米饭和米粥。吃蔬菜是从传统的妇女采集发展而来的。传统饮品方面，他们也喝桦树汁，另外还喝驯鹿奶做的奶茶。

3. 鄂温克族服饰

鄂温克族的传统服饰也以兽皮为主要材料，无论男女都喜欢穿蓝色、黑色等较深颜色的服装，镶边或加缝道多为绿色、浅蓝色，禁穿白色服装，也有禁穿红色的习俗。除冬季主要穿着兽皮衣，他们还使用鱼皮做裤子，在夏季穿着，既凉爽又防水。清朝中期后，鄂温克服饰受传统满族服饰影响较为明显。鄂温克女子服装地区差异明显，外衣一般为袍或裙。鄂温克族已婚妇女早期一般都用黑布做宽约3厘米、长约40厘米的两个发辫套筒。套筒上端有银链，下端有圆形银坠子，套好发辫后将两个银链子结在胸前。

另外，再给大家介绍一种很特别的鄂温克族饰品，名叫"太阳花"，这不是我们大家传统认知的向日葵，是一种用牛、羊皮和貂毛制作成各种象征太阳光芒图案的小饰品。鄂温克族认为，世界万物都是有灵魂的，森林、阳光、雨露都是大自然赐予的精灵。阴暗寒冷的森林里，阳光尤为珍贵，太阳是一位名为希温·乌娜吉的勤劳姑娘，每天把光明与温暖带给鄂温克人。为了纪念太阳姑娘，鄂温克人用皮毛和彩色的串珠，做成吉祥物——太阳花，彩色串珠和周围的各色毛皮象征着太阳的光芒和彩虹般美好的生活,寓意和谐平安吉祥。

非物质文化遗产链接

太阳花

四、达斡尔族

各位团友,在为大家介绍过"三少民族"中的两个之后,现在为大家介绍"三少民族"中的最后一个"达斡尔族"。达斡尔族主要分布在内蒙古自治区莫力达瓦达斡尔族自治旗、鄂温克族自治旗及黑龙江省齐齐哈尔市、讷河市、黑河市,少数居住在新疆塔城市。达斡尔意为"开拓者"。达斡尔族有自己的语言,清代曾借用满文字母创制过"达斡尔文",但并未得到推广。中华人民共和国成立以后,一般使用拉丁字母为基础的达斡尔语记音符号。现在达斡尔族基本通晓汉语,并会书写汉文,少数人兼用满文、蒙古文和哈萨克文。

达斡尔族是一个英雄的少数民族。自 17 世纪中叶至新中国成立前,达斡尔人民一直为守卫祖国北疆谱写着感人的事迹。勤劳的达斡尔族世代居住于黑龙江中上游以北辽阔而丰沃的土地上。正是因为这里物产丰富,且与前沙俄交界,自 17 世纪中期开始,沙俄不断侵袭,既为掠夺这里的物资,又想将达斡尔族区域作为殖民统治的跳板。1643 年,沙俄"探险队"侵入达斡尔族世代居住的精奇里江(俄罗斯远东区南部河流,黑龙江左岸最大支流,现称"结雅河"),达斡尔族人民奋起反抗,打响了黑龙江流域各族人民反抗沙俄侵略的第一仗,也拉开了达斡尔族三百余年保卫祖国边疆的序幕。达斡尔族人民持续投入对沙俄的反抗斗争,至 17 世纪 60 年代,达斡尔族响应清政府战略号召,离开故土迁居于嫩江流域。此时开始至 20 世纪初的二百多年中,达斡尔族同鄂温克族兄弟被编入"八旗军",一直为守卫边疆默默奉献。20 世纪,他们在抗日战争和解放战争中,也为反抗外来侵略做出了重要贡献。

达斡尔族也是一个乐于交流交往、热爱生活的少数民族。达斡尔族在东北诸多少数民族中,是最早从事农业耕作的群体,同时,他们兼营畜牧和渔猎,在不断同各民族人民交流交往中发展。各位团友是否了解一项奥运竞赛项目——"曲棍球",这项运动被认定为公元前 2000 年左右源于希腊,但它在我国也具有悠久的历史,唐朝时期,这项运动便已盛行,在达斡尔族中则一直传承至今。相对于国际比赛的严格规则,达斡尔族的这项特色运动更为随意,样式也更为丰富。他们将柞木棍的弯曲根部削扁作为球杆,称为"波依阔"。曲棍球称为"朴列",分不同情况使用毛球、木球、火球,毛球适合青少年,木球更接近于国际比赛用球,适合成年人,而火球则可在夜间使用。良好的大众运动基础,使达斡尔族运动员一直都在国家曲棍球队中占据很大比例。1989 年,莫力达瓦达斡尔族自治旗被国家体委命名为"中国曲棍球之乡"。2006 年 5 月达斡尔族传统曲棍球项目"波依阔"被列入第一批国家级非物质文化遗产名录。除了曲棍球,达斡尔族还有很多种传统体育运动项目,比如他们的传统舞蹈叫"鲁日格勒",原指"燃烧火焰",也是一种众人共同参与的舞蹈形式。

非物质文化遗产链接

达斡尔族"曲棍球"——波依阔

（一）达斡尔族的生产习俗

达斡尔族早期生产习俗同鄂温克族相似,曾以狩猎和捕鱼为主要生产活动,每逢冬季河湖结冰,邻近的屯子就联合起来组织捕鱼队凿冰下网捕鱼。但同另外两个少数民族有所不同的是,在长期的狩猎生活中,他们形成了特有的放鹰风俗,每年中秋前后,达斡尔族都要在屯外支架扣鹰。捕到的鹰经过精心训练,可以成为优秀的狩猎伙伴,鹰通常养到夏季,秋季放生。

达斡尔族在后期的生产中,逐渐转向以农业、畜牧业为主的生产方式转变,以狩猎业、伐木业和采集业为辅助。早在达斡尔族居住在黑龙江北岸时,就已经有了较为发达的农业,此外,达斡尔族有善于种植烟叶的传统,他们生产的烟叶呈金黄色,素有"琥珀香"的美誉。

(二)达斡尔族生活习俗

1. 达斡尔族的居所

依山傍水是达斡尔族选择屯落的重要条件,只有选择依山傍水的地方建屯定居,才能进行农、牧、猎、渔、林等多种生产活动。达斡尔族房屋建造十分考究,"介字房、蔓子炕"是其房屋的最明显特点。达斡尔人的房屋院落修建整齐、有条理,坐北朝南的"介"字形房,庭院内一般有小型园田。居室的南、北、西三面或南、东、北三面建有相连的三铺大炕,俗称"蔓子炕"。早期多用土坯建造,后期以砖瓦为主。

2. 达斡尔族饮食

达斡尔族多样的生产方式,决定了其食材来源也较为丰富,其饮食文化品味多样。既保留古老的烹饪野生菜果、兽肉、鱼类的习俗,又具有以米面为主、肉乳蔬菜为副食的饮食习俗。最具特色的便是"昆比勒"(柳蒿芽)是达斡尔族喜爱的食物之一,它是一种生长在相对湿润环境沃土中的野菜,在中国主要分布在东北部地区。到采集时节,几乎每家每户都采,多者一户能采集几麻袋。柳蒿芽除了鲜食外,主要是晒干储存,可食用到第二年采集季节。此外,山葱、野韭菜、野蒜、沙葱等都是达斡尔族采集和食用的野味菜肴。其次,具有以米面为主,肉乳蔬菜为辅的饮食习俗。达斡尔族用荞面做的"达勒·布达"(即饸饹面)最具特色。游猎时期的达斡尔族主要是以牛羊肉为主食,有时也吃猎获的狍子、野猪、野兔、野鸡、鹿肉、鱼肉等。随着达斡尔族居住区域和生产方式的变迁,他们的生活方式也发生了很大变化。开始以猪肉为主,辅以牛、羊、家禽或猎获的各种兽肉。喜欢吃炖菜,酷爱奶食品。

3. 达斡尔族服饰

达斡尔族在清代及以前,同另外两个少数民族一样,喜穿皮衣、戴狍头帽,少数人穿布衣。民国以后,随着达斡尔族人口增加以及逐渐定居,布料基本取代了兽皮,服装样式受满族影响很大。男子穿长而肥的袍子,饰花边,图案较简单,色彩浅淡素雅。有时外面穿短坎肩或长坎肩。习惯束腰带,戴礼帽,如果出席正式场合,必须穿长衣服、系腰带,在腰带上挂烟荷包和火镰,以示庄重。女式服装与清代满族服装样式基本相同,不束腰带,不穿短衣,在衣领、开襟、下摆、袖口等处镶边,做工考究。达斡尔妇女善于刺绣,绣花鞋是衡量达斡尔族妇女技艺高低的标准。之前提到过,达斡尔人有种植烟叶的传统,所以,烟荷包是他们喜爱的装饰物。达斡尔族烟荷包和他们的服装一样,造型、材质多样,有兽皮、布、缎做的,但都要用传统工艺刺绣各种图案。

第五节 科技与工业旅游景观

学习引导

内蒙古自治区的地理自然环境造就了良好的牧业生产基础,而早期就已建立了"东林、西铁、南粮、北牧、遍地是煤"的产业发展框架。近年来涌现出大量的引领型工业企业,尤其是以传统牧业生产为依托,乳业生产为龙头的伊利、蒙牛等大型企业;以包钢为代表的传统钢铁生产企业;以东风航天城为代表的航天科技基地;以生态建设为目标的蒙草、蒙树等集团都在旅游发展中焕发出新的活力。科技与工业旅游是内蒙古自治区旅游融合发展的产业类型代表。导游人员在讲解中,须整体把握目标讲解景区企业在其行业类别中的地位、产业发展的整体布局、企业发展的理念与文化,结合参观景点的具体情况突出其代表性。同时,注重游览对象的具体情况,面对不同游客进行不同深度的专有名词解释,使旅游者能够在具体点位的参观中,能够听懂的前提下留下深刻的印象。

一、伊利集团乳都科技示范园

(一)景区简况

伊利集团是内蒙古自治区代表性的乳业龙头企业,企业实力领衔全球乳业第一阵营,蝉联亚洲乳业第一,也是中国规模较大、产品品类较全的乳制品企业。伊利在全国已形成3家4A、8家3A、10家2A级工业旅游景区体系,乳都科技示范园是伊利集团的乳业工业文化旅游精品展示园区,坐落于呼和浩特市金川、金山开发区,占地22000亩,由敕勒川精品奶源基地、创新中心、液态奶生产基地、奶粉全球样板工厂、草原乳文化博物馆共同组成(见图4-8)。园区全程展示了从牧草青贮、牧草种植、原奶品质把控、全自动生产流水线,到包装仓储等奶的全链条生产环节,并通过草原乳文化博物馆,系统展示了伊利集团和草原乳业的发展史。景区目前为国家4A级旅游景区、国家工业旅游示范基地、智慧旅游示范基地、国家工业旅游创新单位等,并获评网友最喜爱的"十大工业旅游企业"等荣誉。

图 4-8　伊利集团全景

扫码看彩图

（二）导游讲解

各位团友,呼和浩特有一张响亮的城市名片——"中国乳都",下面我们要参观的,便是享誉国内外的知名乳业企业"伊利集团"。"伊利集团乳都科技示范园"位于呼和浩特市西部,总占地面积约为22000亩,包含敕勒川精品奶源基地、创新中心、液态奶生产基地、奶粉全球样板工厂、草原乳文化博物馆五个区域,我们将在游览的过程中,全程见证牛奶从奶源基地的生产到形成最后可进入市场的产品的整个过程。

在正式开始参观伊利前,需要和大家说明一下参观注意事项。食品生产企业参观,不同于一般景点的游览,我已经提前帮大家进行了预约,但大家进入厂区后,请跟随讲解员,听从相关人员的安排进行参观,不要擅自脱离队伍,更不能吸烟,并保持相对的安静、有序,不要触碰展品。

1. 敕勒川精品奶源基地

各位团友,优质的乳产品,首先要有优质的"奶源",我们首先来到的是"敕勒川精品奶源基地"(见图4-9)。奶源基地占地面积4000多亩,奶牛存栏头数15000头,是集生鲜乳生产、良种奶牛繁育、优质牧草种植、科技培训和观光体验式旅游于一体的现代化综合性牧场。

大家从大门进来看到左侧是牧草试种植区,十余种世界高品质有机牧草,通过选育种植后,挑选出最适合当地自然环境的良种牧草进行大面积推广,以满足良种奶牛科学饲喂需要。右侧生活管理区,方便员工工作、生活。大家随我来到二楼,看一下奶源基地的整体情况。一流的乳制品来源于优质的奶源,南、北纬45°是国际公认的适宜奶牛生长的地方,伊利拥有中国规模较大的优质奶源基地,为原奶长期稳定的质量和产量提供了强有力的保障。目前世界上奶牛品种有近百个,在激烈的选种竞争中,世界十大良种奶牛因优势明显而倍受人们的青睐,其中较著名的有荷斯坦牛、娟姗牛、更赛牛、爱尔夏牛等。因为它们各自体格特征与生产性能的差异,分布范围也不尽相同,比如三河牛与草原红牛就多处于牧区,因为自身抗寒暑能力强,习惯粗放饲养。伊利牧场会根据各地牧场气候差异以及不同乳制品对原

图 4-9　敕勒川精品奶源基地

扫码看彩图

奶的品质要求,为各牧场匹配适应性好的良种奶牛进行饲养。荷斯坦奶牛耐寒性好、乳房发育良好,且产奶量大是它的显著特点,成为伊利北方牧场大量引进的奶牛品种。娟姗牛耐热性好、乳含量高,成了伊利南方牧场的最佳选择。

　　大家可以看到优质的奶牛在伊利牧场里自由幸福地生活,其饲料都是经过科研人员根据奶牛生长情况科学系统地进行配比,营养师会为奶牛制定专属配方,提供全面健康的营养;为了保证奶牛身体的舒适度,牧场内设有浴室和按摩室,在牛舍和挤奶厅还会给它听一些舒缓的音乐,让它保持心情舒畅。同时考虑到不同地区奶牛生活的环境差异,奶牛睡觉的卧床材质也不尽相同,其中会将木屑、沙子和干湿处理过后的牛粪作为奶牛休息的卧床,保证它们睡觉时的舒适度,有效预防奶牛患有乳腺炎的问题。此外,每头奶牛还配备标准的运动场,奶牛可以在运动场内自由散步,也可以嬉戏玩耍。

　　除了生活外,大家向前可以看到奶牛"工作"的场景。奶牛们每日挤奶次数为早、中、晚三次,每日每头牛产奶量可达到 32 千克至 40 千克。大家看到这边两个区域,一个大型的圆盘和一排排小格间,它们分别是"转盘式挤奶设备"(见图 4-10)和"并列式挤奶设备"。转盘式挤奶设备可供 60 头奶牛同时进行挤奶,10~12 分钟完成一个轮回;并列式挤奶设备每 15 分钟可以挤奶牛 48 头。这些机械式挤奶设备,在专业工人的辅助下,第一步为奶牛进行挤奶前药浴,第二步纸巾擦拭奶牛乳房,第三步摒弃奶牛的头三把奶,第四步开始挤奶,最后一步进行奶牛挤奶后药浴。这样可以有效缓解奶牛患乳腺炎的概率,从

图 4-10　转盘式挤奶设备　　　　　
扫码看彩图

而不影响原奶质量。

大家可以在这里好好观察一下奶牛们的幸福生活,也为自己的幸福生活和工作找寻一下源泉与动力,我们牧场的参观暂时告一段落,下面我们到伊利的液奶生产基地,看一看优质的原奶,怎样变成液奶产品的。

2. 液态奶生产基地

大家现在来到的便是伊利的液态奶生产基地(见图 4-11),大家请来沙盘前集中。

(讲解沙盘)这是伊利在呼和浩特地区的整体布局情况,主要分为东区、核心区和西部奶源供应区。东区位于金川开发区,建设有液态奶生产基地和冷饮生产基地,我们现在所在的是液态奶生产基地,这个工厂在 2005 年投产,虽然已投产十多年,但它的现代化程度依然处于领先水平。这个工厂引进了 18 条先进的液态奶生产线(见图 4-12),日处理鲜奶能力可以达到 2000 吨,它的建成也开启了中国的"液态奶时代"。中间红色的建筑是伊利集团曾经的总部办公区域,现在已经成为伊利商学院和奶牛科学研究院,承担着培训、交流以及奶牛科学研究等工作。西区是我们刚刚参观的奶源基地,也被称为奶源储备区。

大家下面就随我进入生产车间,看一杯健康的伊利牛奶究竟是如何生产的。首先,我们来到这样一个通道,这个叫风淋通道,伊利每一个生产车间都设有风淋通道,这是生产人员在进入车间时必须经过的清洁工序之一。我们现在走过的是模拟的风淋设施,真实的风淋通道是密闭的,进入后关闭入口门,经 360 度净风吹淋 12 秒钟后,出口门才会自动

图 4-11 液态奶生产基地外观

图 4-12 液态奶立体仓库

开启,这样就可以避免将身上附着的灰尘、皮屑、细菌带进车间。下面我们所参观的液奶生产车间完全是在密闭管道里进行生产,所以全程大家见不到一滴牛奶,保障了牛奶生产的安全性。

  首先,大家来了解一下牛奶生产的工艺流程。牛奶的专业化生产,工艺相当复杂,主要包含原奶入场检测、预处理工艺、灌装、包装、码垛、出厂检测等步骤,随后我们会带领大家逐一了解。牛奶的预处理也称为标准化处理,目的是通过各种现代化工艺,优化牛奶的各种成分,使牛奶中各种营养物质的结构达到最好和最稳定的状态,以保证牛奶营养被更好的消化吸收。预处理环节的整个过程要经过多道工序,包含牛奶采样检测、计量、过滤、分离、均质、两次杀菌等,每一道工序都对牛奶的品质起着至关重要的作用。那么大家现在看到的长长的管道,就是集合了以上所有工艺程序所现代化机械设备,牛奶在整个处理过程中,是不接触外界的,最大限度地保证牛奶生产的安全性。

大家继续向前,将看到灌装的过程。这里主要使用的是德国康美公司和瑞典利乐公司的灌装机。灌装的所有程序也都是在机械内部完成的。灌装机灌装速度非常快,每台设备在1小时可以灌装1万~2万包牛奶。如果将现场14条生产线1小时生产的牛奶全部叠放起来,其高度接近3座珠穆朗玛峰。由于牛奶灌装速度很快,后段装箱码垛速度无法配合灌装速度,因此灌装后的牛奶盒需要进行缓冲,缓冲过程中完成吸管的粘贴,以及后续对牛奶完成分流和装箱。牛奶在经过装箱、喷码等工艺后,接下来就是码垛工序,您面前看到的这个设备是来自德国KUKA公司的机械手,伊利是最早引进机械手进行码垛的乳品企业,每台机械手可以控制3条生产线,并且每台设备都有自动感应识别系统,当牛奶摆好以后会自动识别并进行抓取摆放,以错落摆放的方式保证牛奶垛的稳定性。每台设备运行期间可以同时代替60人的工作量,极大提高了工作效率,并节省了大量的人力。牛奶箱码垛好后,由覆膜设备为其进行覆膜,以保证牛奶垛的稳定性和实现产品的隔离保护。之后,STV运输小车会将覆膜好的整垛产品运送到仓库储存。液态奶生产基地的立体仓储系统是亚洲自动化程度最高、规模最大的立体仓储之一,共设有21024个货位,可以容纳成品牛奶2万多吨,7000多万盒牛奶。在牛奶正式走向市场前,还需要经过严格的检测。产品在立体仓储内会短暂存放3天左右的时间,确保合格后才可以销入市场。

伊利液态奶生产基地的参观先暂时告一段落,后续我们到门口集合,再去参观奶粉全球样板工厂和草原乳文化博物馆。

3. 奶粉全球样板工厂

欢迎大家来到伊利的奶粉全球样板工厂(见图4-13),大家随我到二楼开始参观。工厂于2008年建成投产,总占地33.6万平方米,日产配方奶粉160多吨,相当于每天生产20万听配方奶粉。工厂采用全球顶尖的生产设备及工艺,是全球单机生产能力较大的婴幼儿配方奶粉生产基地之一。

大家猜一下,优质的奶粉由什么决定呢?这位游客说的没错,是原料,但还有同样重要的决定因素,那就是配方。伊利集合了中国、德国、荷兰、丹麦、美国和东南亚等地的各种优质原料,结合伊利的生产设备与先进工艺,使伊利的配方奶粉的生产和技术工艺始终保持世

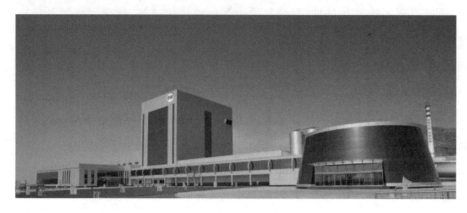

图 4-13 奶粉工厂外观

界领先水平。

下面让我们详细了解一下奶粉生产的工艺流程。首先,将经检测后的原料粉和乳清蛋白粉,根据不同产品的营养需求进行自动化配料;其次,进入预处理车间进行原料的标准化处理;再次,进入浓缩环节,即大家眼前这个巨大的蒸发器蒸发掉原料当中的水分,这时原料的状态就变得像我们平时喝的酸奶一样浓稠;浓奶随后被输送到浓奶间,做一个短暂的缓冲;然后,被高压泵带入前面那台高大的机械设备,也就是干燥塔,完成喷雾干燥;经过包装、码垛之后,配方奶粉就新鲜出炉了。

大家前面可以看到奶粉工厂的中心化验室和全自动充氮包装线,那么大家沿通道参观后,进入一楼大厅,我们继续前往草原乳文化博物馆参观。

4. 草原乳文化博物馆

各位团友,乳文化发源于草原沃野,兴盛于内蒙古胜地。得天独厚的发展资源,让乳文化在塞外生根发芽,开花结果。草原乳文化博物馆(见图 4-14)将草原乳文化、北方游牧生活发展史和伊利集团成长史集于一处,是"中国乳都"的文化集合展现。

博物馆建筑面积 5000 平方米,共有三层,按照从上至下的顺序,依次为历史文化厅、企业展示厅以及互动展厅,请大家在一楼规划厅(见图 4-15)内通过短片简短了解伊利的企业战略规划后,到三楼集合。

来到三层,首先在您正前方的是"乳之魂"主题浮雕。在这里,我们将从古至今乳文化发展的各个阶段,经过艺术化处理之后以浮雕的形式展现出来,从远古先民对乳的简单获取开始,一直发展到今天现代化的乳制品生产工厂。这也是博物馆三层所有展示内容的归纳和提炼。考古发现,早在 10000 年前,人类就有食乳的确切证据。而在中国北方地区,早在新石器时期,就产生了畜牧业的萌芽。随着北方地区自然环境的变化,大约从夏商之际到春秋战国时期,北方民众经历了由畜牧业到游牧业生业形态的转变。

第四章　人文资源类旅游景区讲解示例

图 4-14　草原乳文化博物馆外观

扫码看彩图

图 4-15　草原乳文化博物馆大厅

扫码看彩图

展柜里陈列的文物，是在长城沿线大量出土的三足鬲（音 lì，古代一种炊器。似鼎，口圆，三足中空），它是早期先民使用的陶质盛储器。三足鬲中空部分用于盛放乳汁，下面的三足可以用来生火加热，我们可以看到，它的造型酷似动物乳房的形态，很可能就是先民模仿乳房的模样制作而成的。在北方先民狩猎生活过程中发现，人为饲养和繁殖猪、羊、马等牲格温顺的动物远比狩猎要容易，从而逐步形成了畜牧业的萌芽，饲养过程中食用动物的乳汁，不但营养丰富，而且还可以有效地弥补单纯进食肉类造成的营养缺失。

进入秦汉时期，北方游牧文明也告别了氏族时代，开始进入部族时期，开始了有序的游牧业生业形态。接下来的展览中，展示了乳品从游牧生活中由食品到祭祀用品的变化过程，同时，随着北方少数民族同中原地区文化与生活的不断交融，乳品也进入了中原地区人民的生活。接下来大家可以看到，这里有一幅烹茶图，也充分体现了当时辽国统治下饮茶风俗盛行，契丹、汉族两种习俗和谐并存的地方特色。而今天北方少数民族钟爱的饮料"奶茶"正是这一时期发明并且延续至今的。接下来的展厅中，展示了元朝时期蒙古骁勇善战的骑兵征战的场景。骑兵在急行军时，饮食都在马上进行，士兵都会携带少量的肉干与乳酪，在肉干吃完之后，就把干酪捣碎，装到皮囊里加入适量的水，挂在战马上，随着战马的颠簸，混合发酵形成一种酸奶水。在断粮的艰难情形下，用这种酸奶水充饥解渴。这和现在的奶粉有异曲同工之妙。在漫长的历史长河中，乳文化融入了北方地区的生产、生活、文学、艺术等多种场景中，这也是"中国乳都"能够孕育出伊利这样优秀的乳业龙头企业的重要历史文化原因。

展厅的二楼集中展示了伊利集团的历史发展沿革与代表性的产品、技术与社会贡献等内容（见图4-16），具体内容将由其他讲解员为大家具体讲解。

图4-16 博物馆二楼奶牛饲喂知识　　　　　　　　　　扫码看彩图

二、蒙牛工业旅游景区

（一）景区简况

蒙牛乳业是"中国乳都"的代表性龙头企业之一，是中粮集团旗下13家上市公司之一，率先提出了"参观也是生产力"的工业文化旅游理念。截至2020年,蒙牛集团共开设对外参观工厂29个,其中包含有2个4A级旅游景区,18个3A级旅游景区,各级别工业旅游示范单位6个。蒙牛集团所属各类工业景区正走向高质量集群化发展阶段。蒙牛工业旅游景区(呼和浩特)位于内蒙古呼和浩特和林格尔县。景区依托蒙牛六期液态奶生产车间(见图4-17),系统地展示液态奶的生产、加工到成品的全线生产流程。景区目前为国家4A级旅游景区、全国工农业旅游示范点、自治区优秀旅游景区,并获评"中国工农业旅游十大影响力品牌""网友最喜爱的工业旅游企业"等荣誉。

图4-17 蒙牛工业旅游景区六期工厂外景

扫码看彩图

(二)沿途讲解

各位团友,今天我们要参观的是"中国乳都"的龙头企业之一,蒙牛工业旅游景区。蒙牛工业旅游景区位于呼和浩特市和林格尔县盛乐经济园区,这里也是蒙牛乳业总部所在地。蒙牛乳业在此打造了集合牧草种植基地、优质奶源牧场、乳品研发中心、全品类乳业生产车间和行政与生活在内的整个乳业产业链条,是中国乳都的集中缩影。

蒙牛乳业是中粮集团旗下13家上市公司之一,大家所熟知的雅士利国际和现代牧业,这些乳业公司,也是中粮集团下属的上市子公司。蒙牛乳业选址和林格尔县,布局北纬45°黄金奶源带,以牧草种植基地和奶牛养殖基地打造"黄金奶源牧场"。牧场总占地面积2995亩,奶牛现存栏超过5000头,均引进于澳大利亚、新西兰等乳业发达国家,并通过国家检疫认证,可日产鲜奶100吨,是现代化国家级标准示范生态牧场。

奶源的质量是决定乳品品质的根源,奶牛在蒙牛和林格尔牧场的待遇自然不一般,我为大家简要介绍一下。首先,从"住房条件"来看,所有牛舍均为北美牛舍最先进模式,采用散栏式设计,遵循奶牛生物学特性,模拟奶牛原始生活环境,24小时保持牛舍清洁卫生,全自动喷淋防暑降温系统全面覆盖,炎炎夏日里,让奶牛享受"冲凉"快感,最大限度满足奶牛健康高产之需要。其次,从产奶过程来看,由瑞典引进牧场的挤奶机,在挤奶科学高效进行前提下,同时保证在线检测奶牛产奶量及健康情况。再次,从奶牛的日常饮食来看,除了牧场提供的良好牧草和饲料,以及由营养专家专门配制的"营养餐"之外,奶牛饲喂系统采用专用混合搅拌车,保证奶牛日粮搅拌均匀,保障奶牛营养均衡。可以说,全程保障奶牛在心情愉悦、身体健康的前提下,快乐工作。除了以上措施,牧场在奶牛生产源头便采用最先进的选种选配软件,冻精均源自世界排名前30名的验证种公牛,确保核心奶牛种群高产优质抗病,为牧场高效发展打下坚实的遗传物质基础。另外,完善的质量检测系统和现代化牧场管理体系保障了牧场的高效运行,为优质奶源提供了良好保障。

介绍了牧场,我们即将抵达蒙牛六期液奶生产车间,在这里,我们将详细为大家介绍蒙牛工业旅游的情况。大家在车上稍候,我在门口登记后,将由专门负责接待的"蒙牛小姐姐"带领大家进行参观(见图4-18)。

图4-18 "蒙牛小姐姐"带领小朋友参观音乐廊桥

扫码看彩图

(三)导游讲解

各位团友,现在我们所在的地方,是蒙牛集团总部第六期工厂,欢迎大家来到蒙牛工业旅游景区参观,进行整体参观之前,请在门口工作人员处领取鞋套,穿好后我们开始参观讲解。

接下来请随我进入这形似太空舱的参观通道,让我们一同了解这座牛奶的智慧工厂。1999年,在呼和浩特一座53平方米的民宅里,蒙牛正式成立。目前已成功跻身世界乳业10强。中国最大的粮油食品企业中粮集团、法国Danone(达能)、丹麦Arla Foods(阿拉福兹)分别是蒙牛的第一、二、三大战略股东。截至目前,蒙牛集团在全国拥有4.2万名员工,共建有41个国内生产基地,新西兰、印度尼西亚各建立一个海外生产基地。蒙牛的产品销售覆盖中国(含港澳地区)、新西兰、新加坡、柬埔寨、蒙古、缅甸、印尼等国家。每一天,蒙牛为8000万消费者提供奶制品;每一年,有10亿人次购买蒙牛产品。

1. 收奶广场

大家请向左边看,在您左手方是收奶广场。每天,工厂周边的集约化牧场,会向我们源源不断地供奶。运奶车在运输过程中,全程有GPS追踪定位,并装有电子铅封,保证生鲜乳在运输过程的质量安全。鲜乳送到工厂之后,会进行69项检验指标检验,全部检验合格后才可以卸奶。生鲜乳检验完全实现了信息化,确保人员在检验环节的"0"失误。达标后的生鲜乳通过地下管道进入我们右手边的储奶仓里,确保生鲜乳在奶仓中保持新鲜。

大家随我前行,走到这里,我们可以看到"奶以安为要"五个大字,这是习近平总书记在2009年8月25日视察蒙牛时所作的指示。当时,总书记看到蒙牛的企业口号"民以食为天,食以奶为先"时,提出"应该再加一句,奶以安为要"。蒙牛牢记习近平总书记的嘱托,将"奶以安为要"明确为公司对产品品质的绝对要求。

2. 预处理环节

我们今天看到的工厂共有20条生产线,日处理牛奶能力2000吨,是目前全球最大的常温奶单体生产工厂。所有设备实现中央控制系统集中控制,实现了一键自动运行和清洗。整个生产的前处理部分全部实现自动化和智能化,在生产过程中,食品安全防护体系运用到了我们的生产智控当中,避免了人为操作不到位而造成的失误。在您左手方看到这个透明化车间,是生鲜乳的预处理环节(见图4-19)。检验合格的生鲜乳在这里会经过除菌分离、均质、闪蒸等关键的生产工艺。右手边是CIP清洗车间,在规定的时间,系统将自动切换清洗,全部实现就地清洗,绝对不允许超时生产。

3. 蒙牛品牌文化长廊

这条走廊上的灯箱就像时光隧道一样,展示了蒙牛的发展历程(见图4-20)。长廊的第一幅图画,看到的就是蒙牛的第一间办公室,蒙牛在这间租来的53平方米的一楼民宅内正式成立。刚成立的蒙牛经过一年的努力,从中国乳业的第1116位,也就是倒数第一位,跃升

图 4-19　模拟挤奶互动

图 4-20　景观廊桥

至 119 位。2001 年,蒙牛率先提出建设"中国乳都"的倡议,2005 年 8 月 28 日,呼和浩特正式被命名为"中国乳都"。2002 年,蒙牛的销售收入首次突破 20 亿元人民币,以 1947.31% 的速度成了中国成长企业的百强之冠。2003 年,蒙牛的牛奶被确定为"中国航天员专用牛奶"(见图 4-21)。2004 年,蒙牛牛奶被确定为"中国运动员专用牛奶"。整个长廊记录了蒙

图 4-21 航天体验馆

扫码看彩图

牛乳业成长中的重要节点。

4. 超高温灭菌环节

大家左手方的是 UHT 超高温瞬时灭菌环节,牛奶在这里会经过 137 ℃高温处理,4 秒钟实现商业化无菌。温度高,速度快,保证牛奶本身微量元素不会流失,味道不会发生改变。走到这里,生鲜乳经过均质、闪蒸、除菌分离、超高温瞬时灭菌后变成了无菌奶,无菌奶通过管道进入下一个车间进行自动灌装。

5. 灌装工艺

大家现在眼前看到的是自动灌装车间,采用全球先进的自动灌装设备。灌装时必须要达到无菌环境、无菌溶液、无菌输送、无菌设备、无菌包材条件,缺一不可。眼前看到的生产线每秒可以灌装出 5 包产品,每小时灌装 20000 包,相当于 5.2 吨牛奶,产品的灌装全部是在无菌环境下进行。产品灌装好后就会立即喷上每包产品专属的生产日期和批次,就像我们的身份证号一样,这个标识也是作为后期从牧场到餐桌的唯一可追溯的标识。

6. 空中小车、自动装箱环节

大家注意看一下头顶,车间上方有一条智能化通道,这是机器人空中小车的运行轨道。空中小车会从包材库房自动提取外包装纸箱和吸管,然后送到所需要的生产线上。下面,您眼前看到的就是自动装箱环节。在这里,每包产品要完成自动粘吸管、自动装箱、自动称重检测以及自动码垛等一系列工作。

7. 转码垛、中控室、参观平台

您脚下的这个工厂建设时集合了 119 项创新,您看到的智能码垛机(见图 4-22)就是其中的一项。我们采用高效的码垛机代替过去的手动操作,大大提升了生产效率。而过去在这个环节需要 9 名工人同时工作。码好垛的产品通过脚下的轨道滑行到您身后的库房。

图 4-22　智能码垛设备　　　　　　　　　　　　扫码看彩图

现在请您走到另一侧,在地面上有一些智能小车,它们会把刚才码好垛的产品接上,然后送到对面库房的入口处。右边的智能化立体库,能存放 50000 吨产品。所有产品的入库与出库全部由电脑控制完成,遵循先进先出的原则。对于所有入库的产品,检验员会对每批产品进行抽样检验,52 项检测指标合格便可放行、出厂。

大家向前再回到左侧,下边看到的玻璃工作室是中央控制室,这里是整个工厂的大脑及神经中枢。它是同时具备自主计划、运行、维保、管理的智能化生产系统。

2021 年,蒙牛集团结合现有智能制造基础,对六期工厂进行了智能制造的全面升级,实现了真正意义上的数字化智能工厂。

大家再随我向前,眼前可以看到产品已经完成了自动灌装,接着来到开放式车间进行自动打码、套标、扣上外层盖子、贴上防盗标签,然后进行自动装箱,装好箱的产品由机器人负责装入中转箱中,最后完成自动码垛和入库。工厂生产环节的参观暂时先到这里,接下来您将参观的是 MENGNIU WAY。

8. MENGNIU WAY

这一条 MENGNIU WAY 文化长廊(见图 4-23),为我们演示了乳业这几千年的发展历程。国外的考古学及其他行业的科学家们发现,在第四纪大冰期,由于那时的欧洲人无法分

图 4-23　MENGNIU WAY 文化长廊　　　　　扫码看彩图

解出牛奶中主要糖分乳糖的酶,因此并不能直接饮用牛奶。在 7000 多年前,一个基因突变扩散到了整个欧洲,使人类获得了产生乳糖酶从而终生饮用牛奶的能力。

而关于喝奶的历史,可以追溯到公元前 5000～4000 年。在用希伯来语写成的圣经《旧约》中,牛奶被提到了 47 次。而据中国的《史记》记载,约公元前 200 年,生活在草原上的匈奴人就已经有饮用牛奶的习惯,北魏的《齐民要术》更记载了当时人们用以制作干酪的原料主要是牛奶和羊奶。

虽然人类饮奶的历史很长,但牛奶由于不易保存的特点,一直无法真正走进千家万户。我们现在能够随时随地饮用一杯牛奶,要归功于法国生物学家路易·巴斯德。他在 19 世纪 60 年代,也就是大约在中国的清朝末年,发明了"巴氏灭菌法"。通过加热的方式将牛奶中的大多数病原体杀灭,让牛奶更安全、更健康,且能够保存更长时间。到了 1961 年,牛奶的消毒技术再次实现突破。由瑞典利乐公司与瑞士厄西纳公司共同研发出了"超高温灭菌技术",刚刚我们已经在工厂的参观中见到了这套灭菌设备。通过 UHT 消毒,牛奶可以在常温的状态下保存最长一年的时间。

众所周知,蒙古族被称作是马背上的民族,其实,奶牛也是生活在内蒙古广阔草原上的一大特色。大家可以仔细观察下周边这些富有蒙古族特色的生活用品(见图 4-24),得天独厚的自然条件,使得传统的乳制品制作在内蒙古非常盛行。这片大草原能够孕育出蒙牛这样的大型乳企,很大程度上要归功于"牛奶文化"的传承。

后面长廊为我们展示了世界乳业布局、牛奶消费情况,以及牛奶在中国的发展历程等内容。大家继续前行,可以参与同机器人的互动。

图 4-24 特色休息区

扫码看彩图

9. 奶罐车卸奶

现在我们看到的就是蒙牛的奶罐车。车辆来到工厂后,首先要到达采样区,采样员要对奶车的信息进行核对,并检查奶车罐口的电子铅封、奶车卫生情况等,对采样器具进行消毒后给予采样检验,所有检验项目中一项检测不合格均予以拒收,同时为了对后续出现的个别食品安全质量问题有追溯性,蒙牛建立了完善的质量追溯体系,并采取了生鲜乳 2 个月留样的方式,将对后续出现的食品安全质量问题进行及时追踪和查找原因。

右手方您看到的是收奶广场,当奶车每给蒙牛送完一次奶,就必须要在蒙牛的自动化洗车场进行一次免费的"桑拿浴",通过高温水、酸、碱及蒸汽清洗,做好登记后方可离厂,避免陈奶污染新奶。我的讲解服务就到这里,感谢大家的配合。

拓展阅读

蒙牛集团对外开放参观工厂

第六节 特色文化演艺活动(含非物质文化遗产)

学习引导

非物质文化遗产,是指各族人民世代相传并视其为文化遗产组成部分的各种传统文化表现形式,以及与传统文化表现形式相关的实物和场所。① 既是中华民族优秀传统文化中的珍稀资源,也是旅游者了解地方文化特色的重要依托。了解区域非物质文化遗产代表性特色项目,掌握国家级非物质文化遗产名录项目,系统地讲解具有特色的名录项目,是导游人员应具备的能力。

一、那达慕与男儿三艺

各位团友,领略了草原的自然风光,下面我带领大家去观看一个内蒙古的非遗项目"那达慕"。"那达慕"是蒙古语,翻译成汉语是"游艺会"或"娱乐聚会"之意,是蒙古族的传统集会,更是富有浓郁区域民俗特色的草原盛会。那达慕大会于2006年被列为国家级非物质文化遗产名录。

"那达慕"的历史十分悠久。据史书记载,那达慕起源于13世纪初,那时候的蒙古族首领在召开"忽里勒台"(大聚会)的同时,都要举办那达慕大会。现存关于那达慕最早记载的是《成吉思汗石》,石文中说,成吉思汗在征服了花剌子模后,为庆祝战争的胜利,在一个叫布哈苏其海的地方举行了一次盛大的那达慕大会,会上进行了射箭比赛,当时成吉思汗的侄子叶松吉取得了335步外远射的胜利。

到元、明两代,赛马、射箭和摔跤作为"男儿三艺"已经成为那达慕大会的固定项目。在那达慕大会上,除了体育、文艺活动外,还增加了集市贸易、物资交流等内容,参与者也并非只有单纯的蒙古族牧民。那达慕大会一般举行三到七天,参加的人数少则几百,多则数以千计。

---

① 《中华人民共和国非物质文化遗产法》(2011年2月25日)。

蒙古族人民一贯能骑善射、勇敢彪悍，摔跤、赛马、射箭是蒙古族所喜爱的、相当普及的民间体育活动，其历史悠久，素有"男儿三艺"之称，也是那达慕大会的重要内容。蒙古族人民勇敢、彪悍、豪放的性格均在竞技中有充分的展示。

我们先说三艺中的赛马。蒙古族号称"马背民族"，世代与马为伍，蒙古族把马作为自己亲密的伙伴，每逢喜庆节日，牧民都要举行赛马活动。赛马更是那达慕大会上的一项重要活动内容，在那达慕比赛中，赛程少则几千米，多则几十千米。比赛分赛走马和赛跑马两种：赛走马是评比参赛赛马走得快、稳、美，类似于人类体育比赛的竞走；赛跑马是最为常见的比赛，主要看骏马的速度和骑手驾驭骏马的能力，参赛马的数量多少不限，少则二三十骑，多则百余骑。在草原上进行直线赛跑，赛程为20～30千米不等，一次决定冠亚军，参赛选手大多为年轻人，比赛时，他们穿着华丽的服装，头发上系着彩色的飘带，显得十分潇洒英武。

然后，再说说射箭。蒙古族历史上又被称为"引弓之族"，他们认为弓箭是祖宗传给后代的圣物，射箭也就成为不可缺少的体育项目。在古代射箭既是生产活动——狩猎，又是军事活动。现在它成为锻炼人们意志，增强人的臂力、腰力、腹力，扩张胸围的一项体育运动。蒙古族很早以前一般使用牛角弯弓、皮筋弦、木质箭、铁质箭头，射程在20米左右。后来随着弓箭材料的不断改进，弓箭的样式也不断推陈出新。在比赛中，箭靶也由原来的简单物件改为五色毡靶，靶心是活动的，射中即脱落，因此越近靶心，掉落部分越小，说明箭术越好；也可以不设毡靶，在几十米外射中一个特定目标，多中者即为优胜。

蒙古族的射箭比赛，分为静射（定点射）和骑射（跑马射）两种，规则是每人射九箭，分三轮射完，以中靶次数多少决定名次。静射，就是要求选手站在固定的位置上，根据裁判的命令把箭射向固定的靶子。骑射则要求选手在奔跑的马背上射箭，射箭的场地宽约4米，长约80米，一般设有三个固定的靶位，靶位之间的距离约25米，第一、第二个靶位在射手左侧，第三个靶位在射手右侧，比赛时要求射手在跑道上驰骋，同时抽弓搭箭，射向靶心。

最后给大家讲一讲蒙古族摔跤。蒙古语称摔跤为"搏克"，直译为"结实"，意译为"攻不破、摔不烂、持久永恒"。这不仅仅是一个简单的体育运动，更是蒙古族传统文化的结晶。蒙古族搏克于2006年被列为国家级非物质文化遗产名录。

搏克不仅是那达慕大会的"男儿三艺"之一，也是蒙古族较为广泛和普及的群众性体育项目，因这项运动不拘于场地和时间限制，可以随时随地进行。正式的摔跤比赛时，摔跤手身上穿着用牛皮或帆布制成的"招得格"（又称"卓得戈"），类似于现在的坎肩，坎肩的边沿镶有铜或银制的袍钉，前胸敞开，后背嵌有圆形银镜或吉祥图案，腰间系有用红、黄、蓝三色绸缎做成的围裙，蒙古语称为"希力布格"，下身穿肥大的摔跤裤，外套一条绣有多种动物或花卉图案的套裤，脚蹬蒙古靴或马靴，脖子上套有五色彩带"景嘎"——名次的标志，彩带的多少标志着获胜的次数。

值得注意的一点是,参加搏克比赛的人数必须是偶数,而且是二的次方数,最多可达1024人。因为比赛采取淘汰制,没有时间限制,一跤定输赢,败者不能再次上场。这样每一轮比赛的参赛选手都将是偶数,直到最后仍是两人角逐冠亚军。此外,蒙古式摔跤不受地区、体重等限制,据说这些规则来源于古代的战争,因为战场上的对手是不容自己选择的。搏克比赛选手入场时高唱摔跤之歌,歌唱三遍之后,摔跤手挥舞着双臂,跳着狮子步、鹰步或鹿步上场,顺时针绕场一周后,比赛双方互相握手致意,然后比赛开始较量。搏克比赛过程中,不能采取类似擒拿术的反关节技法,也不可抱腰部以下部位,主要以技巧取胜,有推、拉、绊、缠等多种技巧,比赛中,以选手膝盖以上任何部位着地即算输。

"男儿三艺"是蒙古族人普遍喜欢的竞技运动,它们和那达慕大会一样,已经融入了蒙古民俗的文化当中,随着时代的进步,又不断赋予了新的内容,成为典型的民俗文化现象,也成为中外游客向往的民俗活动项目。

非物质文化遗产链接

那达慕

蒙古族搏克

二、千古马颂

"蓝天、白云、绿草地"这是大家对于内蒙古最深刻的印象,但这样的画面中还缺少灵动感,如果再加上"牛羊好似珍珠撒"和"牧人轻挥套马杆",这样两个场景,那辽远而灵动的草原形象便会跃然于眼前。

蒙古族历来被誉为"马背上的民族",骑马牧羊是大家对于草原牧民的形象描绘。在漫漫历史长河中,蒙古人一直与马为伍,相伴前行。尽管随着时代发展,马的传统牧业作用已被机械所取代,但马在蒙古人心中,有着独特的精神寄托作用。马的品格与蒙古族的精神气质息息相通,马文化也是草原文化不可或缺的重要组成部分。习近平总书记在2014年初考察内蒙古时指出："蒙古马虽然没有国外名马那样的高大个头，但生命力强、体魄健壮。我们干事创业就要像蒙古马那样，有一种吃苦耐劳、一往无前的精神。"蒙古马精神不仅是在蒙古族或内蒙古地区传承的精神，也是中国优秀传统文化的重要组成部分。

蒙古马除了习近平总书记指出的这几种精神之外，自身还有着丰富的艺术性特征，马自身的形态、运动能力等都是传统中华审美的重要内容，有句话叫"千里马常有，而伯乐不常有"，说的就是在识马、认马的审美中，不是谁都能够看出马自身的潜力和艺术性的。大家走过大江南北，除了马术俱乐部和草原上大家所见到的马，还见过多少种马？那这些马是否会给大家表演呢？我们内蒙古率先推出了以马为主要演员的大型实景演出剧——《千古马颂》（见图4-25）。这是大家在体验内蒙古壮观的自然景观之外的一项文化视觉盛宴。

图 4-25 《千古马颂》剧照

扫码看彩图

《千古马颂》由2008年北京奥运会开、闭幕式执行导演穆青担任总导演，在节目内容的编排上主要以马的表演为主。其中既有专业马术技巧的集中展示（见图4-26），也有阵容宏大的马队行进表演；既有骏马飞驰的紧张刺激，又有人马对话的脉脉温情。剧情中巧妙地穿插融入了呼麦、长调、马头琴、蒙派杂技、民歌、蒙古舞等多种草原文化精华的艺术形式，是一台不容错过的精彩演出。

《千古马颂》最初于2014年在锡林浩特市中国马都核心区开演，2017年自治区文化和旅游厅将《千古马颂》成功引入呼和浩特市，市场反响好评如潮。整个剧目由"序、马背家园、马背传奇、千古马颂"四个篇章组成，全剧以蒙古族少年自出生起在马的陪伴下成长、婚恋、成家、立业、战争、返乡等多个人生场景，在演绎人马情缘、马背文化的同时，凝结了蒙古人对马的精神寄托（见图4-27）。全剧整场演出参演马匹100余匹，参演骑手及演员150余名。

图 4-26 精彩的马上技术   扫码看彩图

图 4-27 人马情缘   扫码看彩图

2019 年剧目中加入了新"演员"——12 匹狼（7 匹成年狼、5 匹狼崽），这些狼都来自电影《狼图腾》剧组，这些元素为观众带来更为震撼的审美体验。

介绍过这部具有特色马的旅游演艺实景剧后，我再为大家介绍一下参演这部实景剧的马种（见图 4-28）。

（一）蒙古马

蒙古马是世界四大古老马种之一，它虽然体型较小，但体质强壮，抗病耐劳，不畏寒冷，

图 4-28 宏大的马术场景

善于长跑,生命力极强,经过调训的蒙古马,在战场上勇猛无比,历来是一种良好的军马,剧中参演的马匹有 60% 都是蒙古马。

（二）安达卢西亚马

安达卢西亚马产自西班牙,也是世界上最古老、最纯正的马种之一,安达卢西亚马有着骄傲、勇敢的气概,拥有驯良且易与人亲近的气质。安达卢西亚马不仅是西班牙小孩最惯常骑乘的马匹,也是在各种表演与游行场合中,最能够展现爆发力的马种。

（三）汗血宝马

汗血宝马学名阿哈尔捷金马,是世界上古老神秘的马种之一,原产地为土库曼斯坦。它外表英俊神武、体型优美、轻快灵活,具有很强的持久力和耐力,可以长距离的骑乘;其皮肤较薄,奔跑时,能够看到血液在血管中流动,出汗后局部颜色会显得更加鲜艳,给人以"流血"的错觉,因此称之为汗血宝马。目前全世界汗血宝马的总数量为 3000 匹左右,其中 200 多匹都在土库曼斯坦。汗血宝马是土库曼斯坦的国宝,通常在外交时,国家领导人将汗血宝马当作礼物,赠送给贵宾。2014 年 5 月 12 日,中国国家主席习近平便接受了土库曼斯坦总统赠予的一匹汗血宝马。

（四）卢西塔诺马

古老的葡萄牙马种卢西塔诺马,温和,伶俐,且拥有绝佳平衡能力,它有着鹰一般的面部线条,它高贵的气质、优雅的风姿成为今天舞台上新的焦点。

(五)弗里斯兰马

弗里斯兰马原产地为荷兰,是荷兰唯一单一血统纯种马。它性格友善,外形漂亮,四肢发达,步伐节奏分明,有如跳舞一般,因此被人们誉为"天才的舞蹈家"。弗里斯兰马因品种纯、数量少而显得异常珍贵,被誉为马中的"劳斯莱斯",也因其外表黑色闪光被称为"弗里斯兰黑珍珠"。

(六)改良马

改良马是由国外引进的优良品种马与蒙古马杂交改良而来。20世纪80年代初,依靠苏联引进的卡巴金马,中国培育出了第一代改良马——锡林郭勒马,后来又进行了再次改良,新型锡林郭勒马兼具速度与耐力双重优势,近几年在国内马坛得到一致认可。

(七)德保矮马

德保矮马是世界上最矮的马种之一,也是世界上稀有的优良马种。它体型秀美,性情温驯,虽然没有高大的体魄,但也不失健壮。它善爬耐驮、坚韧不拔的优点,尤为人们所称道,是山区人民交通和运输的重要工具,也是动物园中受游客喜爱的观赏动物。

(八)阿拉伯马

阿拉伯马是世界上古老名贵的马种。考古学发现它们源于4500年前,原产于阿拉伯半岛。在干旱少雨、食物匮乏的条件下,经长期精心选育而成。该马对世界上许多优良马种的形成起过重要作用。英纯血马、奥尔洛夫马、莫尔根马等,都含有阿拉伯马的血统。它体形结构匀称优美,为高级骑乘马,有专门的阿拉伯马比赛。它短程速度不如英纯血马,但长程赛跑成绩良好。由于其外形好、能力强,一些品种靠引入阿拉伯马改善外形,提高能力。

(九)温血马

荷兰温血马的起源来自荷兰两个本地的品种,海尔德兰马与格罗宁根马。自古以来荷兰的农夫靠马生活,很早就建立了严格的培育马的方法,来淘汰品种中存在健康与性格缺陷,以及智能不足的马。这种严格筛选的做法,造就了今天的荷兰温血马。温血马现已成为世界上较成功、较流行、较受欢迎的马术竞赛与骑乘用马。

三、蒙古族婚礼

蒙古族婚礼是蒙古族综合文化的结晶,也是蒙古族生活民俗的集合体现。蒙古族在我国分布较为广泛,区域间文化差异明显,因而其婚礼也各有特色,内蒙古自治区、东北三省、新疆维吾尔自治区、河北省、青海省都有集中分布,其余散布于河南、四川、贵州、北京和云南等地。各地婚礼可谓形式多样且内容丰富,在不断同当地各民族人民的交往交流中发展变化与传承。蒙古族婚礼,以其独具特色的文化魅力,于 2008 年入选国家级非物质文化遗产名录,而其中具有特色的"鄂尔多斯婚礼"早在 2006 年已入选国家级非物质文化遗产名录。下面以"鄂尔多斯婚礼"为例进行介绍。

鄂尔多斯蒙古族婚礼素来以隆重的礼节、独具特色的仪式、热烈的气氛、生动优美的祝词闻名于世。婚礼前的序曲是"定亲"和"开婚"。青年男女经过双方父母说媒定亲之后,姑娘就要等待分辫出嫁,就是把前额上的头发分梳出六条小辫子归拢到后面的大辫子上作为标志,表示姑娘已经订婚待嫁了。开婚仪式上由双方的父母商定举行婚礼的良辰吉日。然后双方分别邀请各自的亲朋好友参加仪式。

鄂尔多斯婚礼的全过程大体包括乘马娶亲、闭门迎婿、献羊祝酒、求名问庚、女嫁晚宴、新娘上马、迎新拜灶、放夜送客等八个主要部分。

举行婚礼的日子到来了,接到邀请的亲朋好友身着艳丽的服装,带着礼物纷纷来到新郎家中,提前举行庆祝仪式,载歌载舞。在黄昏日落时分,萨德格(娶亲的人,一般由大宾、伴郎、祝颂人、新郎等组成)和客人们来到门前的禄马风旗(天马旗)下,拜祭先祖成吉思汗,祝颂人高颂《弓箭赞》和《骏马赞》,新郎把一瓶酒藏在马鞍或马尾、马鬃中。然后背好弓箭(防止野兽、防止抢亲),萨德格一行人就连夜出发策马奔向新娘家。途中还要举行祭祀天地等诸神的仪式。

迎亲的队伍来到新娘家时,萨德格一行沿着女方家燃烧的旺火顺时针绕宅院一周后,祝颂人在马上手捧哈达向门前东边的灶台高颂《图勒嘎赞》《骏马赞》等。新娘家的人接受了哈达,萨德格下马品尝奶食和圣饼,互致问候后走向迎宾大厅。这时伴娘们忙着从新郎的马上搜寻那一小瓶酒,如果找不到就要被笑话。

萨德格来到客厅门前,主宾和其他人径直被迎进屋内,而新郎和祝颂人却被女方的祝颂人和伴娘们挡在了门外。于是双方展开一场精彩的斗智的问答,双方都极尽巧妙地询问对方情况,并不失时机地展示各自的风采,最后才允许男方家进门。萨德格请女方的客人全部入席,摆上全羊后,男方祝颂人再斟酒高颂《献羊祝酒词》,新郎向女方客人一一行礼敬酒。男方祝颂人端出带给新娘的衣服、首饰,请新娘的父母和宾客过目。女方的主婚人尝过全羊后,伴娘收拾好衣物,新娘家的酒席正式开始。

在欢歌笑语中,男方祝颂人带领新郎向女方的嫂子高颂求名问庚的祝词。根据鄂尔多斯传统,姑娘在出嫁时都要取一个新的名字,并在宴席上公开宣布。女方的嫂子故意避而不答,反而提出许多问题要男方的祝颂人回答,于是新一轮妙趣横生的舌战再次展开。经过一番斗智之后,女方的大嫂才说出了新娘的新名字,并代表新娘与新郎交换哈达。

夜深时分,宴会再次掀起高潮,新郎必须按照一定的次序一一给宾客敬酒,新娘家的主要宾客在接受敬酒时也要向新郎赠送衣服、佩饰等礼品。就在人们痛饮狂欢之际,男方祝颂人带领新郎来到"小辈房"会见新娘。在新娘的房间里,伴娘们端上来一个半生不熟的羊脖骨,请新郎用手掰开,用以试探新郎的智慧和力量,聪明的新郎用手掰一掰就会发现羊脖骨里暗藏的玄机——一根红柳根或铁棍,然后将它取出,把羊脖骨掰断。这时候如果伴娘们仍然没有找到新郎马身上藏着的小酒瓶,男方祝颂人就会再取笑她们一番,然后和新郎再次回到宴饮大厅。

这时新娘的房间里又会出现另一种景象,那些平素和新娘要好的姑娘们看到新娘启程的时间快要到了,就纷纷把自己的绸腰带解下来连在一起,从新娘的一个袖口里穿进去经过后背从另一个袖口里拉出来,然后用同样的方法把自己也一个一个连接在一起,痛哭流涕、难舍难分进行"阻嫁"。几经家人劝阻,才能把她们分开。婚事总管宣布"装新",这时有一对德高望重、儿孙满堂的老夫妇(或由新娘的母亲)作为"绾头爹娘"过来,老额吉唱道"乌黑闪亮的发辫啊,好似蛟龙卧在肩。秋波粼粼的双眼啊,像是明澈见底的清泉。我们可爱的姑娘啊,你的命运在遥远的天边。"边说边解开新娘的发辫,为她梳理头发,然后戴上头饰,表示她的姑娘时代已经结束,少妇时代从此开始。

在女方家通宵达旦的欢乐之后,次日凌晨,迎亲的队伍就要接上新娘启程了,人们簇拥着头戴红纱的新娘上马,新娘的嫂子牵着马,大队人马绕着宅院或蒙古包一周,缓缓启程。人们唱起送亲歌和出嫁歌,送亲的队伍一同前往。

娶亲的队伍行驶在路途中,碰到了新郎家在野外迎候的人群。祝颂人迎上前去高诵《迎新词》,迎亲的人们向送亲的宾客一一敬酒。萨德格趁众人喝酒之际,飞奔回男方家中报信,然后偕同男方家的父母到门前迎候新娘和送亲的队伍。新娘到达之后,新娘的嫂子把马引到新郎家的两堆旺火前,把缰绳结成一个环扔向火堆的另一面,新郎把马鞭子套入环中,牵着新娘从火堆中间走过。这意味着爱情的忠贞,并接受了火的洗礼,也寓意着将来的日子红红火火。

新娘进门后,首先要拜灶神,祝颂人为她高诵《祭灶词》。然后向婆婆、主婚人等行礼,婆婆等人一一向新娘赠送礼品。这时客厅里的送亲宾客在喝过茶以后,向男方家献上全羊。新郎家的婚宴又在歌声中开始了。新人三番向众宾客敬酒,人们弹起三弦,拉响四胡,载歌载舞,饱醉讴歌,通宵达旦,彻夜狂欢,称之为"放夜"。

第二天早晨,新娘必须早早起床,倒掉炉灰烧水。婆婆要授给新娘一把勺子,新娘叩谢,婆婆再赏给新娘一块羊胸叉骨以示疼爱之意。当天送客仪式在门前举行,男女方宾客呈环形而坐(男方宾客在东,女方宾客在西),中间摆放着各色礼品,总管致《送客词》,然后摆上羊背子、全羊汤面条,为宾客饯行。至此婚礼方告结束。在婚后还有"回门"等习俗。

鄂尔多斯婚礼一般要进行三天三夜,婚礼中充分体现了蒙古族浓郁的礼俗和民间艺术,是鄂尔多斯民俗风情的典范。随着时代的进步,鄂尔多斯婚礼已经有所简化和改进,为保留这一文化瑰宝,鄂尔多斯众多民间艺人几经努力,发掘整理并不断推陈出新,把这一婚礼形式搬上舞台,这就是著名的歌舞剧《鄂尔多斯婚礼》。

《鄂尔多斯婚礼》是蒙古族婚礼的典型代表,有机地结合了蒙古族的宗教文化、礼仪文化、祝颂文化、传统的艺术、服饰文化、饮食文化和独特的马背文化等,经现代艺术设计后的舞台剧,更是将以上内容浓缩于一体,是内蒙古优秀的地方特色演艺节目之一。

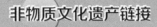

非物质文化遗产链接

蒙古族婚礼之鄂尔多斯婚礼

鄂尔多斯天马旗祭祀

蒙古族四胡音乐

四、呼麦与长调

根据联合国教科文组织的《保护非物质文化遗产公约》定义:"非物质文化遗产"指被各社区、群体,有时是个人,视为其文化遗产组成部分的各种社会实践、观念表述、表现形式、知识、技能以及相关的工具、实物、手工艺品和文化场所。这种非物质文化遗产世代相传,在各社区和群体适应周围环境以及与自然和历史的互动中,被不断地再创造,为这些社区和群体提供认同感和持续感,从而增强对文化多样性和人类创造力的尊重。

内蒙古地区最具代表性的演艺瑰宝、具有"世界非物质文化遗产"头衔的,莫过于呼麦与蒙古族长调民歌,这两种非遗表演既具艺术震撼力,也是最容易被大众接受的表演形式。

(一)知识背景

1. 呼麦

"呼麦",又名"浩林·潮尔",是蒙古族复音唱法潮尔的高超演唱形式,是一种"喉音"艺术,这种艺术形式源于蒙古西部的阿尔泰山脉的演唱形式。表演者模仿自然界的声音,能够同时发出两种不同的声音,在发出持续基础低音的同时,歌手演唱出和谐的旋律。蒙古呼麦有很多种,传统的呼麦可分为两种主要风格:深呼麦和口哨呼麦。深呼麦歌手用正常的声部唱基础低音,同时突出一个八度以下的低音或次谐音。在口哨呼麦中,突出的是高于基础低音的高音部,产生效果类似于尖锐的口哨。这两种情况下,都是通过拉紧声带产生基础低音,通过调节口腔形状和大小、开唇和闭唇以及舌头移动产生曲调。蒙古族人民在不同社会场合如盛大的仪式,或家庭节日庆祝中演唱呼麦。放牧的途中或是在蒙古包中哄婴儿入睡也会演唱呼麦。依据传统,呼麦仅通过师徒口口相传的形式进行传承。2009年10月,中国蒙古族呼麦成功入选世界非物质文化遗产名录。

2. 蒙古族长调民歌

蒙古族长调民歌以鲜明的游牧文化特征和独特的演唱形式讲述着蒙古族对历史文化、人文习俗、道德、哲学和艺术的感悟,被称为"草原音乐活化石"。蒙古歌曲分为两个主要品种,即"长调"与"短调"两种形式。作为与盛大庆典、节日仪式有关的表达方式,长调在蒙古社会享有独特和受人推崇的地位。婚礼、乔迁新居、婴儿降生、马驹标记以及其他蒙古游牧民族的社交活动和宗教节庆仪式上,都能听到长调的演唱。包含摔跤、射箭和马术比赛的狂欢运动会"那达慕"大会上,更能听到长调。长调是抒情歌曲,它赞美美丽的草原、山川、河流,歌颂父母的爱情、亲密的友谊,表达人们对命运的思索。在蒙古国和中国北部的内蒙古自治区牧民的社会和文化生活中,长调扮演着主要角色。2005年,中蒙联合申报的"蒙古族长调民歌",被联合国教科文组织列为第三批"人类口头和非物质遗产代表作"。

(二)导游讲解

各位团友,大家好。每一次旅游,都是一次全方位的感悟。我们用眼睛感悟这天地间的美景,用味蕾感悟美食,用耳朵感悟天籁般的音乐。有人说世界最纯净的地方是在拉萨,那么我便要说世界上最能听到天籁之声的地方应该是在这茫茫的内蒙古草原上。蒙古族是一个热爱歌舞的少数民族,而最具代表性的音乐艺术,除了马头琴外,便是蒙古族演唱艺术的瑰宝长调和呼麦。在这次内蒙古的感悟之旅中,您会深度地体会到草原上素有"声乐的双子星,音乐活化石"之称的蒙古族传统声乐技艺呼麦及蒙古族长调。下面就让我为您简单介绍这两种演唱形式,以便一会儿晚会进行中,大家能够更好地欣赏演出。

1. 呼麦

我们先说说"呼麦"这个极其独特的蒙古族音乐瑰宝。

从形成原因及历史时期来看,在蒙古族传说中,古代先民在深山中活动,见河汊分流,瀑布飞泻,山鸣谷应,动人心魄,声闻数十里,便加以模仿,于是产生了呼麦。当然这只是传说,其实呼麦是阿尔泰山原住民创造的一种神奇的歌唱艺术,早在13世纪蒙古帝国之前就已在广袤的地域上流传。据考证,呼麦的历史最早可以追溯至匈奴时期,即在匈奴时代就已经产生了呼麦。

从名称及演唱技术来了解,"呼麦"又名"浩林·潮尔",是蒙古族复音唱法潮尔的高超演唱形式,是一种"喉音"艺术。运用特殊的声音技巧,一人同时唱出两个声部,形成罕见的多

声部形态。演唱者运用闭气技巧,使气息猛烈冲击声带,发出粗壮的气泡音,形成低音声部。呼麦声部关系的基本结构为一个持续低音和它上面流动的旋律相结合。又可以分为"泛音呼麦""震音呼麦""复合呼麦"等。在中国各民族音乐中,它是独一无二的,呼麦在蒙古族的不断传承及艺术加工中完善。2009年10月1日,中国蒙古族呼麦成功入选世界非物质文化遗产名录。正因如此,作为当代蒙古族继承并传播开来的呼麦艺术,不仅轰动国际乐坛,也引起世界各国社会学、人类学、历史学、文化艺术学等专家学者的极大兴趣和普遍关注,更为民族音乐学家、声乐界专家学者高度重视。中国音乐家协会名誉主席、音乐理论界泰斗吕骥先生指出:"蒙古族就有一种一个人同时唱两个声部的歌曲,外人是想象不出来的,我们应该认真学习研究。"内蒙古音协名誉主席莫尔吉胡撰文指出:"浩林·潮尔音乐是人类最为古老的具有古代文物价值的音乐遗产,是活的音乐化石,是至今发掘发现的一切人种、民族的音乐遗产中最具有科学探索与认识价值的音乐遗产。"

从音乐流传的阶层范围来看,在民间,当呼麦伴着马头琴悠扬响起,牧民驰马而过,低沉的歌声带着忧伤,长年累月,奔波游牧。萨满鼓唤醒劳累的身体,口弦如天外来音,大家围在篝火边舞蹈。

他们为什么那么忧伤,又为什么那么欢快,有时像孤独地在冰川上逃亡,有时是虔诚地对上天祈祷。但无论如何,您都能听到一颗纯净美好的心灵在对生命歌唱。这便是呼麦给您带来的特别音乐感悟。

而从另一个层面,呼麦这种独特的音乐形式,不但在草原游牧部族民间脍炙人口,更是皇家大汗宴会时的主要音乐形式之一。在13世纪,蒙古大汗宴请他的功臣时,要主持召开美食相伴、歌舞升平的皇家盛宴"诈马宴",而在诈马宴的时候,呼麦便是不可或缺的压轴表演曲目。可见,蒙古的音乐"呼麦",上至大汗,著名曲目有《满都拉汗赞》;下至牧民,著名曲目《蒙古游牧》皆可欣赏吟唱。音乐无贵贱,呼麦无阶级。

从宗教中的音乐感受来了解,在草原人民的宗教信仰中,藏传佛教与萨满教是占主导地位的。而在这两种宗教信仰和仪轨中,都有呼麦的身影出现。

呼麦在特殊领域的特殊作用方面,曾有记载,呼麦除了音乐及宗教的传播作用之外,在元朝时期的某些特殊历史时段,也起到了密码语言的作用。元朝施行的是元上都与元大都之间两都巡幸制。蒙古皇族为了使得他们的行踪不为外人掌握,在迁移的过程中,通过呼麦的曲调及泛音的频率不同,来传递一些密级很高的信息。就算是把这套"呼麦"传密系统套用到现代,现代的破译专家想来也是要费一番功夫,才能知晓一二。

经过我多角度地对呼麦这种蒙古族独有音乐形式的讲解,不知道各位贵宾,是否对呼麦有了一个大致的认识。如果还是有些模糊,不要紧。每天在车上,我都会选择几首呼麦音乐给大家听,草原上的篝火晚会上同样也会有呼麦的表演节目。我想,经过我的理论讲解,结合您的实地感受,反复聆听,在这次行程结束后,您就是没学会演唱呼麦,也会成为一名呼麦品评家。

2. 蒙古族长调民歌

蒙古族长调可称为游牧文化的"一朵永不凋谢的花朵"。常伴有颤音和装饰音。哪里有草原,哪里就有长调,哪里有牧人,哪里就有长调。长调是草原上的歌,是马背上的歌。

它有着和世界上任何民族歌唱艺术不同的结构和要素。长调尤其值得称道的是悠扬的旋律、繁复的波折音和只可意会的内在节律。演唱长调时,常有将一个完整乐段从低音区提到高音区,再降到低音区的完整过程,有时一支长调要有几组这样的过程。长调在音乐上的主要特征是歌腔舒展、节奏自如、高亢奔放、字少腔长,不少乐句都有一个长长的拖音,再加上起伏的颤音,唱起来豪放不羁,气贯长虹。

长调一般为上、下各两句歌词,即四句歌词分两遍唱完。长调演唱艺术只能根据演唱者的生活积累和对自然的感悟来掌握,而不能像短调歌曲的节拍那样以"强和弱、1和2"来固定地表达。即不同的人演唱的节律各不相同。长调歌词的绝大多数内容都是描写草原、骏马、骆驼、牛羊、蓝天、白云、江河、湖泊等。

而对这些草原特有的景色,只有悠远的长调才能绝妙地加以表现。蒙古族长调的唱法以真声为主,它感叹自然、讴歌母爱、赞美生命、诉说爱情,它把蒙古族的智慧及其心灵深处的感受表现得淋漓尽致。不论人们在什么时候、什么地方,只要听到悠扬舒缓的蒙古族长调,便会联想起那茫茫无际的大草原,联想到蓝天、白云、毡包和畜群,都会令人体味到草原独有的春天的喜悦、夏天的激情、秋天的深沉和冬天的苍凉。长调是流淌在蒙古人血液里的音乐,是离自然最近的一种音乐,是人与自然和谐共存的产物,是一种心灵对心灵的直接倾诉。

这么特别的音乐形式,我们在历史上可以追溯至一千多年前,蒙古族的祖先走出额尔古纳河两岸山林地带向蒙古高原迁徙,生产方式也随之从狩猎业转变为畜牧业,长调这一新的民歌形式便产生发展了起来。在相当长的历史时期内,它逐渐取代结构方整的狩猎歌曲,占据了蒙古民歌的主导地位,最终形成了蒙古族音乐的典型风格,并对蒙古族音乐的其他形式均产生了深刻的影响。可以说,长调集中体现了蒙古游牧文化的特色与特征,并与蒙古族的语言、文学、历史、宗教、心理、世界观、生态观、人生观、风俗习惯等紧密联系在一起,贯穿于蒙古族的全部历史和社会生活中。长调的基本题材包括牧歌、思乡曲、赞歌、婚礼歌和宴歌等。

蒙古族音乐大致可分为三个历史发展时期,即山林狩猎音乐文化时期、草原游牧音乐文化时期、亦农亦牧音乐文化时期。

在狩猎音乐文化时期,其音乐风格以短调为代表,民歌具有结构短小、音调简洁、节奏明了、词多腔少等特点。整体音乐风格具有叙述性与歌舞性,抒情性较弱,这也是原始时期人类音乐艺术的共同特征。从现有资料可以看到,一些明显带有这一时期音乐文化特征的蒙古族民歌,至今仍在民间流传,如《追猎斗智歌》《白海青舞》。

伴随着狩猎生产方式向游牧生产方式的转变,第二个时期的音乐风格也发生了从短调民歌向长调民歌风格上的演变,形成了蒙古族音乐史上的草原游牧音乐文化时期。从音乐

形态学角度上看,此时期既保留发展了狩猎时期的短调音乐风格,又逐步创新形成了长调音乐风格。就长调民歌本身而言,此时期也经历了一个漫长的由简至繁、由低至高的继承发展过程。因此,从公元 7 世纪至公元 17 世纪的千年历史中,蒙古族民歌发展的总趋势可概括为:以短调民歌为基础,以长调民歌为创新,长调民歌逐渐占据主导地位,这一时期也是蒙古族整体音乐文化风格形成的重要历史时期。

大约自公元 18 世纪(清朝中后期)起,随着历史变革及发展,北方草原与中原内地的联系进一步加强,各民族间的融合交流步伐加快。中原地区以农业为主的生产方式也渗透到部分北方草原,文化交流更为频繁。在这样的历史背景下,长篇说唱歌曲等又得到了新的发展,形成了蒙古族亦农亦牧音乐文化时期。这一时期的音乐风格特征可概括为:长调民歌保持特色、更加成熟。

在现代,2005 年中国和蒙古国联合申报的"蒙古族长调民歌",被联合国教科文组织列为第三批"人类口头和非物质遗产代表作"。这是蒙古族音乐在世界文化名录中的一次强有力备注。让蒙古族长调可以在世界范围内,系统化地传播。这是蒙古族传统文化的荣耀,更是中华民族的文化符号多样性的展现。

悠悠长调,在草原的旷野上,传承千年。一代代蒙古人,听着长调长大,听着长调老去。长调音乐已经深入到了蒙古人的灵魂基因,无长调的毡包,便失去了欢乐的氛围。无长调的宴席,奶酒也没了味道。长调承载了蒙古人生命的华彩,绵延了蒙古人的不朽灵魂。

让我借一首蒙古族诗人的诗篇,来给各位描述一下,长调在蒙古族心中的地位:

第一次听到长调,就激起了我内心强烈的震撼。

那如泣的颤音,属于蒙古族的血液,属于高原上浩荡奔淌的河流。

而蒙古族的心灵,更属于这夺人魂魄的音韵。

马头琴苍劲深沉的音色,记载着历史的苍茫悠远,记载着蒙古族的勇猛顽强。

语言隔离不了血脉啊,丢失多年的儿子,总能一眼就认出母亲!

没有旷古悠长的寂寞,就不会发出这样的吟唱。

没有曾经千年的沧桑,怎么有如此的哭歌。

那遥远的蒙古草原啊,百灵鸟还在吟唱吗?

它可是被这冽冽寒风压住了喉咙?

随风而逝的长调,你究竟想引领我去往哪里?

我的脚,走不出这漫漫荒原;

失去了雄鹰,谁来指引这空荡荡的苍天?

长调,你叫我肝肠寸断!此刻我像一个无助的孩子,泪流满面。

如果我真的长醉于此,永不醒来。

那么,就把我的身体化作这敖包上的一块祭石,倾听那悠悠远古泣血的长调!

——《蒙古长调》(潇雨默涵)

如此绝妙的蒙古族长调,我作为一名导游,介绍了这么多。有理论无实践,终究是一个美丽的故事。为了让大家身临其境地听到蒙古族长调,在这次的旅游行程中,我们特别为各位贵宾在参加篝火晚会的时候,准备了长调这传承千年的表演节目。敬请各位届时聆听。

非物质文化遗产链接

呼麦

蒙古族长调民歌

蒙古族马头琴音乐

本章小结

内蒙古是中华民族的发祥地之一,也是中国古代北方少数民族活动的主要区域之一,先后有10多个游牧民族在此生息繁衍,留下了独具特色的优秀中华文化。蒙古族作为其中最具代表性的少数民族,既是各古老民族不断融合的成果,又是在中华民族共同体的整体推进中具有重要代表性的一员。草原游牧生活的特点决定了内蒙古有形人文资源遗存有限,但无形的历史文化积淀、特色的民俗风情、多样的非物质文化项目,都是持续吸引旅游者的重要因素。美好的自然风光,能够带来视觉震撼,但真正让人难忘的,是人文风情给予心灵的共鸣。

"新时代"背景下,人民文化消费需求层次提升,主题文化游、研学教育游将成为时代发展趋势。将人文积淀融于自然山水,讲述好中华优秀文化故事,是文化旅游从业者义不容辞的任务;博古通今,将全区优秀的民俗文化资源有原则、有立场地讲解清楚是内蒙古导游从业人员的基本职责。让自然丰富文化,以文化彰显内蒙古自治区的魅力,增强旅游者游览中的中华民族自豪感,是进行人文旅游资源游览的重要意义。

 导考面试考点

人文资源类旅游景区讲解难度较大,一般通用类知识在该类景区讲解中作用不明显,在掌握景区大的资源分类基础上,考生需对具体景区的人物、民族、事件、重要关系、历史贡献、所处年代、传承关系等进行系统性了解,并结合景区布局情况,对相应景区、人物、活动等进行讲解。这要求考生须认真研究当年考试大纲,重点对大纲选定人文资源类景区进行系统性梳理。在导游讲解中,应重点关注景区主要展示的核心资源与人物,很多人物、民族有特写的读音,也应注意人物讲解中,相关人物的历史年代关系,避免出现不同历史年代人物同时出现的简单错误;而在讲解过程中,具有准确性的专业知识内容,往往是考核重点,而趣味性的风物传说仅应作为辅助内容进行讲解,切忌胡乱编造。

 思考题

1. 人文旅游资源景点讲解中,人物历史故事通常是导游讲解必不可少的内容,既能够使人物、景物形象更为立体,也能够增加讲解的趣味性,但应该了解一下这些故事的真实性,请查阅相关资料思考,"犹抱琵琶半遮面"是否是真实的昭君出塞形象?相应地,再对一些历史人物故事进行思考和考证。

2. 非物质文化遗产是中国优秀传统文化的代表,了解一下内蒙古自治区各类非物质文化遗产项目,重点掌握你所在区域或周边的代表性非物质文化遗产,并试着进行项目简介。

第五章

红色文化资源类旅游景区讲解示例

学习目标

红色旅游是"以参观游览红色景观为主要内容,以接受爱国主义教育和革命传统教育为主要目的的旅游活动。"[①]内蒙古自治区作为全国最早建立的少数民族自治区和模范自治区,具有深厚的红色文化历史积淀,革命人物、事迹众多,革命文物遍布全区。通过本章内容学习,简要了解中国共产党领导下的内蒙古自治区近现代革命发展历史与内蒙古自治区成立过程,理解各区域代表性革命历史精神的代表意义,熟悉自治区重点红色文化旅游景区、革命历史事件和革命人物事迹,能够在掌握相关资料前提下,向旅游者正面传播红色文化精神。

第一节 内蒙古近现代简史

学习引导

《2011—2015年全国红色旅游发展规划纲要》中,将红色文化资源时间区间

---

① 尹晓颖,朱竑,甘萌雨.红色旅游产品特点和发展模式研究[J].人文地理,2005(2).

认定为自鸦片战争以来至改革开放时期。因此,了解内蒙古的红色文化需要详细回顾自1840年以来,内蒙古自治区人民革命发展史和在中国共产党领导下的民族区域自治发展历程。导游人员在进行红色文化旅游资源讲解的过程中,不仅要讲述所游览景区的代表性革命历史事件、人物,更要具备整体的革命历史发展眼光,在同全国近现代历史的联系中进行讲述、总结与展望。导游员要时刻牢记周恩来、陈毅等老一辈党和国家领导人提出的"政治思想(素质)过硬、业务知识过硬、语言水平过硬"的"三过硬"要求,坚持完成好"宣传员、调研员、服务员、安全员和翻译员"的"五大员"工作任务,树立导游员"不忘初心,牢记使命"的政治站位,以社会主义核心价值观指导我们在实际工作中传播红色文化、讲好红色故事。

自鸦片战争爆发后,蒙古族人民积极投身于反帝反封建的人民斗争中,并捐献钱物支持反殖民地战争。20世纪初,清政府推行"放垦"政策,招募内地农民进入内蒙古区域垦种,使草原牧场被大片破坏,导致爆发了空前的反垦斗争。

1911年辛亥革命爆发后,蒙古族的知识分子和上层人士,积极参加辛亥革命,以谋求蒙古族的自由解放。1919年,五四运动爆发。北京蒙藏学校学生荣耀先、特木尔巴根等蒙古族青年参加了示威游行,并积极向归绥(今呼和浩特地区)传播革命思想。

中国共产党成立以后,蒙古族的革命斗争进入了新的历史阶段,以乌兰夫同志等为代表的蒙古族先进分子加入了中国共产党,领导了内蒙古的革命,同国内反动势力、帝国主义和民族分裂主义势力进行了坚决的斗争。

第一次国共合作时期,中国共产党于1925年,先后建立了热河、察哈尔、绥远特别区和包头四个工作委员会,领导内蒙古的革命斗争。在中国共产党的积极努力下,1926年9月,冯玉祥率众在绥远五原县(今巴彦淖尔市五原县)旧城广场誓师,宣布成立国民军联军。"五原誓师"堪称中国共产党发展爱国统一战线的成功典范。1927年四一二反革命政变后,内蒙古革命进入低潮。1929年7月,中共西蒙工委成立,党组织工作逐渐恢复。

1931年,日军发动"九一八"事变,内蒙古东部地区沦陷。随后,热河、察哈尔地区也先后沦陷。期间各地不断涌现出可歌可泣的抗日救国事迹,冯玉祥、方振武、吉鸿昌、苏炳文、马占山等爱国将领,为抗日浴血奋战。1935年12月20日,毛泽东发表《中华苏维埃中央政府对内蒙古人民宣言》,号召蒙古族团结抗日,并协助内蒙古实现民族解放,内蒙古革命士气受到极大鼓舞。1936年2月21日,"百灵庙起义"武装暴动,打响了蒙古族武装抗日第一枪。

1937年,"七七事变"后,日本开始全面侵华,国共第二次合作开始。1937年,内蒙古西部地区重要城镇全部沦陷,日本扶植德穆楚克栋鲁普成立了伪蒙疆政权。1938年,中共蒙古工作委员会在党中央的指示下开展民族武装斗争;同年,在毛泽东主席指示下,李井泉带队建立了大青山抗日根据地;1940年,以宁城为中心的承(德)平(泉)宁(城)抗日根据地建立。为加强民族干部的培养,1941年,中共中央决定成立延安干部学院,该院于1945年迁至伊克昭盟,即现在的鄂尔多斯市鄂托克前旗城川镇,又称城川民族干部学院。

1945年抗战胜利后,中共中央根据蒙古族各阶层要求民族解放和实现民族自治的愿望以及内蒙古地区民族运动的形势,提出了内蒙古地区"实行区域自治"的基本方针。11月,在河北张家口成立了内蒙古自治运动联合会,建立各盟旗政权。1946年4月3日,内蒙古自治运动联合会和东蒙古人民自治政府代表在河北承德召开了著名的"四三"会议,统一了内蒙古东西部的自治运动。12月,中共中央根据内蒙古自治运动胜利发展的形势,决定成立内蒙古自治政府。1947年4月23日在王爷庙(今乌兰浩特市)召开了内蒙古人民代表会议,5月1日正式成立了中国第一个少数民族自治区——内蒙古自治区,自治政府驻王爷庙。1949年11月,内蒙古自治区政府迁址河北张家口。1949年9月19日,以国民党高级将领、绥远省代省长董其武等率部起义,以毛泽东主席提出的"绥远方式"和平解放了绥远。同年,阿拉善、额济纳和伊克昭盟解放,内蒙古自治区实现全境解放。1954年,原绥远省建制撤销,辖区并入内蒙古自治区,归绥改称呼和浩特,自治区人民政府驻呼和浩特市。

第二节 红色旅游景观

学习引导

相较于普通旅游景区的导游讲解,红色旅游景区景点的导游讲解,需要具有更为严谨的内容、更为客观的态度、更为准确的定位、更为规范的语言。红色旅游因其本身具有较强的教育意义,所以要在导游讲解中,既要讲述红色历史与知识,又要挖掘其中的核心精神,传递红色文化价值。

导游人员在进行红色旅游讲解过程中,应重点关注所讲述的景点、人物等在革

命历史中所起到的作用,将人物、事件置于具体年代、战争等背景下进行系统性介绍,以便旅游者能够进行全面了解。红色旅游是进行社会主义核心价值观传播和爱国主义教育的重要手段,不同于红色教育。红色旅游行程中,可结合当地绿色生态旅游、乡村旅游等其他旅游资源进行导游讲解,结合多种旅游吸引物,使游览内容更为充实。但在具体景点讲解过程中,需提示旅游者注重文明旅游,在重点区域保持庄严肃穆的现场氛围。

一、乌兰夫纪念馆旅游区

(一)景区简况

乌兰夫纪念馆位于呼和浩特市回民区乌兰夫公园内,公园由纪念馆、纪念广场、塑像平台、升旗台、牌楼5个部分组成。其中纪念馆占地面积约3万平方米,展览共分13个单元,生动翔实地展现了以乌兰夫同志为代表的老一辈无产阶级革命家为争取民族解放、祖国统一而奋斗的不朽功勋。景区先后获得国家级爱国主义教育示范基地、全国红色旅游经典景区、全国民族团结进步教育基地、国家国防教育示范基地、全国廉政教育基地等荣誉,并于2018年获批国家4A级旅游景区。

(二)沿途讲解

各位团友,内蒙古自治区建立于1947年5月1日,是全国首个少数民族自治区,获得这样的革命成果,离不开中国共产党的领导和各民族人民共同的努力。下面我们要参观的红色景区,就是蒙古族优秀共产主义战士、党和国家优秀的领导人、杰出的无产阶级革命家、内蒙古自治区首任主席乌兰夫同志的纪念馆。在路途中,我为大家简要地介绍一下景区概况和乌兰夫同志的生平,以便大家进入景区后更加全面地了解以乌兰夫同志为代表的内蒙古革命先烈的事迹。

乌兰夫纪念馆位于呼和浩特市回民区的乌兰夫公园内,园区内绿树成荫、花团锦簇,为旅游者游览和市民休闲提供了良好的环境。自治区范围内以乌兰夫同志生平事迹为主题的景区、展馆不止一处。呼和浩特市土默特左旗塔布赛村的乌兰夫故居,乌兰浩特市的乌兰夫办公旧址,扎兰屯市的乌兰夫纪念馆分馆等,都记录了这位"红色之子"的足迹。

乌兰夫纪念馆建于1992年,总占地面积约3万平方米,展览面积1500平方米,以乌兰夫的生平事迹为主题,通过多种展示手段,展现了乌兰夫等内蒙古自治区老一辈无产阶级革命家,为争取民族解放、祖国统一建立的不朽功勋;也展现了内蒙古自治区的近代民族革命史。

乌兰夫同志,1906年出生于呼和浩特市土默特左旗塔布赛村一个蒙古族农民家庭。1925年加入中国共产党,是蒙古族投身革命的先驱者之一。后经党组织选派,前往苏联学习,归国后在内蒙古地区开展群众运动和抗日武装斗争。抗日战争胜利后,在党的领导下,于1947年5月1日,成立了我国第一个少数民族自治政权——内蒙古自治政府。

中华人民共和国成立后,他一直投身于民族工作,创造性地执行了党的民族区域自治制度,领导起草了《中华人民共和国民族区域自治法》,对我国社会主义民主法制的建设作出卓越的贡献。同时,在内蒙古自治区政治、经济、文化多个领域开拓性地开展了多项工作,为"模范自治区"的建立奠定了良好的工作基础。在调任中央工作后,他历任中共中央统战部部长、全国人大常委会副委员长和国家副主席等重要职务。乌兰夫同志在半个多世纪的革命生涯中,始终忠于党、忠于人民,为了党和人民的利益,百折不挠、奋斗不息,贡献了毕生力量争取国家与民族的发展,是值得全民铭记的优秀蒙古族革命先驱。

前方即将到达乌兰夫公园,请各位团友带好随身贵重物品,随我参观乌兰夫纪念馆,提醒大家在纪念馆参观过程中,请保持安静。

(三)景区讲解

1. 入口处

各位团友,请大家随我穿过大门,来到这牌楼前。上面"中华骄子 民族精英"是我国著名将领杨成武将军所题,是对乌兰夫同志功绩的肯定。沿牌楼两侧小径,通往环境优美的乌兰夫公园,园内有6处主题广场,人工湖、林荫小桥、松柏园、丁香园、人工瀑布等景点更是游客游览、休闲、娱乐的场所。

2. 雕像平台

穿过纪念广场,大家随我来到雕像平台前,共同瞻仰革命先驱乌兰夫同志。这尊铜像,是广州美术学院潘鹤教授怀着对乌老的无限崇敬之心精心创作的。铜像体高4.4米,体重4吨。主题思想为"重返故里"。乌老铜像着呢子大衣,带宽边眼镜,手持手杖,庄重潇洒,凝重深沉,凝望这一片曾经为之奋斗了半个多世纪的土地。他将永远依依不舍地守在这里,尽览和关注着一切。

3. 纪念馆

瞻仰过乌老铜像,大家随我进入纪念馆序厅。大家可以看到厅内有一座面容慈祥、神态沉稳的乌兰夫同志坐像。他身后两侧大理石上镌写着"久经考验的共产主义战士、党和国家优秀的领导人、卓越的民族工作领导人",概括了乌兰夫同志光辉的一生。

展览馆共分为6个部分13个单元,现在大家随我从左侧进入第一个展厅进行参观。

第一部分,追求梦想、投身革命。1906年12月23日乌兰夫同志出生在土默特左旗塔布赛村一个蒙古族农民家庭。当时封建统治阶级的反动政策和帝国主义操纵的洋教恣意侵夺,边疆日益陷入危机,人民生活日趋贫困,乌兰夫自幼饱尝了各族人民被压迫、被掠夺的苦难。少年时期的乌兰夫考入归绥土默特高等小学,并开始接受进步思想,投身于反帝的爱国学生运动中。1923年入北平蒙藏学校学习,在李大钊等共产党人的引导下,接受了马列主义,走上革命道路。同年冬加入社会主义青年团,并与多松年、奎璧创办了蒙古族第一个革命刊物——《蒙古农民》。1925年,乌兰夫加入中国共产党,10月受党组织委派赴苏联莫斯科中山大学学习。1928年初以优异的成绩提前毕业,在莫斯科中山大学、东方大学担任教学翻译。

第二部分,播洒火种、再展红旗。1929年6月,根据国内革命斗争形势的需要,党组织派乌兰夫等同志回到白色恐怖笼罩下的土默川地区开展地下斗争。乌兰夫与佛鼎、奎璧组建中共西蒙工委,创建党组织,成立农民协会开展军运工作,培养革命干部,使遭受严重挫折的革命力量逐渐得到恢复和发展。1931年9月,中共西北特委书记王若飞同志到包头同乌兰夫同志共同研究了内蒙古西部地区的革命工作和斗争方略。不久,王若飞同志被捕,乌兰夫同志一面积极组织营救,一面广泛开展群众工作,壮大革命力量,使内蒙古本部地区的革命斗争继续发展。1934年春,德王(锡林郭勒盟盟长苏尼特右旗扎萨克亲王德穆楚克栋鲁普)在百灵庙与日寇勾结,进行政治交易,意图发动内蒙古高度自治运动,建立"蒙古国"。乌兰夫同志派遣党员打入内蒙古自治政务委员会保安队进行抗日宣传,并亲赴百灵庙做德王工作。在德王决意投靠日寇的情况下,乌兰夫同志领导的中共西蒙工委持续开展工作,并由云继先、朱实夫等率领爱国官兵,于1936年发动了百灵庙起义,打响了蒙古民族抗日第一枪。

第三部分,团结奋斗、坚持抗战。1937年,乌兰夫同志任绥远省蒙旗保安总队政训处代理副主任。抗日战争爆发后,蒙旗保安总队改编为蒙古混成旅,为加强党在部队的工作,乌兰夫在部队建立了中共地下党务委员会并任书记,在各连队都建立了党支部。1938年蒙古混成旅改编为中国国民革命军陆军新编第三师,他按八路军建制在部队中建立了一整套政治工作系统,开展地方群众工作和统战工作,使这支军队成为当时被中共中央誉为"内蒙古民族中最先进、最大的抗日队伍"。

1941年8月,乌兰夫同志根据党的批示来到延安,先后任延安民族学院教育处处长、中共中央西北局统战部民族处处长和陕甘宁边区政府民族事务委员会主任委员,为团结各民族共同抗战和培养党的民族干部做了大量工作。1942年他参加了延安整风和大生产运动。1945年被选为中共第七届中央候补委员。

第四部分,实现自治、功垂千秋。1945年8月抗日战争胜利后,中共中央任命乌兰夫同志任绥蒙政府主席,到内蒙古地区开展自治运动,10月,他亲赴苏尼特右旗发动群众,宣传我党的方针政策,解决了"内蒙古人民共和国临时政府"问题。11月,经党中央批复,在张家口成立了内蒙古自治运动联合会,乌兰夫当选为联合会主席。从此,中国共产党领导下的内蒙古民族解放运动进入了新的历史时期。1946年3月,内蒙古自治运动联合会代表团与东蒙古自治政府代表团在承德举行谈判。乌兰夫同志把革命的坚定性和策略的灵活性结合起来,使双方取得了一致意见。4月3日,通过了具有重大历史意义的《内蒙古自治运动统一会议的主要决议》,为建立党领导下的内蒙古自治政府奠定了基础(史称"四三会议")。

1946年6月全面内战爆发后,乌兰夫同志率部退至锡林郭勒草原周边,指挥内蒙古人民自卫军坚持开展解放战争,并酝酿提出了《中共中央关于考虑成立内蒙自治政府的指示》。1947年2月,乌兰夫同志抵达王爷庙(今乌兰浩特市)领导筹备内蒙古自治政府;4月23日,内蒙古人民代表大会开幕,选举产生了临时参议会;5月1日,人民代表会议上乌兰夫同志当选为自治政府主席,内蒙古自治政府宣告成立,标志着中国共产党领导下的我国第一个少数民族自治区的诞生。自治政府成立后,乌兰夫同志领导内蒙古的党、政、军建设。他提出了一系列恢复发展本地区经济的方针政策,顺利完成了农村牧区的民主改革,最大限度地团结了各阶层人士。此外,指挥消灭了本地区的土匪和反动武装,巩固了后方根据地,支援了辽沈、平津战役,为解放战争的全面胜利做出了重要贡献。

第五部分,团结建设、繁荣发展。中华人民共和国成立后,乌兰夫同志主持内蒙古工作近二十年。他把马列主义、毛泽东思想同内蒙古地区实际相结合,创造性地提出一系列维护祖国统一、加强民族团结、促进社会生产力发展的正确主张,使内蒙古地区实现了政治稳定、经济发展、文化繁荣、民族团结的大好局面,被周恩来总理誉为"全国的模范自治区"。在内蒙古工作期间,乌兰夫同志重视党的民族工作,为丰富和发展马克思主义的民族理论做了大量深入的工作;他还十分注重产业发展,由"一五计划"便开始领导创建以包钢等一批大型企业为骨干的内蒙古工业体系;根据本区的实际情况,系统地提出了以畜牧业为首的农、牧、林、草业的协同发展的系统性发展战略思路;同时,在他的领导下自治区相继建成一批高、中等院校,并大力提升公共服务水平。自治区教育、科技、文化、卫生、体育等事业呈现出欣欣向荣的局面。

第六部分,不忘初衷、鞠躬尽瘁。1976年以后,乌兰夫同志历任中共中央统战部部长、人大常委会副委员长和国家副主席等重要职务。1981年到1984年,他主持起草了《中华人民共和国民族区域自治法》,健全了民族区域自治制度,为巩固祖国统一、加强民族团结、促进各民族共同繁荣做出了卓越贡献。他多次率代表团出访,会见外国使团和国际友人,为发展中国同世界各国的友好关系,扩大国际影响力,推进经济建设和改革开放,建设具有中国特色社会主义立下了不朽功勋。在他半个多世纪的革命生涯中,其为党和人民的利益、为国家和民族的兴旺忘我地奉献。1988年12月8日,乌兰夫同志因病在北京逝世,享年82岁。乌兰夫的一生是革命的一生,奋斗的一生,光辉的一生,他为中国各族人民的革命和建设事

业贡献了毕生的精力,他永远活在全国各族人民的心中。

4. 出口

各位团友,结束了乌兰夫纪念馆的参观,给大家30分钟时间自行游览乌兰夫公园。30分钟后,我们在景区门前下车处集合,前往下一个景点。

乌兰夫纪念馆官网

乌兰夫纪念馆虚拟 VR 导览

二、世界反法西斯战争海拉尔纪念园

(一)景区简况

世界反法西斯战争海拉尔纪念园位于海拉尔城区北部,总面积约110公顷(1.1平方千米),是在第二次世界大战期间原侵华日军海拉尔要塞遗址上建立的军事主题景区。这里是集爱国主义、国际主义、革命英雄主义为一体的军事主题红色旅游景区。原侵华日军海拉尔要塞遗址于1996年被评为内蒙古自治区重点文物保护单位。景区目前为国家级抗战纪念设施、遗址,全国爱国主义教育示范基地,全国红色旅游经典景区,国家4A级旅游景区。

(二)景区讲解

1. 入口处

各位团友,欢迎大家参观全国爱国主义教育示范基地、全国红色旅游经典景区、国家4A级旅游景区——世界反法西斯战争海拉尔纪念园。我们所处的位置是园区的停车场,大家可以极目远眺茫茫的草原,近看蜿蜒曲折的海拉尔河,满眼都是一派和谐盛景。再看临近景区周边,这片坦克和步兵组成的阵地,似乎又将大家带回了那个战火纷飞的年代。展现的是当年苏蒙联军在苏军T-34型坦克的掩护下向海拉尔要塞进攻时的战斗场景。那联军攻击的目标是哪里呢?就是大家身后的景区所在区域了,如今很难想象在大家脚下几十米深的山体中,是第二次世界大战期间日本关东军所修筑的庞大军事要塞。这里是中国各族人民团结一致反法西斯斗争的真实记载,也是承载着中国劳工修建工事的血泪史,更是中、俄、蒙三国联合抗击法西斯主义,争取世界和平解放的历史鉴证。

2. 景区大门

现在大家请随我来到景区门前,我为大家简单介绍一下景区的整体情况。世界反法西斯战争海拉尔纪念园位于海拉尔城区北部,总面积约110公顷(1.1平方千米),园区分为地上、地下两部分,其中地面建有海拉尔要塞遗址博物馆(共分为四个展厅、九个部分)、主题广场、地面战争遗迹、模拟战争场景、游客服务设施等内容;地下部分主要为原工事遗迹,复原了日军司令部、士兵宿舍、卫生室、通讯室等。

想必大家刚刚都看到这辆坦克了,这是一辆真实的苏制T-34型坦克,它高耸伟立,彰显着维护和平的力量,下边台基上中、俄、蒙三国文字镌刻着"世界反法西斯战争海拉尔纪念园",是三国友谊的象征。坦克炮口对准的是两座被炸得摇摇欲坠的日军炮楼,是现在景区的售票处。在坦克与炮楼之间是纪念园的大门,门栅栏仿日本"三八式"步枪,就是咱老百姓通常所说的"三八大盖"的模样所制,构思可谓巧妙。下面,大家就随我一同走进景区。

3. 纪念广场

穿过大门,我们要走过一段台阶,大家可以数一数一共有多少级。各位团友把已经走过的台阶数告诉我。对,一共有45级。大家知道为什么一共设置45级台阶吗?我来给大家解答一下,这个阵地是在苏联红军和蒙古骑兵、东北抗日联军教导旅(即"苏联远东红旗第88独立步兵旅")全体官兵共同奋战下,于1945年攻破的,为了纪念这个年份,选取了45这个

数字。走过45级台阶,展现在大家面前的是一座宽阔的广场。大家可以看到广场正中间矗立着一尊18米高,表现中、俄、蒙三国士兵高举长枪、马刀欢呼胜利场面的主题纪念雕塑。这尊雕像既是整个广场的灵魂,也是纪念园爱国主义、国际主义、革命英雄主义的集中体现。参照前面"45"的数字设定,大家知道为什么雕塑的高度设计为18米吗?好的,这位团友说对了,因为驻扎在这个阵地的日军是1945年8月18日投降的,设计成18米就是要纪念这个非同寻常的日子。广场右侧是米格-15战斗机、红旗-2号导弹、高射炮、迫击炮、日本军车等军事武器的展示,各位军迷们可以等一会游览结束后去那里体验触摸,并拍照留念。但要注意保护设施,不可以随意攀爬。

4. 中心雕塑前

请大家集合来到雕塑前,我在这里为大家回顾一下那段难忘的历史,重点为大家说明为什么要在这里建设这样庞大的军事要塞。

大家现在所在的海拉尔要塞遗址,是当年日本关东军侵华期间为进攻苏联修筑的防御阵地。当时日军在中国东北修建了17处军事工事,这里是其中规模最大和目前国内同类遗址中保存最完好的一处。海拉尔要塞由5个主阵地和4个辅助阵地组成,以敖包山和北山阵地为主体,占地22平方千米。庞大的军事工事需要大量的劳力,日本关东军从中国内地,或以招工名义骗,或强抓来数万名劳工。工程结束后,日本关东军为了杀人灭口,将劳工们分期分批杀害,海拉尔河北岸"万人坑"内的嶙嶙白骨就是铁证。

为什么当年日本侵略者要在这偏远的草原上修建如此规模庞大的军事工事呢,这就要说一下当时的战争背景和海拉尔的战略地位。"九·一八"事变以后,日本企图占领中国东北作为其南下进一步占领中国、北上进攻苏联的战略基地。正因为如此,日本关东军参谋本部决定把同苏联边境接壤的"北边地区"划定为综合性大型军事基地。这一设想后来成了关东军所谓的"北边振兴计划",即将中国东北面向苏联区域作为一个重要的战略踏板。介绍完背景,我们再来看海拉尔的战略地位。海拉尔从建城之日起就一直是呼伦贝尔政治、经济、文化的中心。此外,海拉尔还是一个军事咽喉要地,从这里向北有三河道可通中、苏边境的三河和黑山头,西有滨洲铁路可通与苏联接壤的边城满洲里,向西南则有公路可通中、蒙、苏三国的交界处。海拉尔"三面环山,二水中流",从四周的高地可以俯瞰市区,这种地形在军事上属于易守难攻之地,理所当然是兵家的必争之地。所以在1933年初,被称为战争幽灵的铃木率道一行数十人来到海拉尔后对这里的地形大加赞赏,于是决定在此建造工事。1934年6月,日本关东军决定在海拉尔北山、敖包山、西山、东山等地构筑由5处主阵地和4处辅助阵地组成的海拉尔要塞,1937年年末完工。

当时海拉尔城区的总面积才23平方千米,可见此要塞规模之庞大。大规模的军事要塞需要投入大量的人力进行建设。海拉尔要塞由日本从中国以招工为名义骗来的数万名劳工修筑而成。海拉尔要塞以北山和敖包山为主,其中北山的地下工事最为庞大和复杂,也就是我们今天要参观的阵地。日本关东军独立混成第80旅战时地下司令部即设在这里。1945年8月18日,苏联红军攻破海拉尔要塞,日军无条件投降。

  日本关东军在长达3000多千米的中苏边境线上修建了15处军事要塞,这些军事要塞全是依边境而修的,只有海拉尔这一处距离边境线较远,距中苏、中蒙边界约180千米左右。因此,海拉尔要塞是唯一的一处内陆性防御要塞,并为日军出击时的一个战略支撑点。日军建立要塞的战略意图,主要是为了在进攻苏联时掩护和支援关东军大部队的战略展开;在苏军向关东军进攻时,利用要塞、国境守备队及其部署在边境地区的部队,首先进行抗击,并利用有利地形进行防御,以迟滞苏军的进攻,并消耗其有生力量。

  我们现在所在的北山阵地,是当时日军修建的5个抵抗枢纽的指挥中心,称为河南台,也就是海拉尔河南岸台地的意思。北山阵地整体占地面积为6平方千米,由地上、地下相连的两部分组成,地下工事距地面12～17米,采用机械地下掘进式建成。各抵抗枢纽部都有数个火力支撑点。火力支撑点都建在高地上,并与地面障碍物相结合形成环形防御。各个抵抗枢纽部都由地上、地下电话线联通,有较强的通讯联络指挥系统。北山地下军事工事为东西走向,由钢筋混凝土浇筑而成。各种工事的总面积约10000平方米,由一条主干道、多条支干道连贯组成。通道的总长度约4000多米,面积为5000多平方米,可以保证日常生活和作战的供给,因此,海拉尔要塞被苏军的战地记者称为"地下城市"。下面请各位团友随我进入博物馆参观。

  5. 博物馆

  各位团友,大家现在进入的就是侵华日军海拉尔要塞遗址博物馆。博物馆地上部分以展示1931年至1945年呼伦贝尔地区抗战的实物和图片为主,共分4个展厅、9个部分。第一展厅主题为"东亚烽火兴安怒"。第一部分"九·一八"事变,介绍了日军侵华及建立伪满洲国的背景;第二部分"海满战争",展示了开启中、俄、蒙抗战序幕的"海满战争"与苏炳文将军等人领导下的东北民众救国军抗日救国事迹;第三部分"抗战灯塔",讲述了中国共产党、共产国际以海拉尔为重要节点的红色秘密交通线上的系列活动与人物故事。第二展厅主题为"炼狱硝烟草原焦"。展厅包含第四部分"海拉尔要塞",详细展示了要塞修建的过程与整体军事布局;第五部分"日军暴行",控诉了日本关东军对呼伦贝尔各族人民残酷的压迫、掠夺和杀戮,以及戕害劳工的史实;第六部分"诺门罕战争",展示了抗日联军配合俄、蒙联军击退日军的辉煌战役。第三展厅主题为"塞外惊雷万木春",其中的第七部分讲述了以东北抗日联军为基础,同苏联红军共同组成的苏联远东红旗第88独立步兵旅的抗战事迹;第八部分描述了中、苏、蒙联军攻克海拉尔要塞的场景。第四展厅,记录了我国同各国历年友好交往的历程,展示了中、俄、蒙三国人民在血与火的洗礼中所凝结的珍贵情谊。

在参观过博物馆后,大家可通过地下游览部分的入口,参观地下游览部分。当时日军修建了5000多米的地下工事,我们现已开发出500多米供游客参观,因为开发、恢复得非常好,完整地保留了要塞的原貌,日军指挥所、通讯室、弹药库、射击口、卫生所等与当年别无二致,使人们对战争的感受更加直观。地下部分游览过程中,过道狭窄,需要通过较长的台阶,请大家注意自身安全,照顾好老人小孩。

6. 景区出口

各位团友,走出冰冷的地下工事,放眼阳光普照的祖国大地,让人感叹自由的空气是多么的清新、宝贵。纪念园就是以如此强烈的反差让人在追忆历史的同时更加珍爱今天和平幸福的生活。我也建议大家如果有空,可以再到海拉尔区内的和平公园、苏炳文广场景区与苏联红军烈士陵园、小孤山等红色景点进一步体验。

日本军国主义分子发动侵华战争是中、日两国爱好和平的人们心中永远的痛。但大家今天所参观的历史鉴证,不是为了加深仇恨,而是为了更好地珍惜当下、面向未来。历史不容忘却,人类需要和平,也更需要共同的发展。内蒙古自治区是我国对俄、蒙开放的"桥头堡",中、俄、蒙三国在政治、经济、文化等领域的交往愈加频繁与密切,各国人民在"一带一路"倡议引导下,以深厚的革命友谊为基础,以共同繁荣发展为目标,必将谱写时代的新篇章。

本章小结

内蒙古自治区作为新中国成立后建立的首个少数民族自治区,是中国共产党开展民族工作的先行区,为后期全国民族区域解放发展,提供了良好的实践经验。同时,在走向革命胜利途中,多少革命先烈抛头颅、洒热血,在社会主义制度建立和现代化建设过程中,又有多少人不忘初心、默默奉献。红色文化资源不仅限于革命文物与革命先烈,中国共产党领导下社会主义现代化建设过程中的当代优秀先锋模范人物、事迹等,也是红色文化的重要组成部分。

内蒙古自治区地域面积广阔,多地被列入革命文物保护利用片区,东北抗日联军片区、陕甘宁革命片区、晋绥片区,由东到西都有地区入选。革命文物是红色文化旅游资源的本体依托,导游人员应以资源本体为依托,以人物、故事、事件、战役等为主线,讲好红色故事,利用好红色资源,传播好红色精神。

第五章
红色文化资源类旅游景区讲解示例

 导考面试考点

对于红色文化资源旅游景区的导游讲解,在导游考试面试环节的主要考核内容,除一般的景区区位、历史沿革、景区规模和主要展示内容外,还需要把握好该类景区的资源本体并主要突出展示精神实质内容,即其景区展示的主要意义。在该类景区导游讲解中,要良好地把握政治立场,要秉承历史主线清晰、事实年代清楚、人物功绩不过分夸大等原则,结合红色文物遗迹,讲好红色故事,传播好红色精神。同时,要注重讲解中对反面人物的用词,站在史实立场,避免部分说法影响国际友好关系。红色景区往往同人物联系较为紧密,应着重对景区主线人物和事件进行介绍,不可主观臆造,避免错误联系,更不可言之空洞,缺乏有效信息。

 思考题

1. 以革命历史展馆、革命人物故居、革命根据地为依托的红色旅游景区,集中体现了红色人物、事迹的史实与精神,也是红色旅游重要的依托,内蒙古自治区代表性的红色旅游景区众多,如城川红色文化旅游区、集宁战役红色纪念园、老牛坡红色文化旅游区、大青山红色旅游景区等,都展现了不同时期、不同侧面的红色文化内容,试了解相关景区情况,针对其中的人物、事件和发展情况进行讲解介绍。

2. 内蒙古自治区的解放发展和现代化建设过程中,涌现出大量可歌可泣的先进人物,早期中国共产党领导人王若飞、共产国际代表奥希洛夫、五原誓师的将军冯玉祥、大刀砍向敌人的麦新等等英雄人物举不胜举,在民主革命、抗日战争、解放战争、社会主义建设和当代发展中,选取一名典型人物,从人物背景、先进事迹、所做贡献、人物评价等方面入手,较为全面地准备一份红色人物介绍。

第六章

生物及遗迹景观类资源旅游景区讲解示例

学习目标

古老的蒙古高原在沧海桑田的地质构造、气候演进中,留下了丰富的古生物遗迹,也造就了多样的现代生物资源。古生物遗迹和现代生物资源是区域性独特的旅游资源,旅游者在游览过程中对这些旅游资源的体验,很大程度上取决于导游讲解的能力。通过本章学习,了解全区重点生物及遗迹景观旅游景区和其主要展示内容,以及重要旅游节庆等相关活动;掌握全区代表性生物资源分类、分布、生物特征等要素,并能够进行对应的物种类比知识讲解。能够掌握蒙古马等区域独特性生物资源的相关知识,并结合现场讲解引导旅游者准确关注蒙古马的审美。

第一节　内蒙古生物及遗迹景观类旅游资源及概况

学习引导

生物景观类旅游资源一般指具有观赏或科考价值,能够被旅游业利用的动植物资源,本章除列举内蒙古自治区部分动植物旅游资源外,将原属于地质遗迹类的

第六章
生物及遗迹景观类资源旅游景区讲解示例

猛犸象列入其中,更便于学习者理解掌握其生物类共性特征,并可进行比较学习。内蒙古自治区生物资源丰富,良好的林业、牧业生产基础上,很多生物旅游资源都已成为代表性旅游项目。

一、古生物遗迹旅游吸引力独特

内蒙古地区从远古时代就有很多生物栖息繁衍,保存了许多古生物遗迹。二连浩特被称为"恐龙墓地",也被誉为"恐龙之乡",锡林郭勒盟苏尼特右旗出土了亚洲最大、最完整的查干诺尔龙化石。此外,阿拉善盟、乌海市、鄂尔多斯市等地区也发现有大量恐龙化石。满洲里市扎赉诺尔区出土的猛犸象骨骼化石体量巨大。内蒙古博物院"远古世界"展厅,收藏了大量远古生物化石,二连浩特市建立了专门的恐龙博物馆,扎赉诺尔更是建设了猛犸旅游区。除这些大型生物外,内蒙古还出土了大量其他远古动植物化石。

二、牧业资源焕发全新活力

内蒙古作为传统的畜牧业大区,牧业资源基础好,在多样的市场需求推动下,传统牧业资源在与文化旅游等产业的不断融合作用中,焕发出全新的活力,形成了全新的资源利用模式。蒙古马作为"吃苦耐劳、一往无前"精神的代表,在传统的牧业发展中作用逐渐下降,但在文化旅游发展中,则展现了全新的动力。马文化类旅游景区日渐增多,出现了中国马都核心区、奥威蒙元马文化生态旅游区、皇家御马苑旅游景区等代表性旅游景区,锡林郭勒"两都马道"的专项旅游,千古马颂、蒙古马等主题演艺精彩纷呈。此外,骆驼之乡——阿拉善、乌拉特后旗戈壁红驼、乌审旗世界烤全牛大会等一系列畜牧业品牌同文化旅游活动的结合,吸引了越来越多的旅游者。"减羊增牛搞旅游"作为新时代产业发展的重要举措,也为草原生态保护打下了良好基础。

三、植物资源引领季节性旅游高峰

内蒙古自治区拥有的森林总面积居全国之最,同时也是五大牧区之首,丰富的林草资源、独具特色的植物资源,伴随各地创新性旅游活动和节庆的开展,展现出独特的吸引力。内蒙古森林景观资源主要有针叶林、阔叶林和河岸林。代表性的特色林业资源,有兴安落叶松、沙地云杉、樟子松等;阔叶林中,代表性的资源有桦树、蒙古栎、山杨、白榆等;河岸林以胡杨最为典型,具有较强吸引力。春季的阿尔山兴安杜鹃绽放、初夏锡林郭勒盟的芍药谷景区和鄂尔多斯的马兰花草原旅游景区、秋季弱水河畔的胡杨林,都成了引发季节性旅游高峰的重要因素。

第二节　内蒙古生物及遗迹景观资源旅游景区

以马、牛、羊驼为代表的牧业资源,在服务于传统牧业经济外,或直接用于旅游服务,或将其副产品开发为旅游商品;而植物旅游资源中,除草原外,胡杨、五角枫、白桦林等已成为具有较强吸引力的独特旅游资源,同时,"花季旅游"也成为自治区推出的重点文化旅游项目;生物遗迹方面,多地发现的远古生物遗迹,如恐龙、披毛犀、猛犸象等,也都在文化旅游景区持续建设中形成了多个主题特色鲜明的旅游景区。

一、奥威蒙元马文化生态旅游区

（一）景区概况

奥威蒙元马文化生态旅游区位于呼和浩特市和林格尔县盛乐镇七杆旗村,景区始建于2015年,一期占地1542亩,是一家集马文化挖掘与展示、现代马术休闲运动、马术运动员培训、马主题赛事运营与生态景观打造于一体的马主题特色旅游景区。奥威蒙元马文化生态旅游区现为国家4A级旅游景区、国家级服务业标准化单位、内蒙古自治区首批特色小镇高质量发展培育企业、内蒙古自治区级服务业集聚区。

视频:马文化生态旅游区宣传片

（二）导游讲解

各位团友,大家好,欢迎莅临内蒙古奥威蒙元马文化生态旅游区。本景区地处呼和浩特市金桥开发区与和林格尔县交界地带,园区整体占地 1542 亩,相对于其他景区来说生态旅游区面积虽然不大,但却精致而有序地进行了整体规划设计,是一家国际知名的马主题文化旅游景区。

奥威蒙元马文化生态旅游区将文化与现代科技相融合,打造了一个既具传统文化气息,又具现代马术运动时尚感的特色旅游景区。景区主要包含门景服务区、主题赛马区、休闲景观湖区、世界名马园、马术学校、马术表演馆和生态养生区等。

1. 门景服务区

今天的游览由我们的门景服务区开始,大家看到眼前这座设计精美的大门与我身后的游客服务中心(见图 6-1),共同构成了景区的门景服务区。大家看这座"三间四柱"式大门,方形四柱坚实厚重,四柱之上各自顶起一座蒙古包,整体以蒙古族传统花纹进行装饰,体现出浓郁的风情。大门中间顶端双马昂首相对而立,正在欢迎各位游客的到来。同大门融为一体的蒙古传统图案和双马纹饰共同构成门景服务区,蒙古族传统图案由传统卷草纹与祥云纹结合而成,卷草纹象征广阔无边的内蒙古大草原,两匹骏马在草原升腾起的祥云中昂头屹立,象征草原精灵蒙古马守望、看护这片草原的眷恋之情。

图 6-1 景区游客中心

扫码看彩图

大家随我进入游客服务中心,这里除了可为游客提供完善的服务内容外,还陈列了园区获得的各项赛事荣誉。这些金光闪闪的奖杯和奖牌都是园区马术学校的运动员参加国内外各类比赛所获得的一些奖项,体现出了马术学校运动员们高超的马术运动水平。

各位游客，这里立有一匹黑色的马标本和一个马骨架（见图6-2），它们来自同一匹马，名字叫做"黑姑娘"，是一匹纯血公马。这匹马来自香港马术赛马会，在国内外马术大赛中获得许多奖项。退役后，作为功勋马被香港马会送到我们园区养老，它在赛场上取得的荣誉一直让我们为它骄傲，为了纪念它，我们把它做成标本展示给大家。大家再来看一下"黑姑娘"的骨架，请问人的骨头有多少块？人有206块骨头。那么大家再说说马有多少块骨头呢？小朋友，你这样数到天黑可能也数不清楚，还是我来告诉大家吧。马的骨架虽然比人的骨架大那么多，但它的骨头其实比人还要少一块，一共是205块。

图6-2 纯血马"黑姑娘"标本

扫码看彩图

各位游客，再看这边两匹模型马，它们身上穿的衣服叫马衣。有些游客会有疑问，为什么要给马穿马衣呢？其实一般情况下，马都是不穿马衣的。但是在冬天的时候，天气比较寒冷，有些国外进口马的皮肤比较薄，毛比较细，而且马必须每天运动，不运动就容易得肠胃病。但是运动就带来一个问题——流汗。马也跟人一样，出汗了如果不及时把汗吸干，马就容易感冒。我们为了防止马得病，在冬天的时候就给它们穿上马衣。由此可见，在专业赛马的培育过程中，不仅需要好的马种，更需要好的后勤保障，后面在名马园的参观中，大家可以感受到马在这里受到的无微不至的照顾。那么，再看我们面前的这些马鞍，这些马鞍形状有所不同，这是因为不同赛制的运动要配备不同类型的马鞍。骑马要配备马鞍是起到固定位置的作用，能够有效地防止人从马背摔落。在游客中心，还有一处展览骑士服（见图6-3），大家有兴趣可以看一看。游客中心就介绍到这里，接下来我们一起去参观主题赛马区。

图 6-3 骑士服

扫码看彩图

2. 主题赛马区

各位团友,现在我们所走的这条路是我们园区的内环路,即将到达的是我们的主题赛马区,本区域由赛马场、备马区、亮马区、看台和马文化主题广场构成。首先到达的是我们的马文化主题广场,这个广场由大型生态停车场和马文化主题雕塑组成,主题雕塑是一匹奔腾的骏马,象征着蒙古马精神的腾飞。园区在开办马术赛事期间,广场既是游客集散的重要核心区域,也是其他各项主题活动开展的场所。

眼前到达的,就是我们的赛马场。不同于普通田径场的 400 米标准跑道,我们的赛马场占地 200 亩,赛道宽 23 米,赛道全长 1300 米,是标准的国际赛马场。自 2017 年开始,由中国马术协会主办的"中国速度赛马大奖赛——呼和浩特站"的比赛在这个赛场成功举行。此后,这项赛事于 2018 年升级为"中国速度赛马经典赛——呼和浩特站"。这项赛事每年 7 月份都会在这里举行,每年的 6 月到 10 月每逢周六都有专项的"蒙古马"常规赛,喜欢看赛马的朋友可以持续关注比赛,届时会有比赛直播。

3. 休闲景观湖区

现在我们来到的了园区的休闲景观湖区,大家面前这座人工湖占地约 53 亩,湖中有鲤鱼、鲢鱼、草鱼以及观赏鱼——锦鲤,湖中廊桥曲折,湖心休闲小亭可供游客休息、赏景和品茶。湖边的特色风格建筑是这里的生态餐厅(见图 6-4),餐厅提供的所有食材都是绿色健康的有机蔬菜和肉食原料。

图 6-4　生态餐厅

扫码看彩图

4. 世界名马园

大家经过湖边看前面这片蓝顶的豪华建筑,可以一起来猜一下这个建筑群的功能。别墅?会议中心?办公室?嗯,确实很像别墅,但这片建筑群其实是我们园区最尊贵、最重要的场所——世界名马园(见图 6-5)。大家随我进入其中,体验一下这座世界一流的马的宫殿,也是国内较先进的马厩。进入名马园之前,有一点提醒大家注意,在名马园内禁止大声

图 6-5　世界名马园

扫码看彩图

喧哗吵闹，禁止使用闪光灯拍照，严禁吸烟。这座名马园在空中俯瞰下来，整体呈现出一个"王"字，马厩长140米、宽70米，分区培育了不同种类的马匹。整个马厩内部配备了完整的监控设施、有管护人员的专门办公室和休息室，他们为马匹提供具有针对性的饮食、警务等服务；这里更为马匹配备了专门的钉蹄区和洗澡区等。在这里，马是被服务的唯一对象，享受24小时的五星级服务。

在大家观看这一匹匹身价百万的名马的同时，我为大家普及马的历史演化情况。大家知道世界上最早的马是什么样吗？世界上发现的最早的马是生活在距今约五千八百万年前的北美洲的"始祖马"。它的样子就像狐狸，主要吃嫩叶。这种"马"前脚有4个脚趾，后脚有3个脚趾，脊柱呈弓形，脑容积相对较小，两只眼睛向前方靠拢。到了大约距今四千万年前，马发展成为一种体大如羊的"中马"。中马前后足均有3趾，中趾明显增大。中马生活在森林里，仍以嫩叶为食。距今约两千万年前，马进化为"草原古马"，这种马同中马一样前后足均有3趾，但只有中趾着地，侧趾已经开始退化。它的身体已有现代的小马那样大，但四肢更长，背脊由弧形向更为硬直变化，这样它由善于跳跃变为善于奔跑。它的食料已从嫩叶转为干草，生存环境也从林地转为草原生活。到了距今约一千万年前，出现了一种"上新马"，它的身体更大，齿冠更高，三趾当中的前、后足中趾更为发达，趾端成为硬蹄，侧趾完全退化，身材达到现代马的大小，从它的牙齿特征看对于嚼食干草已经高度适应。我们现在看到的马在生物学上被称为"真马"，这个"真"不是相对于假而言的，是相对于之前所讲的那些古马而言。

接下来，我再给大家讲讲关于现代马的一些情况。现代马的分类方式很多，就血统来说，马种可以分为冷血马、温血马和热血马。一般来讲，温血马性情温和、体型较大，更适于日常劳作，而热血马则具有更加敏锐的运动神经系统，适合速度赛。大家所熟知的"汗血宝马"便是热血马血统。不管在体型、个性还是脾气上，温血马均介于热血马与冷血马之间，是热血马与冷血马杂交育种出来的品种。温血马既具有热血马的良好运动能力，又兼具冷血马能够专注于命令的特点。因而，它是障碍马赛和盛装舞步表演的主要马种。

讲到这里，大家可能会很奇怪，有的朋友说，我只听说过马的血统是否纯正，而没听说过马血统的温度。其实，纯血马并不是自然演化出的马种，而是通过人工培育使原有马种在自然交配中，不断优选从而获得人类所需要的素质——速度、力量和体形。由纯血马同其他马种交配生产的第一代至第三代马，被称为半血马，也是具有较强运动能力的马种。

接下来，我要着重给大家介绍这几匹并不高大的马，这就是我们的"蒙古马"。蒙古马是世界上较为古老的马种之一。从身体特征来看，它较前面看到的那些高头大马来讲体格不大，平均肩高120~135厘米，体重267~370千克。身躯粗，四肢坚实有力，体质粗糙结实，头大额宽，胸廓深长，腿短，关节肌腱发达，蹄质坚实，被毛浓密。而从蒙古马的使用性和生存能力来看，它可骑乘、可耕作，不畏寒冷，能适应极粗放的饲养管理，耐力和生命力极强，能够在艰苦恶劣的条件下生存,8小时可以走60千米。因此,相对于欧洲马,蒙古马是优秀的"长跑运动员"。经过调训的蒙古马,在战场上不惊不诈,勇猛无比,历来是一种良好的军马。这也是当年蒙古大军西征欧亚大陆时,所向披靡的重要原因之一。习近平总书记提出"蒙古马精神",即"生命力强、耐力强、体魄健壮。我们干事创业就要像蒙古马那样,有一种吃苦耐劳、一往无前的精神"。因此,蒙古马在我们园区,不仅是重要的马种培育对象,也是核心的精神象征。内蒙古地区知名的蒙古马品种主要有"乌珠穆沁马、百岔铁蹄马、乌审马、阿巴嘎黑马"等。

大家随我穿过马厩来到室外,现在可以看到的这个圆形的房子是"遛马机"(见图6-6)。什么是遛马机呢？它的作用其实有点像大家家用的跑步机,为了保持赛马良好的身体素质,我们的马除了在豪华马厩里休息,在没有重大比赛或者放松的时候,把马放到里面进行锻炼。这台遛马机共有6个马位,直径16.3米,内跑道2.4米,由自动化电气控制,马匹间有隔断相间,驱动马匹自行锻炼,当然速度也像跑步机一样是可以调节的。这样大大地降低了驯马师的工作强度。遛马机对面这块小型场地是为体验马术乐趣的游客们准备的练习场地,大家有兴趣可以现场在我们专业骑师的指导下,穿上整套保护器具,挑选一匹心仪的宝马,进行一次马术体验。

图6-6 遛马机　　　　　　　　　　　　　　　　扫码看彩图

5. 马术学校与马术表演馆

名马园对面是马术学校、马术表演馆。我先介绍一下马术学校,2016年园区与呼和浩特市赛马协会、呼和浩特市体育运动学校联合办学成立"呼和浩特市马术学校";2019年,我们又同内蒙古体育职业学院合作开设了"马术系"。马术学校可容纳350名学生,内部配备了教室、学生宿舍、食堂、会议室,以及健身房等设施,同时开设了技巧、障碍、舞步、速度、马球、马护理、马房管理等课程,学生在校期间还可以考取国家二级运动员证书。目前全国有2000余家马术俱乐部,但专业人才紧缺。马术学校将成为国家一流的马术人才基地,为培养中国的马术人才打下良好的基础。

马术学校旁边是马术表演馆,可以承接全国性的马术训练和比赛,定时还会有马术表演,在这里大家可以一边吃饭一边看表演,三层还设有马文化图书馆和马文化艺术中心供大家休闲参观。

6. 游泳池和生态养生区

前方大家可以看到两处室外游泳池,一处是学生游泳池,是为增强学生身体素质而设,在马术训练之余,还要通过游泳强化体能;另一处是马匹游泳池,游泳可训练马匹肺活量,增强其心肺功能,加强腿部练习和赛后恢复。

最后到达的是景区的生态养生区,养生区占地约20亩,现有养生公寓12栋,每栋都配有住宅、小院和绿色蔬菜种植区,这里可为马主和旅游者提供优质的养生住所,也可为马术学校的运动员提供良好的有机健康食品保障。

下面,大家可以选择自由活动,或者到艺术中心去欣赏马的艺术。

二、扎赉诺尔猛犸旅游区

(一)景区简况

猛犸旅游区位于呼伦贝尔市扎赉诺尔新区,近邻满洲里市,占地面积约100万平方米。景区以"大规模猛犸象"为主的古生物雕塑群为主要特色,集观光休闲、运动娱乐、地方文化展示等功能于一体。景区内设有扎赉诺尔博物馆、金龙湖、绿色湿地、主题游乐设施、儿童科技馆、蒸汽机车文化园、观光塔等区域和设施。景区目前为国家4A级旅游景区、内蒙古自治区重点公园。

(二)导游讲解

各位团友,大家好!欢迎大家来到扎赉诺尔猛犸旅游区,很高兴能同大家一起走进扎赉诺尔,领略扎赉诺尔独特的古生物资源、悠久的草原文化与现代文明相交融的美丽景色。

扎赉诺尔坐落于祖国北疆美丽的呼伦湖畔,原名"达赉诺尔",是蒙古语,意为"海一样的湖泊",这里也被誉为"猛犸故乡"。这里埋藏着万年的古生物化石,孕育了千年的人类繁衍生息,见证了百年的矿区兴衰,展现了新时代文化旅游的协同发展。

下面,我将带领大家游览这个出土了我国迄今为止最大的一具猛犸象化石的特色旅游景区。

1. 象牙广场

大家现在所处的位置,就是猛犸旅游区的入口景观区——象牙广场。雕刻了"猛犸旅游区"字样的巨大象牙雕塑,是象牙广场上最具标志性的建筑。猛犸象与现代象最大的区别,就在于它有两颗几乎成旋卷状的象牙,象牙尖端几乎碰在一起,它既是防卫的武器,也是行走时探路拔树的工具,猛犸象牙一般长2至3米,最长可达5米,重达400千克。猛犸象牙臼齿很特殊,不同于一般动物牙齿由下至上生长,而是从后向斜前方推移生长,当前面的牙齿磨掉后,后面的便向前推进、顶替。最后一个臼齿磨掉后,猛犸象的生命便结束了,所以我们认为猛犸象牙就是猛犸象生命的象征。大家随我从象牙广场右侧走过这片波光粼粼的金龙湖,湖边便是我们接下来要参观的扎赉诺尔博物馆。

2. 扎赉诺尔博物馆

大家现在身处的扎赉诺尔博物馆,于2012年正式建成对外开放,立足于本区厚重的文化底蕴和多彩的文化特色,全面展示了扎赉诺尔的历史文化、呼伦湖生态湿地和扎赉诺尔煤矿开采史。大家看,整座博物馆建筑外观造型棱角分明、线条流畅,其设计灵感来源于旧石器时代的砍砸器;外观颜色采用白色钢架结构与蓝色的有机玻璃相结合,呈现出"一望无际的呼伦湖在微风下轻轻荡漾,灵动的蓝色从眼前延伸至云端"的情景。从空中俯瞰,馆中央顶部突起的不规则斜长方形,犹如呼伦湖的天眼,勾勒出呼伦湖东西窄、南北宽的整体轮廓,就好像"烟波浩渺的呼伦湖镶嵌在一望无际的呼伦贝尔大草原上",将历史文化与现代设计理念完美地融合到了一起。馆内分为3个主题展厅,一是扎赉诺尔历史文化展厅,二是呼伦湖湿地展厅,三是扎赉诺尔百年矿业展厅。大家依次游览后在门口集合。

3. 猛犸象雕塑群

我们现在来到的是猛犸象雕塑群,这个区域占地约7.9万平方米,放眼望去,我们能够看到这里共有87座猛犸象雕塑,87这个数字有一个特殊的含义,以此纪念1980年7月出土的猛犸象古化石,除了这87座猛犸象外还有3座犀牛、2座剑齿虎和1座大角鹿雕塑。

猛犸象雕塑群荣获上海大世界吉尼斯之最——"规模最大的猛犸象群雕塑"的殊荣,大家漫步在这片古生物群雕中,一定有种重回冰河世纪的感觉。大家一边合影,一边听我介绍一下猛犸象。"猛犸"二字由西伯利亚鞑靼语音译而来,意为"巨大"。猛犸象生活在距今300万年至1万年前的第四纪冰川时代,广泛地分布在北半球的寒带,包括俄罗斯、蒙古国、中国内蒙古等地。在中国山东也曾出土过猛犸象化石,证明此处是猛犸象活动范围的最南端。猛犸象身躯巨大,四肢粗壮,主要以植物为食,身上长着长达2.5厘米左右的棕色绒毛以及半米长的暗褐色粗毛,人们也称它们为长毛象,这也使其具有极强的御寒能力。

猛犸象成群结队地漫步在冰川广布的原野上,跨过历史长河一直走到距今一万年前的中石器时代,与远古的扎赉诺尔人一同在这片辽阔的土地上生活。随着气候的逐渐变暖,猛犸象活动范围变小,因而食物短缺,加之早期人类的捕杀,猛犸象种群灭亡的同时也宣告了最后一个冰河时代的结束。

　　猛犸象带着冰河世纪的秘密,沉默地长眠于地下,直到猛犸象化石的出土,才为我们开启了那一扇神秘之门。在此,我带大家回顾一下扎赉诺尔猛犸象化石的发现过程,1980年4月工人们在达兰鄂罗木古河道上对露天矿进行剥离作业时,发现了猛犸象古生物化石,因工人夜间作业看不清楚以及缺乏相关保护意识,部分猛犸象化石被破坏,工作人员将这具猛犸象化石命名为1号化石。同年5月15日凌晨,在露天矿又发现了2号化石,7月,2号猛犸象化石正式出土,其完整度高达70%,它身高4.75米,长9米,门齿长3.10米,门齿根部直径1.10米,是中国迄今发现的古象化石标本中最大的一具,先后运往美国、英国、日本、荷兰等国巡展。1984年春天,扎赉诺尔矿务局又发现了3号猛犸象化石,扎赉诺尔也因此而获得"猛犸故乡"之称。

　　4. 绿色湿地生态园、卡丁车场、儿童乐园区

　　走出古生物雕塑群,我们来到了绿色湿地生态园,走过湿地生态公园,对面便是一处宛如童话般的天地,这个区域里有卡丁车赛道、大型摩天轮、俄罗斯风情建筑群等,孩子们的家长们,大家也来这里好好放空一下自我,感受这里独特的魅力。

　　大家看,这里的赛道有疯狂越野车赛道和酷跑卡丁车赛道。越野车练车场占地为3.34万平方米,双车道,车道长1160米,宽4米,其中设有9项挑战障碍,卡丁车练车场占地为9370平方米,单车道,车道长645米,宽5米。喜欢赛车的朋友们,可以根据各自的喜好在这体验一下速度与激情。

　　远处的儿童园区内有55米高的摩天轮、旋转木马、自旋滑车、无天网碰碰车、海盗船等游乐设施,大家一会游览结束可以带上小朋友们好好放松一下。

　　5. 观光塔、儿童科技馆、十二星座喷泉广场

　　我们左手边黄色的建筑物为观光塔,塔高66米,主体为10层,在塔的顶端设有360°的观景台,站在观景台上可以俯瞰整个猛犸旅游区的全貌,一楼分别设有景观餐厅和5D影院,由于扎赉诺尔地处中、俄、蒙三国交界的特殊地理位置,饮食文化也别具特色,在景观餐厅内您可以品尝到正宗的俄式西餐、独特的蒙餐和美味的中餐,体验塔内的5D影院,感受高科技带来的新奇感受。

　　再向左边看,这座俄罗斯风情的红色建筑是儿童科技馆,科技馆建筑面积3697.5平方米,主体两层。共114个展项,均以互动活动内容为主。一层儿童乐园内设有健身游戏、淘气堡、戏水乐园;二层科技展区内设有家庭安全防护小课堂、电磁长廊、梦幻太空、烟雾逃生等等科技活动项目。

　　这两座建筑物中间的是十二星座喷泉广场,大家可以找到自己对应的星座合影留念。

6. 蒸汽机车文化园

穿过儿童乐园区,我们到达的是蒸汽机车文化园区,该园区占地 23 万平方米。外部是蒸汽机车观光带,后面的蒸汽机车博物馆是全国首个以蒸汽机车为主题的县级专题类博物馆,也是全国首家将蒸汽机车进行实物纵剖展示的博物馆。博物馆外造型复原了 1903 年建成的满洲里火车站。博物馆面积 2000 余平方米,分为蒸汽机车构造展厅、蒸汽机车科普展厅、世界蒸汽机车和中国蒸汽机车发展史展厅,及扎赉诺尔蒸汽机车应用史展厅 4 个展厅。

1896 年清政府与沙俄订立合约,修建中东铁路,即为今日的滨洲铁路,该条路线由哈尔滨始发,从满洲里以西出国境与俄罗斯—西伯利亚大铁路接轨,东与中国滨绥等线衔接,途经中国许多重要粮油、牲畜基地。该条铁路在我国境内全长 934.8 千米,其中黑龙江段长 375 千米,内蒙古段长 560 千米,是中国东北地区的交通大动脉,是连接亚欧大陆的重要通道。

各位团友,下面留给大家一小时时间自由参观游览,体验一下猛犸旅游区的各类项目,一小时后将在象牙广场门前处集合前往下一景区。

三、阿拉善盟胡杨林旅游区

(一)景区简况

胡杨林旅游区位于阿拉善盟额济纳旗达来呼布镇 1 千米处,景区占地面积 5.4 万亩,由一道桥陶来林、二道桥倒影林、三道桥红柳海、四道桥英雄林 4 个景点组成。作为国家级自然保护区、国家级森林公园和阿拉善沙漠世界地质公园的重要组成部分,其拥有全球面积最大、千年古树最多、景色最壮观的原生态胡杨林海,景区目前为国家 5A 级旅游景区。

(二)沿途讲解

各位团友,欢迎大家在这金秋十月来到"苍天般的阿拉善"。阿拉善盟是内蒙古最西端的盟市,而我们现在所在的额济纳旗也是阿拉善盟最西端、最大的旗,所辖区域总面积约 11.46 万平方千米。这里地广人稀,全旗 4.2 万人,其中三分之二是土尔扈特蒙古族,其余的由汉族,以及回族、壮族、土家族、维吾尔族等少数民族组成。额济纳是现今为止唯一留存下来的西夏党项语,意为"黑水"。马可波罗曾经在游记中对"亦集乃"有过记录,与如今的额济纳同意。直到现在标准的土尔扈特蒙古语中还是称其为"亦集乃",当地土尔扈特蒙古语意为"先祖之地"。"额济纳"便是"亦集乃"的音转。

这里有最美的胡杨林、消失在沙漠中的黑水古城、闻名遐迩的居延文化、举世闻名的东风航天城、对蒙开放的策克口岸,这也是土尔扈特东归英雄的故里。下面,我要带领大家参观的便是这个季节最美的胡杨林景区。在这个景区中由张艺谋导演拍摄的武侠电影《英雄》，使金色的胡杨美景为世人所知晓，每个来到额济纳的游客，都想在金叶飘落的胡杨林中留下一张值得留念终生的美照。胡杨林景区我们全程游览预计在四个小时左右，在游览正式开始之前，这里有几个温馨小提示给大家：

（1）本景区为无烟景区，有火种的朋友们，请进入景区之前，把火种留在景区入口处；

（2）一会我会发给大家两张票。一张是胡杨林的门票，另一张是景区观光车票，景区的每个景点都需要检票，所以大家一定要保管好自己的票；

（3）请您保管好自己的贵重物品，并且远离水源，拍照的过程中注意自己的脚下，以免受伤，也请各位同时做好防晒措施；

（4）大家在游览的过程中一定要跟紧我，以免走失。游览的景点很多，希望大家能够配合我掌控好在每个景点的游览拍照时间。另外，还请大家各自照顾好团队里的老人和小朋友们。

（三）导游讲解

各位团友，我们现在所在的位置，是景区的西大门，它是景区里两棵相依相偎的胡杨树的缩影，因为造型像"M"，所以我们叫它"M门"。它像美丽的土尔扈特少女手中敬献的哈达，对来自四面八方的朋友，致以蒙古族最热烈的欢迎；又像是天空中展翅翱翔的雄鹰，俯视守卫着这一片胡杨林海。请大家拍照留念后随我进入景区。

1. 陶来林

现在大家看到的这片树林便是陶来林。为什么叫作陶来林呢？"陶来"为蒙古语，意为胡杨。如"巴彦陶来"意为富贵的胡杨树；"阿拉腾陶来"意为金色的胡杨树。胡杨也是当今世界上最古老的杨树品种，被誉为"活着的化石树"。在新疆的克孜尔石窟和敦煌铁匠沟的第三世纪岩层中都发现了胡杨树的化石，算起来离现在至少有 6500 年的历史了。《水经注》记载塔里木盆地有胡桐，《汉书·地理志》记载西域多"怪柳、胡桐、白草"，这里记载的胡桐也就是今天我们称的胡杨。它不怕严寒酷暑，不畏风沙侵袭，耐干旱抗盐碱，顽强地矗立在沙漠戈壁，素有"沙漠英雄树"的美称，也有人称它是"沙漠的脊梁"。胡杨树是西北和内蒙古盐碱地的重要造林树种。

胡杨能够生长在高度盐渍化的土地上，大家知道是为什么吗？原因是胡杨的细胞透水性特别强，能够从主根、侧根、躯干、树皮和叶片中吸收盐分，并且能通过茎叶分泌。大家都知道，如果植物体内有太多盐分的话，就很难生存了，胡杨体内的盐分积累得过多的时候，能够通过树干的裂痕和结疤处把多余的盐分自动排出，形成白色或黄色的块状结晶——"胡杨碱"，也叫"胡杨泪"。胡杨碱的主要成分是小苏打，含碱量能够达到 57%～71%。一颗成年的胡杨一年可排出数十千克的盐碱，当地居民一般用胡杨碱来蒸馒头，做肥皂，可以说胡杨

"拔盐改土",是当之无愧的"土壤改良功臣"！此外胡杨树的花、叶、树脂还可以入药。《唐本草》记载："味咸苦,大寒,无毒。"2～3克胡杨碱熬成水煎服,可以治疗咽喉肿痛,具有清热化痰的作用。胡杨可以说全身是宝:它木质坚硬,耐水抗腐,历经千年而不朽,是上等的家具用材。在楼兰、尼雅等沙漠故城内的胡杨建材至今都保存完好；树叶含有丰富的蛋白和盐类,是牲畜过冬的上等饲料；胡杨木的纤维长度能够达到0.5～2.2毫米,是造纸的好原料；枯死的枝干很容易被点燃,是上好的燃料。

现在大家请随我走过这段木栈道,前面就是有着"胡杨三吉星"之称的祈福树了。它们是由三棵树冠各异的胡杨组成的,树龄加起来几乎达到一千多岁了！大家向我的右手边看,可以看到最左边的这棵树的树冠是散开的,特别像如意的两端,这就是"三吉星"中的"禄星"了,寓意高官厚禄,扶摇直上；中间的这棵树冠高耸而且特别饱满,像是寿星的额头一样,则是"寿星",手捧寿桃意为长命百岁；"寿星"的右边这棵树冠是散开的,像是一个老人抱着孩子,这便是"福星"了,表示五福临门。

大家仔细观察周边胡杨的叶子,可以发现它有三种不同的形状:最下面的叶子狭长,如同柳叶；中间的叶子椭圆,像是杨树的叶片；顶端的叶片则是枫叶的形状了。胡杨一树三叶,因此又被称为"变叶杨"或者"异叶杨"。每一片叶子都很通透,可以清晰地看到它的叶脉,特别是逆光或者侧光去端详,透明的叶片会折射出金色的迷人光晕。三种叶片的形状分别代表了树木的幼年,壮年及老年的生长状态。

那大家继续随我前往下一个景点——二道桥的湖心岛和倒影林。

2. 二道桥

现在我们到达的景区是二道桥。这里的胡杨高大俊秀,多姿多彩。大家向前方看,可以看到有一处水域环绕的小岛。我们称它为"湖心岛"。"弱水三千,只取一瓢",这条弱水河成就了胡杨林与众不同的秋色,一年一轮回惊艳着世人。我们也叫它额济纳河,史称"黑河"。古人认为这条河"水道浅宽而多沙,不胜舟楫",故称之为"弱水"。此地在先秦时期被称为"弱水流沙",秦汉后被称之为"居延"。它的发源地是青海的祁连山。祁连山的雪水融化以后,流经狼行山分水闸后分为东、西两条大河,东大河进入额济纳三角洲,分为19条细流,因为南高北低的地势又逐步汇聚成八条河流,形成一至八道桥的景观,最后汇入东居延海。黑河在这片大地上孕育了70多万亩的天然绿洲,因此又被额济纳旗人民称之为"母亲河"。

在这一片胡杨林海中,还生长着共用一个根的两棵胡杨,它们的根部紧紧相连在一起,地面的枝干相依相偎,在时光里共同抵御着风沙的侵袭,迎接着暴雨的洗礼,千年生长,千年相扶,不离不弃。在前面不远的地方,我们就能够看到它们了。

人们将紧紧相依的这两棵树叫做"情侣树",然而我却更愿意叫它们"爱情树"或者"姻缘树"。缘分不是人海中短暂的交错,而是尘世中最不可能的相遇。情侣树以这样一种相同的生命形态,相聚相守。爱情的姿态有很多种,但不变的永远是陪伴,也唯有陪伴是对爱人最长情的告白。

胡杨树的繁衍方式主要有两种,一是落种,每年5月开花,6—7月结果,种子裂开以后会像白色的雪花一样从树上飘落下来,跟着风儿找到一个适合的地方,落地、扎根,然后努力生长成一棵大树。另一种是根蘖,它是由一棵成熟的胡杨树根部直接生长出另一个枝干,一棵百岁树龄的胡杨通过这种方式大约可以繁衍出一亩的小胡杨。接下来的时间留给大家自由拍照留念,十五分钟后我们在这里集合,我们将前往下一个景点——倒影林!

大家集合好后,随我继续前行。在游览的过程中,大家可以看到很多旺盛生长的胡杨树旁边,还有很多枯死的树木。经过狂风的"扫荡",许多树木的根都已经裸露在了地面上,在水分充足的情况下,胡杨树的种子落到枯死的胡杨树的树干上,会吸取它的养分生长出新的生命体。这也可以算做是胡杨的第三种繁衍方式了,胡杨的第三种繁衍方式当然是我们赋予它的,名为——"枯木逢春"。前些年因为黑河水锐减,胡杨林面积大量减少,近几年旗政府致力于胡杨种子繁育技术研究,进行胡杨人工繁育和微喷灌技术育苗,为数量日益减少的胡杨这一古老树种开辟出了一条成活率高的新途径。

现在我们即将到达的是倒影林。曾有人说过,如果你爱一个人,就带他/她去看额济纳的秋天,因为秋天的额济纳是最美的天堂。大地为景,水面清浅,胡杨醉在秋天深处。金色的胡杨林与静静的河水相互辉映,仿佛是画中有画。"秋水共长天一色",这里可以说是摄影爱好者的天堂。

大家向我的右手边看,可以看到许多蓝白相间的蒙古包,这里就是有着"胡杨民俗风情园"之称的"牧人居"了。它是胡杨林里的牧民经营的蒙古特色餐饮居。蒙古族将自己的住房称为"格尔",汉族人称为"穹庐"或"毡房"等。宋朝诗人赵良嗣的诗句"朔风吹雪下鸡山,烛暗穹庐夜色寒"所咏的就是蒙古包。蒙古包虽然表面看起来很小,可是里面的使用空间却很大,可以说是"麻雀虽小,五脏俱全",里面空气流通,采光好,并且冬暖夏凉,不怕风吹雨打。蒙古包便于搭建和拆卸移动,特别适合游牧居住。虽然社会发展速度很快,这里有了高楼,很多蒙古族牧民仍然保留着最传统的生活习惯。蒙古包的门一般是朝东或者朝南,这沿袭着蒙古族以日出方向为吉祥的传统,同时也可以避开来自西伯利亚的强冷空气。

在这里,还有一些去蒙古族朋友家做客的注意事项跟大家说一下:蒙古族的座位是比较讲究的,一般去蒙古包做客的话,男士坐在西边,女士则坐在东边。如果方向不好分辨,便按照"男左女右"的原则去坐,就不会有错啦;蒙古族尊重灶火,把这个看得比什么都珍贵,所以千万不能够往火里扔脏东西和烤鞋,或者用刀子对着灶火。大家如果累了,可以在这里稍作休息,在这里可以喝到蒙古族香醇的奶茶,也可以在这里尝到蒙古族的特色美食:手抓肉、羊背子、烤全羊等。

好啦!美食时间结束了。大家有没有听过这样一句话:有红柳生长的地方就是地球的肾脏。下面请大家集合,跟着我前往下一个景点——红柳海。

3. 红柳海

这片红、黄、粉相间的红柳,与胡杨像是手足兄弟一般守护着这片土地。它能够扎根在地下50~60米的深度,抗盐碱性和防止水土流失。红柳,学名"多枝柽柳",是一种灌木,生长在贫瘠的盐碱地,有巩固水土的作用。春夏之交会开出粉红色的花,仔细看的话,你会发现一种白色絮状的东西,那就是它的果实。喜爱烧烤的朋友一定吃到过一种美味烤肉——"红柳烤肉",烤肉所用的签子,就是红柳的茎秆,这样肉串会带有红柳的香气,格外好吃。农民会用它的茎秆编框或者做叉和耙子,枯死的红柳枝干是牧民家最常见的取暖木材。它虽然没有像胡杨那样热烈如火的叶片,但是它跟胡杨一样的坚韧的品性,一定会带给你别样的、与众不同的美。

4. 英雄林

继续前行,可以看到红柳尽头又出现了大片的胡杨。与其说是沙漠选择了胡杨,倒不如说是胡杨选择了沙漠。这里的胡杨树干粗壮巨大,形态精巧。这里是武侠电影《英雄》的拍摄地,张曼玉饰演的"飞雪"与章子怡饰演的"如月"各自身穿一袭红衣,在漫天黄叶中打斗的场景唯美壮观。这片胡杨林也因此得名为"英雄林"。

余秋雨先生曾赞美它说:"胡杨树生而不死一千年,死而不倒一千年,倒而不朽一千年,铮铮铁骨千年铸,不屈品质万年颂。活着是一种精神,死了是一座丰碑!"

5. 梦境林

现在我们到达的是七道桥的梦境林,这里有最年轻的胡杨,每年的春夏之交,梦境林中胡杨最先伸出嫩绿的枝叶,所以这里是唤醒千年胡杨生命的开始之地;在金秋之际,这里也是胡杨绽放璀璨生命的开端。在这里您可以放下一切烦恼、负担和疲惫,尽情享受这片林海带给您的梦幻般的温柔。

6. 沙海王国

接下来我们即将到达的是八道桥的沙海王国,也是巴丹吉林沙漠的北缘腹地。这里是摄影爱好者的天堂,也是体验大漠风情之地,更是天然的沙海王国。只有您来到这里,站在这片黄金沙山上,才能够体会那夕阳西下,沉醉在金色的幻想中。

亲爱的团友们,一天的旅程到这里就即将结束了,接下来的时间大家可以自由活动,希望大家在娱乐的时候,不要忘记保护好自己、保护环境,有问题随时可以拨打我的电话或者景区服务救援电话,祝大家在此度过愉快的时光。

拓展阅读

阿拉善盟胡杨林旅游区官网

 本章小结

  本章所介绍的旅游资源中,生物化石遗迹类旅游景观应归属于地质遗迹类旅游资源,并入本章介绍,是为方便学习者对古今动植物资源进行对比学习,以及可以进行区域气候地质演进思考。内蒙古地区东西经度跨度较大,气候、降水、流域、海拔等多种因素影响下,动植物资源差异明显。区域内具有特色的动物资源丰富、植物景观多样。以蒙古马为代表的古老动物种群,是世界优秀马种的代表,也是当代马种研究的活化石;马、牛、羊驼,正从牧业资源向综合性文化旅游资源转化。这片土地上远古时期曾有大量恐龙生活,内蒙古博物院有专门的"远古世界"展馆;冰河世纪的"猛犸象""剑齿虎""披毛犀"等遗迹也较丰富,造就了呼伦贝尔"猛犸旅游区"。大兴安岭植物资源多样,莫尔道嘎国家森林公园、红花尔基樟子松国家森林旅游区、白桦林景区、阿尔山国家森林公园等,都是天然的森林康养旅游区;科尔沁地区的五角枫、浑善达克沙地的沙地云杉、阿拉善地区的胡杨林等均成了知名度较高的旅游吸引物。深入了解、掌握各区域动植物旅游资源,系统地进行讲解介绍,对于内蒙古地区的导游讲解工作具有重要意义。

 导考面试考点

  生物遗迹、动物、植物等具有独特性的生物资源,在内蒙古地区有大量的知名旅游景区,其他旅游景区中,也常有相关资源作为重要旅游吸引物。导游面试环节,专业度较高的动植物与生物化石知识讲解,常常会成为答题亮点。同其他类型景区讲解相似,该类景区讲解中首先要将景区整体概况等基本信息交代清楚,在进行具体区域、景物、资源的介绍时,可深入、详尽地进行具体讲解。尤其是对于该类资源的独特性、代表性、分类方式、差异比较特征、资源分布特色与景观审美时节等,都应有所涉及。但也要同时注意,本类资源景区讲解中,在设定具体讲解受众前提下,良好运用"参照对比法"等导游讲解方法,以使讲解内容更易理解。

思考题

1. 恐龙是一种庞大而神秘的史前物种,内蒙古多个地区,都发现过恐龙化石。请在线游览内蒙古博物院"远古世界"虚拟展厅,了解相关资料,试辨识恐龙的种类、习性等,试进行展览讲解。

内蒙古博物院"远古世界"虚拟展厅

2. 内蒙古地区具有特色的植物资源丰富,除本章内容介绍资源外,近年来形成较强旅游吸引力的,还有科尔沁草原的"五角枫"、北方林区常见的"白桦"、沙地奇迹"沙地云杉"等,试了解相关知识,收集了解该类景区情况和植物特征,进行8分钟左右的景区简介。

第七章

边境特色及城市风光型旅游景区讲解示例

学习目标

本章所选代表性特色旅游景区,既是内蒙古自治区的重点旅游城市,也是区域旅游整体高质量发展的典型代表,城市风光与旅游景区结合良好。通过本章学习,了解全区以"口岸城市"为代表的边境特色旅游集散城镇,熟悉以"康巴什""满洲里""二连浩特"等为代表的重要城市风光、边境风情旅游城镇情况,掌握重要边境城镇口岸旅游景区情况、对应开放国家,重点旅游城市重要景观吸引物等信息。能够以正确的立场、观点进行城市风情介绍,为旅游者打造更为立体全面的内蒙古自治区文化旅游形象。

第一节 内蒙古特色城市与边境风情旅游景区概况

学习引导

内蒙古自治区地域广阔,北部与蒙古国、俄罗斯接壤,边境线长达4261千米,物产丰富、风景壮美,是国家"向北开放的重要桥头堡"。内蒙古自治区的城市与城镇多具有典型的草原风情特征,农牧业交织、各民族和谐相处、文化多元交融。具有良好风貌的旅游城市较多,既是旅游集散的各级中心,也是城市旅游的重要目的地。我国历史上几次知名的人口迁移,移民多由周边省份迁入,他们为内蒙古的草原文化注入了新鲜的活力。"闯关东""走西口",甚至原居于俄罗斯地区的"土尔扈特部东归",都在各地的文化交融中,以显性或隐性的方式,为各地带来了别样风情。尤其是同俄、蒙交界的一些边境小镇,在长期的友好往来、共同生产生活中,形成了相近的生活习俗、融通的建筑风貌,甚至有着良好的姻亲关系。在当下的自驾旅游市场快速增长、文化旅游需求日益强烈的趋势下,这些地方成了热门旅游目的地。

一、边境风情助推旅游发展

内蒙古自治区是中国多民族深度融合、快速发展的"模范自治区"代表,同时睦邻友好的国际关系,也形成了良好的政治、经济、文化交流氛围。习近平总书记2014年在内蒙古视察时要求"通过扩大开放促进改革发展,发展口岸经济,加强基础设施建设,完善同俄罗斯、蒙古合作机制,深化各领域合作,把内蒙古建成我国向北开放的重要桥头堡"。

内蒙古自治区现有对外开放的口岸19个(国家级口岸18个),分布在边境14个旗(市)以及呼和浩特市和呼伦贝尔市,其中公路口岸10个,铁路口岸2个,水运口岸4个,国际航空口岸3个(见表6-1)。口岸经济的发展,中、俄、蒙合作交流的日益频繁,使曾经遥远的边陲小镇,也逐渐展现出独特的吸引力,中、蒙、俄三国跨境旅游规模每年超过500万人次。

边境风情一直是具有独特影响力的旅游资源,结合内蒙古优良的自然环境与民俗风情,也孕育了一批具有较强吸引力的边境风情旅游城镇和景区。满洲里市、二连浩特市、额济纳旗、阿尔山市,这些边境风情城市,旅游发展迅速。满洲里市中俄边境旅游区、二连浩特市国门旅游景区、策克口岸国际文化旅游区等一批边境旅游景区成了新的旅游热点。中、俄、蒙加速推进"万里茶道"旅游联盟,为中国"一带一路"倡议下的旅游共同体建设发展奠定了良好基础。

表6-1 内蒙古边境口岸一览表

序号	口岸名称	口岸位置	口岸类型(19个)	开放对象
1	满洲里	呼伦贝尔市满洲里市	航空、铁路、公路	俄罗斯
2	黑山头	呼伦贝尔市额尔古纳市	水运	俄罗斯
3	室韦	呼伦贝尔市额尔古纳市	水运	俄罗斯
4	二卡	呼伦贝尔市满洲里市	公路	俄罗斯
5	胡列也吐	呼伦贝尔市陈巴尔虎旗	水运	俄罗斯
6	二连浩特	锡林郭勒盟二连浩特市	铁路、公路	蒙古国
7	策克	阿拉善盟额济纳旗	公路	蒙古国
8	甘其毛都	巴彦淖尔市乌拉特中旗	公路	蒙古国
9	珠恩嘎达布其	锡林郭勒盟东乌珠穆沁旗	公路	蒙古国

续表

序号	口岸名称	口岸位置	口岸类型(19个)	开放对象
10	阿日哈沙特	呼伦贝尔市新巴尔虎右旗	公路	蒙古国
11	满都拉	包头市达尔罕茂明安联合旗	公路	蒙古国
12	额布都格	呼伦贝尔市新巴尔虎左旗	水运	蒙古国
13	阿尔山	兴安盟阿尔山市	公路	蒙古国
14	巴格毛都	巴彦淖尔市乌拉特后旗	公路	蒙古国
15	呼和浩特	呼和浩特市	航空	蒙古国
16	海拉尔	呼伦贝尔市海拉尔区	航空	俄罗斯

二、特色城镇景观风情独特

"蓝天白云绿草地"一直是内蒙古最为核心的旅游资源，但也深深印刻了全国旅游者内心对于内蒙古自治区旅游的刻板印象。一直以来，内蒙古自治区在守好绿水青山的前提下，城镇化水平也得到快速提升。中国乳都呼和浩特市、草原钢城包头市、快速崛起的东胜区等，既具有明显的草原文化特征，也具有当代都市旅游的完整配套。

随着内蒙古旅游业的快速发展和城乡建设水平的不断提升，一批特色鲜明的旅游中心城市与特色旅游村镇影响力不断提升。景城一体的康巴什，作为全国首个以城市核心景观带为依托的4A级旅游景区，建筑风格独特、景观环境宜人，是新型草原城市的代表。中国马都、"草原明珠"锡林浩特焕发崭新面貌。曾经的"乌金之海"乌海，也在生态转型发展中取得了良好的效果。静谧的边境小镇室韦、达来呼布等特色旅游名镇也展现出了全新的活力。乌兰浩特、城川、老牛坡、塔布赛等昔日的革命老区，在红色旅游带动下正走向振兴。

第二节　内蒙古代表性边境特色及城市风光旅游景区讲解示例

学习引导

内蒙古自治区与蒙古国、俄罗斯接壤，边境线长达4221千米，是我国"对北开放的桥头堡"。

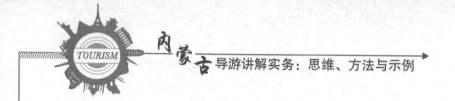

一、满洲里市中俄边境旅游区

（一）景区简况

满洲里市中俄边境旅游区，位于中国最大的陆运口岸城市满洲里市，素有"东亚之窗""欧亚大陆桥"之称，是全国首批全域旅游示范区。景区由国门景区和套娃景区组成，景区以红色文化、俄罗斯风情、边贸口岸文化为主要特色。其中，国门景区内的满洲里红色秘密交通线遗址是全国红色旅游重点景区，雄伟的国门和互市贸易区吸引了全国大量旅游者；套娃景区俄罗斯风情浓郁，拥有世界上最大的套娃酒店。园区整体被评为国家5A级旅游景区，也是首批边境旅游试验区。

（二）导游讲解

各位团友，两天来大家听着《呼伦贝尔大草原》的歌曲，体验了巍巍大兴安、辽阔大草原和美丽呼伦湖景区的特色，想必大家的心都已沉浸于这祖国的大好河山之中。今天，让我们回归城市。这里是一座充满异域风情的边境城市——满洲里。满洲里原称为"霍勒津布拉格"，蒙语意为"旺盛的泉水"。1903年因东清铁路（即"滨洲铁路"）开通而得俄语名"满洲里亚"，音译为"满洲里"。

满洲里市北接俄罗斯、西临蒙古国，地理位置独特，可谓"一眼望俄蒙、鸡鸣闻三国"，作为一座百年口岸城市，具有重要战略意义。她素有"东亚之窗"美誉，同时具有公路、铁路和航空口岸，其中陆路口岸为全国最大的口岸之一，承担着中俄贸易65%以上的陆路运输任务，对外通过东清铁路连接俄罗斯西伯利亚大铁路直通荷兰鹿特丹，对内背靠东北三省，与环渤海地区相通。这里1992年便被国家批准为首批沿边开放城市，为我国改革开放和现代化建设做出了重要贡献，是我国向北开放的桥头堡和延边开发开放经济带的重要节点。满洲里市辖区面积732平方千米，人口约30万，居住着蒙、汉、回、朝、俄罗斯等20多个民族。满洲里市辖扎赉诺尔区（县级行政区）、边境经济合作区、中俄互市贸易区、东湖区、国际物流产业园区、敖尔金区。作为一座拥有独特旅游资源和特色景观的城市，满洲里市还获得了全国文明城市、中国优秀旅游城市、国家级全域旅游示范区、国家重点开发开放试验区等多个荣誉称号。

今天，我们即将游览的便是集合了这座城市特色的满洲里中俄边境旅游区。景区由国门景区和套娃景区组成，我们上午先到国门景区游览，中午到套娃景区体验正宗的俄式午餐，晚上入住套娃酒店。

1. 国门景区

(1) 入口。

大家随我进入国门景区，游览过程中部分区域禁止进入和拍照，请大家注意提示标识。

在进入景区过程中,我为大家简要介绍一下景区情况。国门景区总面积20万平方米,包括国门、41号界碑、红色国际秘密交通线遗址、和平之门主体雕塑和满洲里历史浮雕、红色展厅、火车头广场、飞机广场等景点。大家前方能够见到的便是弘扬国威、展现国力的中华人民共和国国门。

(2) 国门。

现在我们看到是新建于2008年的第五代国门,这座国门总长105米,宽46.6米,高43.7米,乳白色的门体上方嵌着"中华人民共和国"七个鲜红大字,上面悬挂的国徽闪着金光。该国门目前是我国边境线上最大的国门,通往俄罗斯的国际铁路由国门下通过。国门内部分为二层,一层为俄罗斯旅游纪念品展售中心,二层为满洲里历史展厅和瞭望厅。大家一会可以登上国门二层游览,现在先随我参观41号界碑。

(3) 41号界碑。

大家现在看到的是1993年8月,中、俄两国勘界结束时确定的第41号界碑,正前方是俄罗斯的第40号界碑。在我们前方俄式岗哨是俄罗斯的边防哨所,大家可以看到远处同中国门相对的是俄罗斯国门,上面写的俄文是俄罗斯的意思,主体建筑由俄罗斯国旗的红、兰、白三种颜色组成。大家可以在这里同象征祖国领土的界碑拍照作为留念。参观完41号界碑之后,我们一起到国门的二层历史展厅参观。

(4) 国门二层。

现在我们所在的位置是国门北塔楼二层,这里的满洲里历史展厅的前四个部分,展示了由旧石器时代晚期以"扎赉诺尔人"为代表的古代时期,到中东铁路的修建,再到国门的历史变迁过程。大家再向前到达国门瞭望厅,我们在这里可以看到,在中俄两国国门下方有三条铁轨。其中一条准轨,两条宽轨。准轨是我国按国际标准1435毫米轨距建设的,宽轨是俄罗斯按照1520毫米轨距建设的。因为宽轨的存在,所以出现了货车换装和客车换轮的景象。大家可以在这里清晰地看到对面与满洲里接壤的俄罗斯城市——后贝加尔斯克。大家向前再到国门南塔楼二层。这里展现的是满洲里历史展厅的后四部分,由1992年满洲里被国家批准为首批沿边对外开放城市开始,满洲里作为国际贸易旅游城不断发展繁荣,也鉴证中、俄两国友好交往的过程。大家看过展览后,我们下楼来看一下前四代国门的样子。

(5) 仿制四代国门。

大家眼前看到的国门是为了更加形象地展示前四代国门的样子而仿制的。依次看过来,首先是第一代木质国门。这是清末在距满洲里车站20公里处,俄国单方面设立的,上面有俄国国徽双头鹰。第二代国门是建于1920年木制拱形门,面对中国方向以汉文书写着"中苏门",面向苏联方向书写着俄文。第三代国门,修建于1968年,原本是国际铁路的检查桥,横跨刚刚大家看到的准、宽轨铁路。该桥是铁木结构,桥主体用铁轨焊接而成,桥身漆为绿色。当时中、苏两国关系较为紧张,桥身的两侧各有一架铁梯,缘梯而上可以站在桥上俯视过境车辆,因该桥状似"大门",是口岸铁路的门户,故人们习惯地称之为"国门"。第四代国门1988年开始兴建,一直到2007年拆除。这代国门建筑面积774.5平方米,高12.8米,宽24.45米。外表用2000多块青灰色花岗石板镶嵌而成,庄严而雄伟。四代国门见证了国家的繁荣发展,也见证了中、苏的国际友谊发展。

(6) 满洲里红色国际秘密交通线遗址。

大家现在来到的是满洲里红色国际秘密交通线遗址,这里也被列入100个全国红色旅游经典景区之一。我们可以看到有一条弯弯曲曲、时隐时现的土路通向俄罗斯的边境。从1920年至1937年,国际交通线共存在18个春秋,通过这条交通线进出中苏国境的人数已无法统计,从各种资料查到的经满洲里出入国境的同志有李大钊、陈独秀、刘少奇、周恩来、瞿秋白、李立三、邓颖超等人,这座红色秘密交通线为中国革命的胜利做出了重要的贡献。

(7) 和平之门广场。

我们现在来到的这座白钢质地的雕塑名为"和平之门",于2002年7月28日落成,雕塑高13.8米,"M"造型同汉字"门"相像,同时又是满洲里的拼音、俄文、英文书写中的第一个字母。上面的圆球象征着地球,寓意为国土有界,但它与世界相连,象征着中国人民开放的胸怀。5只展翅飞翔的和平鸽象征将友谊传播在世界五大洲,期盼与世界各国人民友好交流和交往。环绕在和平之门周围的这组浮雕展现了满洲里漫长的历史沿革,表达了对建设繁荣、和平、幸福、美好未来的信心与憧憬。

接下来的时间,大家自行参观红色展厅,30分钟后我将在火车头广场集合。在那里,我将带大家参观毛泽东主席出访苏联所乘坐过的蒸汽机车之后,再乘车前往套娃景区。

2. 套娃景区

大家眼前看到的便是套娃景区的入口和游客服务中心,是参照莫斯科红场圣瓦西里大教堂的建筑风格建设的,在这里大家能够感受浓浓的异域风情。进入景区内部,会为大家展现一个由套娃组成的梦幻世界。

(1) 景区入口广场。

大家现在面前的套娃景区,园区规划面积约1300亩,这里是集中展示满洲里和俄罗斯的历史、文化、建筑、民俗风情,集合了吃、住、行、游、购、娱各类项目于一体的大型主题文化园区,宛如进入了一个色彩斑斓的童话世界,不出国境即可以体验俄罗斯风情,我先为大家介绍一下景区各部分功能及项目,再带大家参观几个主题展馆后,大家根据各自喜好去参与各类体验项目。

套娃景区整体包含俄罗斯风情园区、特色娱乐区和主题酒店区三个区域。第一个区域为俄罗斯风情园,这里整体以俄罗斯代表性建筑为蓝本按比例缩小再现于景区之中,是大家拍照、购物、体验俄罗斯风情文化的主题区域,该区域包含俄罗斯特产店、俄罗斯民俗体验馆、中俄友谊展览馆、套娃广场、俄罗斯雕塑广场等。我一会先带大家参观这个区域中的两个展馆。第二个区域是特色娱乐区,该区域包含俄罗斯大马戏演艺剧场、球幕飞翔影院、梦幻全息芭蕾舞剧场、套娃俄蒙演艺剧场、主题游乐场等,是大家一饱眼福和回归童真的好去处。第三个区域是大家现在看到的这座巨型套娃酒店,它是世界上最大的套娃,也是今晚即将入住的酒店。这座建筑通高72米,拥有超过千间主题客房,具备度假酒店的所有配套功能,相信大家在这里可以圆一个童话梦。那下面请各位先随我参观中俄友谊宫。

(2) 中俄友谊宫。

中俄友谊宫展示内容包括"认识俄罗斯、中俄交往历程、满洲里与俄罗斯、互动沉浸体验"四个单元。认识俄罗斯单元,简单展示了从俄罗斯的早期起源到各时期的更迭情况,描述了俄罗斯的发展历程。中俄交往历程单元,以时间轴的方式,展现了中国历代同沙俄、苏联、俄罗斯的历史往来和边界变迁过程,也为大家更好地了解中苏不断走向睦邻友好、深入合作的过程。第三单元满洲里与俄罗斯,讲述了满洲里这座因国际铁路建设发展而兴起的城市,在两国红色革命中的往来、经济发展中的变迁中,呈现的不断走向繁荣发展、友好往来的情况。互动沉浸体验环节,大家在大型U形幕剧场用5分钟时间,用虚拟体验方式,来感受一下满洲里的四季变换。

(3) 俄罗斯民俗体验馆。

俄罗斯民俗体验馆以实景空间设计结合多种科技展示手段,巧妙地以俄罗斯历史发展的时间脉络,全面地展示了俄罗斯的民风民俗、宗教信仰、风光与建筑、文化与艺术等各个方面,为大家全方位了解俄罗斯、体验俄罗斯提供了完整的服务。体验馆共有十个单元,依次为:会说话的套娃为大家讲述俄罗斯的传说故事,以东正教为主的俄罗斯多种宗教信仰,自行车虚拟骑行体验下的俄罗斯风光,历史辉煌又特色独具的皇家宫殿,以套娃制作为代表的俄罗斯传统手工艺,影像展示的俄罗斯传统节日,多种手段展现的俄罗斯丰富多样的美食,性格奔放的俄罗斯人多样的生活习俗,风格独特的俄罗斯传统与现代服饰,最后展示的是俄罗斯具有世界影响的文化艺术,其文学、绘画、电影、芭蕾舞等都在世界艺术史上占有重要地位。

(4) 套娃酒店前。

各位团友,我们现在位于套娃酒店前,大家的行李已集中在酒店大堂,大家在前台登记拿到房卡后集中认领,酒店正对面仅次于酒店的大型套娃是套娃体验馆,可以现场加工制作、体验DIY手绘套娃,全方位感受俄罗斯传统手工艺术精髓,也可以购买各种套娃。除了套娃,园区还有俄罗斯的皇家琥珀宫、玉石加工店、紫金珠宝店、画坊等多种旅游礼品店供大家选择。此外,在俄罗斯特色美食街区,有正宗的俄式面包、香肠、提拉米苏等原汁原味的俄式美食,大家可以在那里品尝美味,或者亲手做一个面包。精彩刺激的体验项目,在园中随处可见;另外还有印象套娃实景演艺、球幕飞翔影院、俄罗斯大马戏等多样的主题表演和电影。大家注意景区的公告时间,不要错过每一场精彩的演出。

满洲里市中俄边境旅游区官网

二、康巴什旅游区

(一)景区简况

"康巴什"为蒙古语,汉语译为"卓越的老师",是鄂尔多斯市新的政治、文化、教育、科研中心,鄂尔多斯市市政府所在地。康巴什区凭借规划超前的城市建设、精致独特的文化建筑、景城一体的度假体系、"城在园中,园在城中"的绿化布局、民俗文化的集中展示等特点,于2012年被评为中国首个以城市核心景观带申报批准的国家4A级旅游景区。康巴什区目前拥有国家级全域旅游示范区、国家级生态文明建设示范区、中国最佳绿色休闲旅游名区、内蒙古自治区级旅游度假区等荣誉名片。

视频:康巴什全域旅游宣传片

(二)导游讲解

各位团友,体验了响沙湾的沙漠激情、感受了成吉思汗陵一代天骄的神韵,今明两天我们仍将在鄂尔多斯游览,今晚我们即将入住鄂尔多斯市政府所在地——康巴什区(见图7-1)。在此我将介绍一下康巴什这样一个特别的城市,特别在于她既是一座城,也是一个景区,是一个景城一体的旅游区,是首个以城市核心景观区为载体被申报获批的国家4A级旅游景区。

图 7-1　康巴什夜景　　　　　　　　　　　　　扫码看彩图

鄂尔多斯市行政区划下辖七旗两区。其中的两区分别为东胜区和康巴什区,而您今天来到的就是康巴什区。康巴什区位于全市中南部,地处鄂尔多斯高原腹地,北靠青春山,南邻东红海子湿地风景区,三面被乌兰木伦河环绕。康巴什总面积 372.55 平方千米,建成区面积 38.42 平方千米,是一个人口不足 20 万的小城市。我们现在看到的康巴什已经是一座清新亮丽的草原新城,但是在 2004 年之前这里还是矗立在毛乌素沙地边缘的小乡镇,地貌以荒漠和沙漠为主。康巴什于 2004 年 5 月份启动建设,现在康巴什由原来的一片荒原蜕变成一座现代化的草原新城。

这座草原新城在建设之初就以高水平设计需求进行建设,以人为本,突出"先地下后地上、景观与文化融合、美化与管理并重"。"先地下后地上",康巴什的半空,没有任何电线,所有管线一次入地、市政路网一步到位;"景观与文化融合","一楼一特色、一街一景观"是康巴什城市建筑的突出特点(见图7-2),外观造型艺术化、公园绿地融入特色文化理念。"美化与管理并重",整个城区绿化率高达 40% 以上,三季有鲜花、四季不同景,夜间的康巴什,更是灯火霓虹;作为全国文明城市、全国卫生城市,市内街道卫生、道路安全通畅,几乎每个街角都有"宾馆式的公共厕所"。康巴什已逐步成长为鄂尔多斯新的行政、文化、科技教育和金融中心。

下面我们就从大家面前的这 3 座党政大楼开始游览。

图 7-2 城市景观

扫码看彩图

1. 市政府前

现在大家正前方看到的这 3 座大楼就是鄂尔多斯市的党政大楼,自西向东依次为市政府、市委、人大和政协,它们于 2006 年 7 月从鄂尔多斯市的东胜区迁址到康巴什,康巴什由此成为鄂尔多斯新的行政中心。北起鄂尔多斯市政府的党政大楼,南到 2.5 千米外的鄂尔多斯 CBD 大楼,中间,这条中轴线长 2.5 千米、宽 200 米的景观带,是这座城市美丽而别致的"中轴线"(见图 7-3)。这条景观带上没有设置任何建筑物,由 7 个各具特色的广场相连,分别为成吉思汗广场、双驹广场、太阳广场、休闲绿地广场、蒙古象棋广场、鄂尔多斯青铜器

图 7-3 康巴什城市景观"中轴线"

扫码看彩图

广场和湖滨广场,整体连在一起,也被称为"文化艺术走廊",是这座城市的景观中心。那么下面我们就沿这条轴线,参观一下这座充满魅力的城市。

2. 成吉思汗广场

市政府正前方的就是成吉思汗广场。康巴什在建设之初,为了让成吉思汗的思想光芒能够得以世代相传,于是修建了这所气势恢宏的广场,而最具特色的便是眼前这四组青铜雕塑,它们的作者是甘肃何鄂雕塑院的何鄂教授,他与中国顶尖雕塑专家将一代天骄成吉思汗的成长与成功通过这四组雕塑展现出来,也反映了一代天骄成吉思汗一生的丰功伟绩。这四组雕塑分别为"海纳百川、一代天骄、闻名世界和草原母亲",下面我带大家一一参观。

第一组雕塑叫"海纳百川"(见图7-4)。这组雕塑正中的是成吉思汗,左手边留着发髻的是长春真人丘处机,外侧的这两位是来自当时花剌子模国的穆斯林父子马哈木与麻速忽,是法律专家。成吉思汗的右手边带着帽子留着胡须的,就是著名的契丹学者耶律楚材。右后方这位手执书本的就是周游世界的大富商镇海先生。雕塑中唯一坐着的这一位是蒙古族文字的创始者塔塔统阿,他结束了蒙古族只有语言没有文字的历史。来自不同种族、不同部落,甚至是不同国家的仁人志士能够被成吉思汗所重用。这座雕塑也是启发我们今天的后人要向成吉思汗学习,在民族融合和群英荟萃中,实现国家的整体发展。

图7-4 民族融合、海纳百川

扫码看彩图

右前方这一组雕塑叫作"一代天骄"。大家可以看到雕塑最上方的小婴儿便是刚刚出生的成吉思汗,他一出生就备受人瞩目。当时他的父亲孛儿斯·也速该刚打完胜仗回来,掰开刚出生的成吉思汗的小手掌,发现他手握一块从母亲肚子里带出来的血块,而这块凝血的形状是非常特殊的,像是蒙古族的武器苏鲁定长矛,是手握权力的象征。请大家转身,我们前往下一组雕塑。

现在在大家正前方的这组雕塑叫作"闻名世界"。成吉思汗6岁开始骑马,16岁开始征战,27岁当上了部落首领,45岁统一了蒙古高原,58岁发动了震惊中外的第一次西征,66岁的时候去世,这组雕塑也是成吉思汗戎马一生的缩影。成吉思汗既在千军万马之中,又在千军万马之上,指挥蒙古族铁骑部队横跨欧亚大陆,征服了世界上40多个国家720个民族,造就了迄今为止世界上版图最大的国家,为我国目前的国家版图打下了重要基础。他一生的戎马生涯,使当时的蒙古大军和他个人闻名于世界,至今仍有着重要的影响力。

最后一组雕塑,名为"草原母亲"。雕塑中坐着的这一位就是成吉思汗的母亲,诃额伦夫人,在母亲左后方的就是一代伟人成吉思汗。在成吉思汗的左侧是他的大弟弟、二弟弟哈萨尔和合赤温,右侧是三弟弟铁木格和妹妹铁木伦。草原母亲讲述的是蒙古族折箭训子的故事。

3. 双驹广场

在这里大家可以看到两匹骏马扬蹄而立,神采飞扬,因而此雕塑取名为天驹行空。而这两匹马也是以陪伴成吉思汗征战一生的双骏为原型创作而成,二马名为"银合双骏"(见图7-5)。

图 7-5 双驹

扫码看彩图

4. 太阳广场

太阳广场上花团锦簇(见图7-6),从空中俯视,这圆形的广场像一轮金光四射的太阳,向周边散发多彩的光芒,这正体现了这座城市的设计理念为"草原上升起不落的太阳",其街道以太阳广场为核心,延伸至四面八方,寓意"灿烂的阳光"。

图 7-6 太阳广场

扫码看彩图

5. 休闲绿地广场

康巴什区在整个城市的绿地规划设计理念就是"城在园中,园在城中",300 米建绿地、500 米就有公园广场,"休闲绿地广场"是这一规划理念的集中体现,大家晚餐后可以来这里喂喂鸽子,放松一下身心。康巴什区现拥有主题各异的开放式公园广场 18 处,人均公园绿地 104.47 平方米,市民步行十分钟即可到达一处公园绿地。城区绿化覆盖率达 42.63%,大约占建成区面积的五分之二。

6. 蒙古象棋广场

说到蒙古象棋大家可能不太熟悉,它与中国象棋不同,却和国际象棋相似。当年成吉思汗征西夏把蒙古象棋带到了欧洲,所以蒙古象棋可以说是国际象棋的"鼻祖"。整个蒙古象棋广场占地 5 万平方米,地下另建有 3 万平方米的人防工程,而这 32 个蒙古象棋,就是人防工程的通风采光口,其设计可谓"匠心独具";广场中心共享大厅建有点将台;广场局部节点设置可供游客参与活动的棋盘景观。

7. 亚洲雕塑艺术主题公园(鄂尔多斯青铜器广场)

亚洲雕塑艺术主题公园,是为了纪念 2009 年 8 月份在康巴什举办的第十一届亚洲艺术节而建的,总面积为 0.43 平方千米,由东西两区构成,这里有来自 23 个国家的 90 尊雕塑作品,异彩纷呈、魅力无限。园中以亚洲文化部长圆桌会议倡议青铜纪念釜(以鄂尔多斯出土文物——古代铁釜为设计依据)为中心主雕,周围 36 尊青铜雕塑,全部由鄂尔多斯青铜文物原样放大制作而成。"鄂尔多斯青铜器"起源于商代,春秋、战国是它的鼎盛时期,是我国青铜文化的重要组成部分,大量的动物造型为装饰题材是其主要外观特点,具有浓郁的游牧民俗文化特征。刚刚大家路过的鄂尔多斯博物馆内有关于"鄂尔多斯青铜器"的专题展览,有兴趣的团友可以去深入了解。

8. 滨湖广场与乌兰木伦湖

滨湖广场与康巴什的景观湖"乌兰木伦湖"相伴，是康巴什最有灵气的地方。乌兰木伦一词是蒙古语，汉语译为红色的河流。它是将环绕康巴什区的季节性河流乌兰木伦湖实施河道整治工程后蓄水成景，并结合民俗文化特色和现代城市文化理念，打造而成的城中景观湖（见图7-7）。湖区最宽处为1000米，水深3米，分为上、中、下游三段，是集喷泉表演、水上娱乐、群众文艺表演、特色餐饮、大型壁画和雕塑石窟为一体的综合型休闲娱乐活动场所。上湖区与乌兰木伦水库连接，河道沿岸绘制了以"科技的进步、文化的交融、和谐的发展"为主题的18组大型壁画，壁画全长3.8千米，是迄今为止全国面积较大的公共艺术项目之一。

图7-7　乌兰木伦湖

扫码看彩图

中湖区是打造特色城市休闲度假旅游产品，享受城市"慢生活"的体验区，也是滨湖广场所伴的水域。湖的南岸就是鄂尔多斯的地标性建筑——CBD大楼。下方的透明玻璃后边是准备打造水景餐厅的地方，晚些时候安排大家在这里就餐，一边享受美食，一边欣赏窗外的迷人风光。沿湖有多种滨水娱乐项目，最精彩的就是中央广场大型水景音乐喷泉。音乐喷泉东西长800米，由3000多个喷眼组成，其中包括236个喷高为50米的气爆泉眼，其中心主喷最高可以喷到209米。

下湖区主要是通过石窟群特色文化，展现鄂尔多斯深厚的民俗文化底蕴和浓郁的民俗风情。沿河岸线规划建设的6组石窟群以"鄂尔多斯婚礼和成吉思汗远征"为主题，在石窟群相连处，还建有鄂尔多斯非物质文化遗产展览馆，集中展示中国少数民族非物质文化遗产的传承与发展。

各位团友，以上仅为康巴什"中轴线"的景观游览，康巴什还有马头琴状的乌兰木伦景观桥、时尚休闲的"乐康巴"和 BOXPARK 商业街、天下第一大敖包——伊克敖包（见图 7-8）、草原丝路文化景区——康镇、具有 F1 赛道的赛车小镇等众多的特色旅游景点，有待我们一一游览。希望在游览中，大家不仅要看景，更要好好呼吸一下这里的空气，康巴什年均空气质量优良天数达 300 天以上，夏季平均气温只有 21 ℃。"天朗气清，自在养生"的康巴什，将给您留下此行的深刻印象。

图 7-8　伊克敖包

扫码看彩图

拓展阅读

康巴什区文化艺术走廊两侧特色建筑介绍

非物质文化遗产链接

蒙古族象棋

蒙古象棋小知识

本章小结

旅游活动通常要通过区域中心城市进行集散,这也要求中心集散城市打造较为完备的交通与服务体系,因此,区域中心城市往往会获得旅游者的重点关注,而部分具有特色风貌和旅游资源的城市,自身也会成为重要的旅游吸引物,而航空、铁路、公路的入口型集散城市,也具有较高的旅游关注度。内蒙古自治区边境风情小镇吸引力较强,边境旅游线近年来热度不断攀升,除重点边境城市,越来越多的边境小镇在特色城镇风貌和边境风情的提升中,吸引了大量自驾旅游者。风情城镇,是导游人员向旅游者传递内蒙古自治区更为全面的区域形象,对其进行讲解是提升旅游者认知的重要手段。导游人员应注重对游览线路中,重要城市进行全面了解,在途经或入住相应城市前和游览中,对城市文化特色进行介绍,必要而可能的前提下可安排对途经的代表性景观进行车览或专项参观。

导考面试考点

旅游中心集散城市、风情城镇或边境旅游景区,通常同周边旅游资源结合度较好,也是导游考试面试环节讲解情境设定中难以避免的重要内容。城市周边的旅游景区、城镇特色吸引物、同城镇结合的旅游线路,往往都需要在沿途导游讲解过程

第七章 边境特色及城市风光型旅游景区讲解示例

中,作为正式景点讲解前后的过渡性内容进行介绍。该部分内容讲解中,通常要讲述城镇名称含义、城镇所处区位、城市文化与资源特色(尤其是所获称号为代表的城市名片)、人口数量、经济发展情况、城市发展等,逐步向具体要讲述的景区进行结合性过渡。尤其是目标讲解景区在城市中时,应设计沿途导游所经线路,可对代表性特色城市景观进行简要讲解,突出城市风貌特色。

思考题

1. 内蒙古边境风情城镇较多,二连浩特市、阿尔山市、额济纳旗达来呼布镇等都是各具特色的边境城市,请收集相关资料,设计对城市风情、风貌和代表性景观的整体介绍。

2. 选定某一城市中的旅游景区,设计由酒店出发,途经城市代表性景观或建筑,前往目标景区的沿途导游讲解。

附 录

附录 A　内蒙古自治区国家 3A 级以上景区一览表

附录 B　内蒙古自治区省级以上非物质文化遗产一览表

附录 C　内蒙古自治区地质公园一览表

附录 D　内蒙古自治区国家级矿山公园一览表

Reading Recommendation

阅读推荐

[1]　魏星.实用导游语言艺术[M].北京:中国旅游出版社,1993.
[2]　林干.内蒙古历史文化丛书[M].呼和浩特:内蒙古人民出版社,1993.
[3]　文鸣,等.内蒙古旅游景点博览[M].呼和浩特:内蒙古人民出版社,2001.
[4]　乔吉,等.内蒙古旅游文化丛书[M].呼和浩特:内蒙古人民出版社,2003.
[5]　张树军,等.红色旅游导游基础知识读本[M].北京:中国旅游出版社,2006.
[6]　马志洋.内蒙古实用导游词精选[M].北京:中国旅游出版社,2007.
[7]　乌铁红,等.内蒙古旅游基础知识[M].北京:中国旅游出版社,2015.
[8]　丛晓明,等.内蒙古现场导游考试指南及讲解范例[M].北京:中国旅游出版社,2017.
[9]　暴向平.内蒙古旅游资源分析[M].北京:中国大地出版社,2019.
[10]　杭栓柱,等.内蒙古马文化与马普天琛丛书[M].呼和浩特:内蒙古人民出版社,2019.

References 参考文献

[1] 魏星.实用导游语言艺术[M].北京:中国旅游出版社,1993.

[2] 林干,等.内蒙古历史文化丛书[M].呼和浩特:内蒙古人民出版社,1993.

[3] 巴拉吉尼玛,等.蒙古族科学巨星——明安图[M].呼和浩特:内蒙古人民出版社,2002.

[4] 乔吉,等.内蒙古旅游文化丛书[M].呼和浩特:内蒙古人民出版社,2003.

[5] 徐勇.湖北省导游人员资格考试系列教材(现场导游考试指南)[M].武汉:湖北教育出版社,2014.

[6] 金守郡.全国导游资格考试应试技巧与考前演练(实务与法规卷)[M].上海:上海交通大学出版社,2017.

[7] 李鸿,等.模拟导游[M].上海:上海交通大学出版社,2017.

[8] 中国非物质文化遗产网:http://www.ihchina.cn.

[9] 内蒙古自治区非物质文化遗产保护中心:http://www.nmgfeiyi.cn.

[10] 内蒙古自治区门户网:http://www.nmg.gov.cn/.

教学支持说明

高等院校应用型人才培养"十四五"规划旅游管理类系列教材系华中科技大学出版社"十四五"期间重点教材。

为了改善教学效果,提高教材的使用效率,满足高校授课教师的教学需求,本套教材备有与纸质教材配套的教学课件(PPT电子教案)和拓展资源(案例库、习题库视频等)。

为保证本教学课件及相关教学资料仅为教材使用者所得,我们将向使用本套教材的高校授课教师免费赠送教学课件或者相关教学资料,烦请授课教师通过电话、邮件或加入旅游专家俱乐部QQ群等方式与我们联系,获取"教学课件资源申请表"文档并认真准确填写后发给我们,我们的联系方式如下:

地址:湖北省武汉市东湖新技术开发区华工科技园华工园六路

邮编:430223

电话:027-81321911

传真:027-81321917

E-mail:lyzjjlb@163.com

旅游专家俱乐部QQ群号:306110199

旅游专家俱乐部QQ群二维码:

群名称:旅游专家俱乐部
群　号:306110199

教学课件资源申请表

填表时间：_____年___月___日

1. 以下内容请教师按实际情况填写，★为必填项。
2. 学生根据个人情况如实填写，相关内容可以酌情调整提交。

★姓名		★性别	□男 □女	出生年月		★职务		
						★职称	□教授 □副教授 □讲师 □助教	

★学校		★院/系	
★教研室		★专业	
★办公电话		家庭电话		★移动电话	
★E-mail（请填写清晰）		★QQ号/微信号	
★联系地址		★邮编	

★现在主授课程情况	学生人数	教材所属出版社	教材满意度
课程一			□满意 □一般 □不满意
课程二			□满意 □一般 □不满意
课程三			□满意 □一般 □不满意
其 他			□满意 □一般 □不满意

教 材 出 版 信 息			
方向一		□准备写 □写作中 □已成稿 □已出版待修订 □有讲义	
方向二		□准备写 □写作中 □已成稿 □已出版待修订 □有讲义	
方向三		□准备写 □写作中 □已成稿 □已出版待修订 □有讲义	

请教师认真填写表格下列内容，提供索取课件配套教材的相关信息，我社根据每位教师/学生填表信息的完整性、授课情况与索取课件的相关性，以及教材使用的情况赠送教材的配套课件及相关教学资源。

ISBN（书号）	书名	作者	索取课件简要说明	学生人数（如选作教材）
			□教学 □参考	
			□教学 □参考	

★您对与课件配套的纸质教材的意见和建议，希望提供哪些配套教学资源：